防范化解金融风险的
广东实践研究

A Practical Study on Preventing and Resolving Financial Risks
in Guangdong Province

刘佳宁　郭跃文　等/著

社会科学文献出版社
SOCIAL SCIENCES ACADEMIC PRESS (CHINA)

前　言

　　金融安全作为国家安全的重要组成部分，其首要目标是防范化解金融风险，牢牢守住不发生系统性金融风险的底线。党的十八大以来，防范化解金融风险特别是防止发生系统性金融风险成为保持经济平稳健康发展的根本性、基础性工作。以习近平同志为核心的党中央深刻洞察、敏锐判断、果断决策，形成了防范化解金融风险的系统方略，为我们做好新时代金融工作提供了根本遵循。党的十九大把防范化解重大风险作为三大攻坚战之一，防范化解金融风险成为金融工作实现高质量发展必须跨越的重大关口。党的二十大报告进一步提出，要加强和完善现代金融监管，强化金融稳定保障体系，依法将各类金融活动全部纳入监管，守住不发生系统性风险底线。

　　广东是改革开放的前沿阵地、经济大省、外贸大省、金融大省，金融业对其经济发展具有较强的支撑作用，为"制造业当家"和科技创新强省建设贡献了金融力量，推动了粤港澳大湾区国际金融枢纽建设和粤港澳金融合作进入新阶段，金融稳定发展总体上态势良好。但我们也要看到，"十四五"时期面临的内外部环境已发生深刻复杂的变化，金融体系在资产质量、流动性供给、资本市场价格机制等方面的风险承压将进一步放大。特别是在推进发展动力转换、实现高质量发展的时代背景下，随着金融开放程度的提升、金融科技手段的更迭，广东仍要高度重视防范化解重点领域金融风险和关注各类新型风险形态，探索形成具有广东特色的中国特色社会主义金融发展之路。习近平总书记强调，"金融是实体经济的血脉，为实体经济服务是金融的天职，是金融的宗旨，也是防范金融风险的根本举措"①。这一重大判断增强了我们对于金融风险防范问题的深刻认识，也是新时代我们开展防范金融风险理论研究和实践探索的根本遵循。鉴于此，本书基于马克思主义政治经济学的视角，构建了防范化解金融风险的理论逻辑，即习近平总书记关于防控金融风险的重要论述为指引，结合政治经济学对金融的学理判断，深刻分析内外环境冲击和经济全球化、技术进步给全球金融格局带来的影响及其演变，以及产生系统性金融风险的底层逻辑。同时，分别从"国际经验、国内实践和战略蕴含"三个视角阐述防范化解金融风险的历史逻辑和实践逻辑，再从"地方政府债务风险、跨境资本流动风险、互联网平台金融风险、跨境金融监管制度构建"四个重点领域详细评述防范化解金融风险的"广东路径"。

本书共有八章。第一章分别基于西方经济学以及政治经济学视域系统梳理金融风险，全面归纳中国特色防范化解金融风险的理论体系架构。第二章选取发生背景与当前中国经济社会环境有相似之处的金融危机——日本泡沫危机和美国次贷危机，作为案例进行深度剖析，从现象到本质挖掘防范和化解金融危机的关键点。第三章在总结分析广东防范化解金融风险的现实基础、面临形势及发展实践的基础背景下，探索具有中国特色的广东防范化解金融风险的经验与启示。第四章着眼于新发展格局下金融发展和防范化解金融风险的新要求、新变化、新需求，提出广东防范化解金融风险的总体思路和突破路径。第五章聚焦地方政府债务风险，基于理论架构描述政府债务的发展历程，并刻画分析广东地方政府债务风险表现，提出相应解决思路和对策建议。第六章从结构、时序和空间三个维度系统识别粤港澳三地的跨境资本流动情况，剖析跨境资本流动的多维特征，并探索防范跨境资本流动风险的协调监管机制。第七章聚焦广东互联网平台金融风险，从理论、市场、监管及对策四个方面分析广东防范化解互联网金融风险的实践逻辑。第八章在借鉴已有跨境金融监管改革创新实践经验的

---

① 《习近平：深化金融改革 促进经济和金融良性循环健康发展》，人民网，2017 年 7 月 16 日，http://jhsjk.people.cn/article/29407694。

基础上，提出符合粤港澳三地发展实际与诉求的跨境金融监管合作的思路与路径设计。

防范化解金融风险是金融业永恒的主题。任何事物的运行都有其内在规律，主要矛盾和矛盾的主要方面是推进事物运行发展的根本力量。防范化解金融风险是一项复杂的系统工程，需要在遵循经济金融内在运行规律的基础上，处理好政府和市场的关系、稳增长与防风险的关系，回答好"广东金融的发展特色是什么、防范化解金融风险的主要矛盾是什么、如何结合实际组织和引导"一系列问题。本书遵循从特殊到一般、从局部到整体的逻辑，力图为中国防范化解重大风险、保持经济持续健康发展和社会大局稳定提供一定的经验积累与理论参考。

目　录

第一章　防范化解金融风险的理论逻辑…………………………………… 1

第一节　基于西方经济学视域下的金融风险理论回顾……………… 1

第二节　基于政治经济学视域下的金融风险内在逻辑…………… 6

第三节　中国特色防范化解金融风险的理论体系架构………… 13

第四节　改革开放以来中国金融风险的防控实践……………… 24

第二章　防范化解金融风险的国际经验借鉴…………………………… 32

第一节　日本泡沫危机的防范和化解……………………… 33

第二节　美国次贷危机的防范和化解……………………… 43

第三节　金融风险防范和化解的国际经验与启示………… 57

第三章　党的十八大以来广东防范化解金融风险的实践………… 69

第一节　广东防范化解金融风险的现实基础……………… 70

第二节　广东防范化解金融风险的实践与成效…………… 82

第三节　广东防范化解金融风险的经验与启示…………… 99

第四章　广东防范化解金融风险的新形势与战略蕴含………… 107

第一节　正确把握新时代防范化解金融风险的新形势……… 107

第二节　广东防范化解金融风险的战略蕴含………… 111

第三节　广东防范化解金融风险的重点领域与突破路径……… 118

第五章　地方政府债务风险防范与应对 ················· 124
　第一节　地方政府债务与金融风险关联的理论逻辑 ············· 125
　第二节　地方政府债务发展历程回顾 ····················· 130
　第三节　防范地方政府债务风险的实践路径 ················ 137
　第四节　防范化解地方政府债务风险的思路与对策建议 ········· 142

第六章　跨境资本流动风险识别与预警监控 ·············· 151
　第一节　跨境资本流动风险防范的理论逻辑 ················ 152
　第二节　跨境资本流动的现状与趋势 ····················· 160
　第三节　跨境资本流动风险防范的预警机制构建 ············· 183
　第四节　防范化解跨境资本异动风险的思路与相关建议 ········· 190

第七章　防范化解互联网平台金融风险 ················· 192
　第一节　防范化解互联网平台金融风险的理论逻辑与现实意义 ··· 192
　第二节　市场维度：兴起成因、业务模式与特征概述 ··········· 201
　第三节　监管维度：制度变迁、监管模式与监管难点 ··········· 212
　第四节　防范化解互联网平台金融风险的思路与重点领域 ······· 220

第八章　跨境金融监管制度构建与路径选择 ·············· 223
　第一节　跨境金融监管合作的理论逻辑与现实意义 ··········· 223
　第二节　粤港澳大湾区跨境金融监管合作现状 ·············· 229
　第三节　国内外跨境金融监管合作实践经验与启示 ··········· 233
　第四节　粤港澳大湾区跨境金融监管合作的思路与路径设计 ······ 243

参考文献 ··· 248

后　记 ·· 277

第一章
防范化解金融风险的理论逻辑

金融风险是一个内容宏大且宽泛的课题，防范化解金融风险既有攻坚战的特点，又有持久战的特征；既有涉及某一具体机构、影响范围较小的微观情形，又有对整个领域、整个区域全面性和系统性影响的场景。本章根据全书研究需要，分别从西方经济学和政治经济学视角梳理金融风险的学理基础，全面归纳中国特色防范化解金融风险的理论体系架构，并高度概括改革开放以来中国金融风险的防控实践，以期为后续研究奠定坚实的理论基础。

第一节 基于西方经济学视域下的金融风险
理论回顾

一 金融风险的概念界定

金融风险是指金融市场的参与者在金融活动中对未来结果不确定性的暴露，即经济主体在金融活动中事件结果的不确定性（中国银行间市场交易商协会教材编写组，2019）。根据划分标准的不同，金融风险的类型多种多样：按形成原因，分为利率风险、汇率风险、信用风险、操作风险、法律风险、流动性风险、通货膨胀风险、环境风险和国家风险（高晓燕，2019）；按影响范围，分为微观金融风险、区域性金融风险和宏观金融风险

（王金安、陈蕾，2021；霍再强、王少波，2020）；按市场形态，分为银行风险、货币风险、债务风险、股市风险和系统性风险（杨子晖、王姝黛，2021）。根据研究需要，本书所阐述的金融风险主要涉及系统性金融风险和区域性金融风险。

关于系统性金融风险的界定，2016 年国际货币基金组织（IMF）、金融稳定理事会（FSB）、国际清算银行（BIS）发布联合报告，认为系统性金融风险是"由于金融系统的部分或者全部受到损害，从而导致金融服务供给大面积中断的风险，这种风险对实体经济造成严重的负面影响，威胁国家经济正常运行甚至引起世界经济危机"。2019 年，金融稳定理事会（FSB）再次将系统性金融风险界定为"由经济周期、宏观经济政策的变动、外部金融冲击等风险因素引发的一国金融体系激烈动荡的可能性，且这种风险对国际金融体系和全球实体经济均会产生巨大的负外部性"。基于以上观点，我们可知演化形成系统性金融风险的基本条件如下：其一，系统性金融风险必须具备广泛的经济影响和社会影响，涵盖整个金融系统的各个方面；其二，系统性金融风险必须具备强大的冲击力，能够引发剧烈动荡，并进一步对实体经济造成冲击。

区域性金融风险是中观层面的金融风险，是某个特定区域内部经济体系所面对的金融风险。根据研究对象的差异，一般将区域性金融风险划分为两个方面：一方面，从国际金融的视角，国际上涉及区域性风险的研究（Sgherri and Galesi，2009；Kenourgios and Dimitriou，2015；Seno-Alday，2015）大多针对较大地理片区（如东亚、西欧、拉美）或某一经贸联盟（如欧盟、亚太经合组织），其中的"区域"是相对于全球而言的，这种风险被称为"国际区域性风险"或"全球区域性风险"；另一方面，从中国行政区域的视角，国内涉及行政区域的研究（刘海二、苗文龙，2014）大多将中国视为一个整体，而"区域"一般是指国内的城市、省级行政区或更大区域（如东部、中部、西部）的地理范围。

二　金融风险的测度方法

从西方学者的研究演进层次来看，爆发大规模金融危机是对系统性金融风险开展全方位测度的首要原因。

1997 年，亚洲金融危机爆发。Kaminsky 和 Reinhart（1999）基于多国金融危机爆发的实际案例，探究银行业和国际收支在金融风险领域中的关系，并发现二者之间存在一定的关联性。Illing 和 Liu（2006）进一步量化了系统性金融风险，基于银行系统的内部调查数据，为加拿大金融系统构建了一个金融压力指数（Index of Financial Stress），金融压力指数的极端值就代表金融危机。

2008 年，全球金融危机爆发，如何度量系统性金融风险再次成为学界关注的重点，不少学者对测度系统性金融风险的方法进行了发展和创新。在一系列研究方法中，SES 测度方法和 CoVaR 测度方法最具有代表性。Acharya 等（2017）提出的 SES（Systemic Expected Shortfall）测度方法，将单一金融机构的预期资本短缺定义为该机构的 SES，并以金融机构的 SES 值衡量整个金融系统的系统性风险。当金融系统整体的资本不足达到一定水平时，就会爆发金融危机。该研究为系统性金融风险的测度，提供了新的视角。Brownless 和 Engle（2017）的研究进一步发展了系统性金融风险的 SES 测度方法，提出 SRISK（Systemic Risk Indices）测度方法，将动态变化的观点引入 SES 测度领域。CoVaR（Conditional Value-at-Risk）的测量方法由 Adrian 和 Brunnermeier（2016）提出。相较传统的银行系统风险度量方法 VaR（Value-at-Risk），CoVaR 的测量方法能更有效地反映风险溢出效应，具有更高的准确性和实用性。除上述两种代表性的系统性金融风险度量方法外，Huang 等（2009）提出危险保护价格（Distress Insurance Premium）的概念，用来衡量系统性金融风险，并进一步评估了单个银行对系统性风险的边际贡献。

虽然中国学术界关于系统性金融风险的度量研究起步较晚，但是近年来呈现加速发展的趋势。陶玲和朱迎（2016）从金融机构、股票市场、债券市场等 7 个维度，选取超过 40 个二级指标，运用主成分分析法，构建了衡量系统性金融风险的综合指数。白鹤祥等（2020）将金融机构的违约损失和传染损失作为系统性金融风险的衡量指标，实证测量了中国房地产市场的系统性金融风险。

三 金融风险的传染及危害

理解金融风险的传染过程及其作用机制，是分析系统性金融风险产生原因和采取有效防范措施的必然要求，也是学界关注的重点。同时，金融风险的传染性是系统性金融风险能够造成巨大危害的根源所在。

针对系统性金融风险的传染过程和作用机制的研究，主要分为宏观和微观两个视角。宏观视角的研究关注要素流动所导致的金融风险传染；微观视角的研究则关注投资者行为所导致的金融风险传染。基于宏观视角，Allen 和 Gale（1999）通过研究 1997 年亚洲金融危机和 1998 年俄罗斯金融危机在国与国之间传播的具体案例指出，长期以来，学界过分关注单个部门的金融稳定性，而忽视了部门与部门之间的风险传染。Masson（1999）指出，并非所有金融风险的传播皆通过金融系统自身的传染性体现，研究过程中应首先控制经济基本面的关联性以及国家异质性等因素的影响，并将这种传染称为净传染（Pure Contagion）。Gorea 和 Radev（2014）研究欧元区国家债务违约风险的传染问题，结果发现，相较于国与国之间的金融联系，国与国之间的实体经济联系在金融风险的传播过程中起到更重要的作用。基于微观视角，Calvo 和 Mendoza（2005）发现，经济全球化削弱了投资者信息收集动机，并强化了投资者的模仿行为，进而加强了"羊群效应"，并加快了金融风险的传染。

系统性金融风险的危害主要体现为对宏观经济金融冲击的放大效应，局部的负面冲击在传染机制的作用下可能演变为全局性危机。Amini 等（2016b）研究得出渐进式条件下的金融网络风险传染力度，发现金融风险的传染性放大了部分金融机构的破产风险对整体金融网络的冲击。宫小琳和卞江（2010）的研究进一步揭示了金融系统中局部的负面冲击如何传染和影响相对稳定的系统整体并引发全面的金融冲击。刘勇和白小滢（2016）研究发现，金融体系对金融机构不良资产的冲击的传染性最强，对非金融企业的低效投资冲击以及对地方政府的不良债务冲击的传染性次之。除放大效应以外，系统性金融风险的传染还能够形成负面反馈循环效应。一个典型案例是房贷坏账的增加会导致银行系统的信用紧缩，信用紧缩增加了企业部门的贷款难度，企业经营环境恶化则会引发工资水平下降，因此居民的还贷能力下降，从而导致房贷坏账率进一步提升。

四　金融风险的预警与防范

不论是探讨系统性金融风险的测度问题，还是研究系统性金融风险的传染及危害问题，落脚点都会回归到现实领域最受关注的系统性金融风险的预警与防范上。

Mishkin（2001）讨论了在法律制度、资本管制、会计及审计要求、审慎监管等12个领域推行适当的金融政策对降低新兴市场国家爆发金融危机可能性的作用，从多维度探究如何防范化解系统性金融风险。Arnold 等（2012）基于宏观审慎框架，解析了如何监测金融系统和更广泛的宏观经济部门，从而发现可能导致潜在金融不稳定的脆弱性迹象，以及如何制定相应的审慎监管政策。王国刚（2017）从中国国情出发，认为中国防范系统性金融风险需要建立和完善六个机制，即建立金融数据和金融信息的精准性统计机制，强化对系统重要性金融机构的流动性监管，强化对金融市场运行态势的监控，强化"去杠杆"，增强实体企业的盈利能力，完善和改革金融监管框架。王朝阳和王文汇（2018）通过借鉴美、德、英、日四国的宏观审慎政策框架，提出中国须在政策内容上，重点关注货币政策与宏观审慎政策之间的协调性；在手段上，应不断丰富宏观审慎工具箱；在体制构建上，应充分发挥"一委一行两会"的监管与协调作用。陈昆亭和周炎（2020）探究了近年来兴起的"金融经济周期"理论对于金融危机的解释力，发现应对危机和企图扭转经济的货币政策，不仅可能是恶化和扭曲长期价值体系的新起点，还可能成为引致更剧烈波动的潜在根源，需要着重关注并防范。

综合以上学者的研究成果，可知防范化解系统性金融风险应充分重视两点：其一，由于系统性金融风险具有极强的传染效应，防范化解应从多方位、跨领域且全流程的全局视角出发，不能各行其是；其二，考虑到单个金融机构给宏观环境带来的影响在微观视角下可能会被忽略，须从宏观视角去考虑微观金融机构的潜在风险，打造宏观与微观相结合的审慎监管政策框架。

第二节　基于政治经济学视域下的金融风险内在逻辑

一　金融风险的本质内涵

马克思在其著作中并未直接阐述"金融风险"，其对金融风险防范和维护金融安全的丰富思考体现在对 19 世纪资本主义经济危机进行批判的相关论述中（欧阳彬，2018）。在政治经济学经典文献中，常用"危机""矛盾""困难""问题"等描述资本主义制度的固有缺陷（王增福，2022），通过深入分析其金融运行机制，揭示金融危机的产生背景、表现形式和影响后果（郭金龙、周小燕，2018）。

在产生背景方面，马克思指出，"一切资本主义生产方式的国家，都周期地患一种狂想病，企图不用生产过程作中介而赚到钱"（《马克思恩格斯文集》第 6 卷，2009：67~68），并且资本家不会单纯地贮藏货币，而是会让其流通以获得利润。在资本主义特有的资本逻辑和一般经济规律的背景下，追求高额利润的动机使资本偏离实际生产活动，更多投向金融领域以获得更高的收益。这进一步推动金融行业持续进行产品创新，并加速了虚拟资本的扩张，从而导致金融风险的产生和积累（崔立莉、罗克全，2022）。

在表现形式方面，马克思对货币金融体系内部紊乱造成的独立型金融危机和与资本主义经济危机同时发生的衍生型金融危机进行了明确区分（赵福浩，2014；欧阳彬，2018），即"任何普遍的生产危机和商业危机的一个特殊阶段，应同那种也称为货币危机的特种危机区分开来。后一种货币危机可以单独产生，只是对工业和商业发生反作用。这种危机的运动中心是货币资本，因此它的直接范围是银行、交易所和金融"（《马克思恩格斯文集》第 5 卷，2009：162）。

在影响后果方面，马克思深刻地意识到资本主义金融危机对社会政治、经济和人民生活等各方面造成的巨大冲击，指出"在格拉斯哥，西区银行的倒闭以及随后格拉斯哥市银行的倒闭，促使中等阶级中的储户和工人阶级中的银行券持有者纷纷向银行挤兑提款，结果发生了骚动，格拉斯哥的市长大人不得不向刺刀求援"（《马克思恩格斯全集》第 16 卷，2007：485），以此凸显金融安全在促进区域经济发展、维护阶级关系与稳定社会秩序中的重要性和必要性。

二　金融风险的形成逻辑

在政治经济学领域，金融风险的形成逻辑一般可归纳为三个方面，即信用的扩张性、资本的逐利性和经济的周期性，概述如下。

一是信用的扩张性。马克思在《资本论》第 3 卷中提到，"作为财富的社会形式的信用，排挤货币，并篡夺它的位置"；即随着生产交换的扩大，出现支票、汇票、期票等提供信用的支付凭证，这些票据可以定期地、有规则地获取收益，虽然本身没有价值却可以代替货币执行流通手段的职能（朱炳元、陈冶风，2019）。良好的信用体系可以通过有效方式引导资本流向具备最大发展潜力的领域，实现价值和资本的增长；因此，一定程度的信用扩张有利于经济发展（郑健雄，2018）。然而，信用扩张也有可能导致产能过剩和商业的过度投机（朱炳元、陈冶风，2019）。正如马克思所指出的，"在再生产过程的全部联系都是以信用为基础的生产制度中，只要信用突然停止，只有现金支付才有效，危机显然就会发生，对支付手段的激烈追求必然会出现"（《马克思恩格斯文集》第 7 卷，2009：555）。由此可见，信用扩张使作为实际价值尺度的基础货币与信用货币之间的缺口越来越大；当信用过度膨胀时，必然恶化资本增殖条件，使社会劳动与金融泡沫之间的关联逐渐弱化。最终，"信用体系内化了资本主义的矛盾，而没有扫除它们"（郭金龙、周小燕，2018）。综上，虽然信用的扩张性有助于资本积累，但也会导致债务风险、资产价格泡沫、通货膨胀等问题，对金融安全产生潜在影响，可能会导致金融系统的不稳定和经济发展的不可持续性（郑健雄，2018；郭金龙、周小燕，2018）。

二是资本的逐利性。资本作为生产要素具有二重性，一方面资本可以促进生产力的发展，实现经济增长；另一方面资本无止境地追逐剩余价值的本性，导致无序且盲目的资本运动（肖潇，2022）。就理论而言，在 $G—W—G'$ 循环过程中，产业资本仅仅是货币资本增殖价值、获取剩余价值的货币形式，一旦有可能，资本循环将简化为 $G—G'$ 过程（张邦辉、曾荣灿，2022；朱炳元、陈冶风，2019）。就实践而言，资本无休无止地逐利，导致大量资本被从实体部门吸纳到短期获利的金融领域，并被囿于金融体系内部自循环，资金配置在社会生产中出现严重的结构性失衡，资本绕过实际生产部门，逐渐脱离为实体经济服务的轨迹。同时，追逐高额利润的本性会驱使金融机构持续进行金融产品创新，复杂的高风险金融产品不断涌现，进而促使系统性金融风险产生与积累（张邦辉、曾荣灿，2022；李成威、詹卉，2022；郭金龙、周小燕，2018）。

三是经济的周期性。马克思虽未明确提出"经济周期"的概念，但是他所说的"每十年反复一次的停滞、繁荣、生产过剩和危机的周期"（《马克思恩格斯全集》第 23 卷，1972：36）实际上就是指经济周期。他形容，"正如天体一经投入一定的运动就会不断地重复这种运动一样，社会生产一经进入交替发生膨胀和收缩的运动，也会不断地重复这种运动。而结果又会成为原因，于是不断地再生产出自身条件的整个过程的阶段变换就采取周期性的形式"（《马克思恩格斯文集》第 5 卷，2009：730）。按照马克思的理论，机械化工业大生产必然导致经济周期的形成，其中经济危机作为转折点，既是一个阶段的结束，也是另一个阶段的开端。随着资本主义再生产的不断推进，经济周期的持续时间将不断缩短，波动的频率也会加快（李秀辉、韦森，2021）。当经济处于繁荣期时，生产成本不断上涨，产业资本利润率下降，金融资本膨胀会推高资产价格，从而产生资产泡沫，由此酝酿系统性金融危机（姬旭辉，2019）。在经济萧条时期，需求下降、市场活动疲软，商品价格大幅下降，企业利润减少导致资金链断裂，企业面临倒闭风险，这会使金融机构面临不良资产的增加，信贷市场收紧，最终造成债权债务关系链的破裂，进而引发金融危机（郑健雄，2018）。

三 金融风险的现实表征

马克思主义金融危机理论所研究的资本主义生产总过程，不是个别资本的运动过程，而是社会各种金融活动的总过程（王向明，2014）。该视域下的金融风险现实表征有以下三个。

（一）虚拟经济与实体经济的结构失衡

马克思主张虚拟经济是建立在银行信用制度和借贷资本之上的产物，"随着生息资本和信用制度的发展，一切资本好像都会增加一倍，有时甚至增加两倍，因为有各种方式使同一资本，甚至同一债权在各种不同的人手里以各种不同的形式出现。这种'货币资本'的最大部分纯粹是虚拟的"（《马克思恩格斯文集》第7卷，2009：533）。与上述虚拟经济相对的是实体经济，实体经济强调一个国家或地区实际生产和交换物质财富的部分经济活动。它涉及实际的生产、销售和分配商品和服务过程，以及与之相关的物质资源的利用。实体经济包括各种行业和部门，如农业、制造业、建筑业、零售业、服务业等，是支撑经济发展和增加国民福祉的基础。

虚拟经济的快速发展为实体经济带来新的机遇和挑战；同时，实体经济的需求和发展推动着虚拟经济的进一步发展和演进。一方面，实体经济是虚拟经济的基础，它提供实际的产品和服务，创造实际价值。虚拟经济的金融交易、投资和资本运作等活动需要有实体经济的支持，否则将无法产生真正的价值。实体经济的稳定发展和繁荣，为虚拟经济提供了坚实的财富基础。实体经济中的经济衰退、债务危机等问题，可能会传导到虚拟经济和金融市场中，影响金融系统的稳定性。另一方面，虚拟经济为实体经济提供了多种形式的融资渠道，为企业的扩张、技术创新和市场拓展提供资金支持。虚拟经济的存在和发展可以提供更多的风险管理工具和机制，帮助实体经济转移和降低风险。虚拟经济运作过程中产生的大量数据和信息，可以为实体经济的决策和运营提供有价值的参考。虚拟经济发展不足可能会限制实体经济发展潜力，导致技术落后、就业机会减少、生产效率降低和服务水平下降。而虚拟经济过度发展可能会引发金融泡沫，大量的虚拟金融活动和交易可能会增加系统性风险，加剧金融体系的脆弱性和宏观经济的不稳定性。特别是虚拟经济与实体经济脱钩，将打破虚拟经济与实体经济之间的动态平衡，危机可能会随之而来，其具体表征如下。

一是虚拟经济的过度发展会造成银行不良资产大量增加，不利于实体经济健康发展。虚拟经济的过度发展通常伴随大量的投机行为和金融泡沫。当虚拟经济中的泡沫破裂时，虚拟资产的价值会大幅下跌，导致银行和其他金融机构持有的金融资产变成不良资产。不良资产的增加会增大银行的风险敞口，造成信用关系破裂，减少银行对实体经济的信贷支持。

二是虚拟经济的过度发展会导致资源错配和实体经济挤出效应，即过多的资源被投入虚拟经济领域，从而忽视了实体经济的需求。资本过度投资于虚拟经济，可能会导致对实体经济的融资紧缩，进而限制实体经济的发展。这种挤出效应可能会导致实体经济生产能力下降、就业机会减少，不利于其健康发展。

三是虚拟经济的过度发展可能会诱发证券市场崩盘，导致经济危机爆发。当虚拟经济出现问题时，市场情绪可能会恶化，投资者信心会受到影响。一旦乐观情绪转为悲观或者受突发利空消息的影响，投资者会大幅抛售所持有的证券，进而引发股市崩盘。证券市场风险的传导性意味着，在大面积股票流动性不足的情况下，实体企业直接融资难以为继，致使资金链断裂，最终引发连锁危机。

（二）生产过剩与需求过度的长期并存

生产过剩是发达资本主义国家长期以来一直面临的问题。近年来，全球生产过剩情况进一步加剧，产品的价值实现面临挑战，企业的利润受到影响，投资回报率下降。这导致企业和投资者减少新的投资，资本积累增加，形成资本过剩。发达国家普遍采取扩张性货币政策和财政政策应对生产过剩问题，尤其是美国试图通过过度增加家庭和国家支出的方式刺激社会需求，以支持经济增长。扩张性刺激政策导致需求过度，却没有在实质上改变资本主义生产中的矛盾，由此形成了生产过剩和需求过度并存的独特情景。

马克思提出剩余价值理论，认为资本主义经济的核心矛盾是资本家通过剥削工人创造剩余价值。剩余价值是工人创造的价值超过工人自身维持生活所需的价值部分，资本家通过占有和支配剩余价值来实现利润的积累。在资本主义经济中，生产过剩是剩余价值生产的必然结果，它暴露了资本主义生产方式的不可持续性。为了追求利润最大化，资本家倾向于扩大生产规模和提高生产效率。然而，由于工人的工资被限制在最低水平，他们的购买力无法跟上生产的增长速度，这导致商品的生产超过市场的实际需求，产生了生产过剩的现象。生产过剩会引发市场危机，当商品供过于求时，市场上的价格会不断下降。随着资本的积累，投入资本增加超过相应的剩余价值增长，会导致单位资本对剩余价值的回报率下降，这意味着利润率的下降。然而，当利润率下降时，资本家面临利润减少的风险，进而减少资本的投入，由此表现出过剩现象。于是，实体经济中的生产过剩导致了资本过剩的情况，这些过剩的资本不断涌入虚拟经济，推动虚拟经济泡沫不断膨胀。这种泡沫所产生的财富效应，进一步刺激了过度消费和赤字经济，引发"过度需求"。然而，一旦这种需求无法持续下去，泡沫就会破裂，导致经济陷入危机和衰退。

（三）金融过度与金融霸权的相辅相成

当前，帝国主义的垄断性不断强化，且进入以金融活动为中心的国际垄断阶段。发达资本主义国家在国际金融体系中占据主导地位，它们拥有并控制全球最大的金融机构和金融市场，由此形成金融霸权。金融过度是指社会金融活动背离产业资本、物质生产与物质生活的需要和效益而运行发展，并处于危险的状态。金融过度在范围上包括国内外金融投资投机，融资（银行信用、影子银行、商业信用、房地产信用、消费信用、国际信用、债券融资等），股票发行与交易，金融期货、信用衍生品、资产证券化等金融创新，以及货币过量供应等。

一方面，金融霸权推进了金融过度的产生。发展中国家在当今世界经济舞台上的发言权在一定程度上被剥夺，话语权和影响力严重不足。国际性或者区域性组织（如货币基金组织、世界银行和世界贸易组织）在某种程度上受到发达国家的影响和控制，成为其谋求利益的工具。这些组织常常推行发达国家的政策和理念，并试图将全球范围内的经济和资源纳入其影响范围。发达国家通过大规模发行股票、债券和金融衍生产品等方式，迅速扩张其影响力，相关利益集团迅速壮大，导致帝国主义国家内部的金融业也同步出现过度发展的情况。另一方面，金融过度反过来加剧了金融霸权的形成。以美元霸权为例，美国全球化和自由化的金融市场使跨国资本流动更加频繁和便利，这加剧了资本在全球范围内集中并流向美国的趋势，从而进一步强化了其在全球金融体系中的霸权地位，而金融过度使这一独特的财富掠夺模式得到更好的发展和实现。金融过度与金融霸权的相辅相成，导致资本主义发展逐渐趋向市场垄断状态。

四 基于比较视角的述评

综上，鉴于政治经济学和西方经济学是两种不同的经济学范式，基于比较视角，可清晰地发现两者对金融风险（金融危机）的产生根源、研究目的和解决方式存在显著的认知差异，简要概述如下。

一是关于金融风险的产生根源，政治经济学强调从生产领域探寻危机产生的原因。政治经济学认为，资本实现价值增值需要通过"购买、生产、出售"三个阶段，其中"购买"和"出售"是货币执行一般商品的流通职能，属于流通领域；而"生产"是把购买的生产资料和劳动力结合起来生产含有剩余价值的商品，属于生产领域。在资本主义私有制前提下进行社会生产，资本家为追求更多的剩余价值，会不断通过社会消费来换取商品利益，在这种条件下发展出来的生产力并不符合社会需求，会演化成金融危机。而西方经济学在分析金融危机理论时，侧重从资本的流通领域阐述金融危机产生的原因，认为金融危机的产生主要是由金融创新、监管不力和政策失误等因素导致，并未从本质出发探索社会矛盾（赵福浩，2014）。

二是关于金融风险的研究目的，政治经济学以维护广大人民群众的利益为导向。马克思主义政治经济学是代表无产阶级和最广大人民群众根本利益的社会科学，具有鲜明的阶级性。在研究金融风险时，马克思主义真正从社会、历史的角度看待危机本质，结合资本主义生产方式系统研究金融危机，从广大人民群众的角度思考金融危机的产生和解决措施，利用无产阶级的无私为人类创造更多的价值，而不是攫取剩余价值。西方经济学研究金融危机，更多的是为了维护资本主义制度，围绕优化金融体系、提高金融效率、创新金融产品等方面寻找外部因素和政策措施，提出暂时缓解金融危机的办法，维系西方经济学家认为的永恒的资本主义生产方式。

三是关于金融风险的解决方式，政治经济学注重从社会基本矛盾出发防范化解金融风险。鉴于马克思主义政治经济学认识到金融风险源自生产领域，因此主张直接从生产领域入手防范化解金融风险，认为首先需要解决资本主义的基本矛盾——生产资料的属性。生产资料的所有权和控制权不仅直接影响人们在生产过程中的相互关系，还决定了资源分配、交换和消费的关系，这是生产关系的核心，是经济金融制度的基础。在理顺生产资料所有制基础上，进行市场体系和金融体系改革，提高企业的生产效率，进一步调节财富收入分配，才是防范化解金融风险的正途。而资本主义生产方式追求商品的剩余价值，因此西方经济学将重点放在商品的供给和需求两方面，认为社会应不断制造供给，足量的供给也会产生大量的商品需求，形成商品的供需平衡，从而可以有效避免金融危机的产生。

第三节　中国特色防范化解金融风险的
理论体系架构

一　方向论：坚持以马克思主义中国化时代化为导向

在党的二十大报告中，习近平总书记明确指出，"不断谱写马克思主义中国化时代化新篇章，是当代中国共产党人的庄严历史责任"①。从改革开

① 《高举中国特色社会主义伟大旗帜　为全面建设社会主义现代化国家而团结奋斗》，求是网，2022 年 10 月 17 日，http://www.qstheory.cn/yaowen/2022 – 10/17/c_1129067786.htm。

放初期控制通货膨胀、稳定金融物价，到新时期中国金融改革纵深推进、金融体系日趋完善、金融市场逐步开放、金融机构实力显著增强，中国共产党的领导在中国金融业发展的历史进程中发挥了稳大局、定方向的核心作用（咸怡帆，2020；裴长洪，2022；王娜，2019）。坚持中国共产党的领导，以马克思主义中国化时代化为导向，是中国防范化解金融风险的根本政治保障（贾蕾蕾，2022）。

以马克思主义中国化为导向防范化解金融风险，侧重解决的是"服中国水土"的金融问题。一方面，马克思主义中国化就是运用马克思主义思想指导解决中国金融改革开放过程中的风险问题。1978年，中共十一届三中全会重新确立了实事求是的思想路线，将工作重心转移到经济建设上；在邓小平同志的领导下，中国金融业迅速发展。之后1997年亚洲金融危机和2008年全球金融危机揭示了金融业的脆弱性。以江泽民同志和胡锦涛同志为代表的中国共产党人以马克思主义为指导思想，对内强化监管，对外扩大开放，有效提升了中国金融体系抵御风险的能力。进入新时代，全球政治经济格局深度调整，习近平同志立足于中国经济安全与健康发展，以马克思主义为理论基础，形成了关于金融治理工作的重要论述，为今后金融稳定发展指明了前进方向。另一方面，马克思主义中国化就是将中国共产党领导下防范化解金融风险的实践经验提升到理论高度。例如，针对通货膨胀，邓小平同志提出"为了发展经济，保证物价稳定"（邓小平，1989）的精辟论断；针对金融机构的依法监管和有效监管，江泽民同志提出要"建立健全各项金融法规，使各类金融机构依法行事、各司其职，在法制化、规范化的轨道上活动"（《江泽民文选》第1卷，2006：299）；胡锦涛同志提出"金融越发展，越要加强监管"①的观点；进入新时代，习近平同志提出"金融是实体经济的血脉""防止发生系统性金融风险是金融工作的永恒主题"②等观点，将实践经验提升到理论高度，以理论指导实践，以实践验

① 《胡锦涛：充分认识金融工作重要性 推动金融业健康发展》，中国政府网，2007年10月10日，https://www.gov.cn/test/2007-10/10/content_773119.htm。
② 《全国金融工作会议在京召开》，中国政府网，2017年7月15日，https://www.gov.cn/xinwen/2017-07/15/content_5210774.htm。

证理论。

以马克思主义时代化为导向防范化解金融风险，侧重解决的是"应时代所需"的金融问题。一方面，马克思主义时代化就是政治经济学理论创新的时代化。自改革开放以来，在对马克思主义经济危机论述内容以及毛泽东思想深入理解的基础上，中国共产党进行了持之以恒、卓有成效的理论创新，在不同时期先后形成了邓小平理论、"三个代表"重要思想、科学发展观和习近平新时代中国特色社会主义思想，有效防范化解了当时国情下的系统性金融风险，这是马克思主义时代化理论创新的重要成果（孙建国、高岩，2018）。另一方面，马克思主义时代化就是理论指导中国金融事业的时代化。将马克思主义基本原理同中国具体实际相结合，在金融监管的时代化方面，主要体现为从中国人民银行的"大一统"监管，逐步转向形成"一行三会"分业监管模式，再向"一委一行两会"的金融监管架构转型，最后调整为当前的"一行一局一会"新结构。在金融市场的时代化方面，主要体现为从以信贷市场为主体的债权融资市场构建，到以股票市场为主体的多层次资本市场发展，再到以期货市场为主体的衍生品市场培育。在金融机构的时代化方面，40多年来，中国金融机构沿着纵向和横向两个方向不断扩张和发展。从横向来看，形成了多元化的机构体系；从纵向来看，每一种金融机构均代表着一个细分的金融行业，不断向纵深拓展和成长（巫云仙，2018）。

二 底线论：坚守不发生系统性金融风险的底线思维观

"善于运用底线思维方法，凡事从坏处准备，努力争取最好的结果，做到有备无患、遇事不慌，牢牢把握主动权"，是中国成功防控金融风险的重要法宝（李礼、刘佳宁，2021）。特别是党的十八大以来，以习近平同志为核心的党中央汲取国内外历史经验，要求全党"必须增强忧患意识，坚持底线思维，做到居安思危、未雨绸缪，准备经受风高浪急甚至惊涛骇浪的重大考验"，为中国新时代金融事业发展指明了方向（姬旭辉，2019）。

一是坚守底线思维，主动预防潜在金融风险。自改革开放以来，预防潜在金融风险的思想贯穿于金融业发展的各个方面。从邓小平同志预见性地提出"金融问题……如果不解决，就会动摇政治的基础"（《邓小平文选》第 1 卷，1994：167），到江泽民同志提出"从宏观、全局和长远战略的高度，观察、预测、分析我国经济发展可能遇到的风险，并提出相应对策"（《江泽民文选》第 1 卷，2006：537），再到胡锦涛同志提出"要坚持把金融监管作为金融工作的重中之重，加快金融法制建设，不断完善金融监管体制机制"[1]，最后到习近平总书记提出"防范化解金融风险，事关国家安全、发展全局、人民财产安全，是实现高质量发展必须跨越的重大关口"[2]，党和政府始终高度重视金融风险的跟踪监控，以小见大，主动作为，预防潜在金融风险演化为系统性金融风险。

二是坚守底线思维，积极化解重大金融风险。党和政府面对已经发生或可能演变为系统性金融风险的金融事件，勇于承担责任，积极采取行动化解重大金融风险。1997 年亚洲金融危机和 2008 年全球金融危机，中国调整金融体系结构，加强对金融机构的监管，化解了系统性金融风险并遏制其扩散；2015 年，中国股市暴跌，政府加大对违法行为的打击力度，并成立了一系列救助基金，为遭受损失的投资者提供援助；2016 年后，P2P 频繁暴雷，政府从加强监管、整合优化平台、清退风险项目、发展监管科技和加强投资者教育等方面采取多种措施，保护投资者的合法权益。守土有责、守土负责、守土尽责，积极化解重大金融风险，让每一次金融风险的化解都成为有效的教育和风险警示（王兆星，2020），一直是党和政府维护金融市场稳定的工作重点。

三是坚守底线思维，谋求"有守"与"有为"的平衡。改革开放之初，邓小平同志明确指出，"要在改革过程中，保持生产有较好的发展，不要勉强追求太高的速度，当然太低了也不行……如果今后这些年也保持比较好

---

① 《胡锦涛：充分认识金融工作重要性 推动金融业健康发展》，中国政府网，2007 年 10 月 10 日，https://www.gov.cn/test/2007 - 10/10/content_773119.htm。

② 《习近平主持召开中央财经委员会第一次会议》，中国政府网，2018 年 4 月 2 日，https://www.gov.cn/xinwen/2018 - 04/02/content_5279304.htm。

的速度,我们深化改革的风险就小得多了"(《邓小平文选》第 3 卷,1993:268)。邓小平这种既要积极推进改革,又要着力防范风险的思想,成为中国金融改革的重要指导思想。改革开放 40 多年来,金融市场持续扩容,新的金融风险也在出现;只有与时俱进、优化监管,才能更好地应对新的金融风险。在严控风险的前提下,党和政府积极推进金融体系的改革、创新及发展,逐渐完善金融市场的层次结构,不断增加金融机构的数量和类型,推动金融产品和服务的多元化,金融体系的抗风险能力持续提升。这些体现了锐意进取的革命大无畏精神,实现了守住金融风险底线与追求金融高质量发展的有机统一,找到了"有守"和"有为"的平衡点。

三 主体论:坚持以实体经济为服务主体的金融发展论

改革开放以来的实践经验表明,服务实体经济是中国金融事业的发展宗旨,也是防范金融风险的根本举措。正确认知实体经济与金融发展之间的关系,尊重实体经济和金融行业的客观发展规律,坚持以发展实体经济为基础的防控策略,是中国防范金融风险的重要启示。特别是习近平总书记多次强调,金融领域应该回归到为实体经济服务的本源,指出"金融是实体经济的血脉,为实体经济服务是金融的天职,是金融的宗旨,也是防范金融风险的根本举措"[①]。党的十九大报告提出,要"深化金融体制改革,增强金融服务实体经济能力"。党的二十大报告进一步强调,"坚持把发展经济的着力点放在实体经济上"。习近平总书记关于新时期金融服务实体经济的重要论述,指引了中国金融体系的发展方向,加大了金融机构对实体经济的支持力度,提高了金融体系的稳定性和服务效率,为实体经济的健康发展提供了重要支持。

一是尊重实体经济发展规律,深刻认知现代经济发展离不开金融支持。一方面,从理论来看,马克思主义政治经济学从社会生产的角度,揭示了现代金融产生和运行的规律,即生产是金融的基础,金融的出现和发展是

---

① 《全国金融工作会议在京召开》,中国政府网,2017 年 7 月 15 日,https://www.gov.cn/xin-wen/2017 - 07/15/content_5210774. htm。

为了满足实体经济的需求。金融具有提高经济系统交换效率、传递优化信息资源、带动经济资源集中与再配置的功能。金融规模的扩大是必然趋势，也是实体经济实现积聚和扩张的重要支撑。另一方面，从实践来看，改革开放以来，中国社会主义市场经济建设离不开金融业的支持。从邓小平同志提出"金融很重要，是现代经济的核心，金融搞好了，一着棋活，全盘皆活"（《邓小平文选》第3卷，1993：366），到江泽民同志提出"金融在市场配置资源中起着核心作用"（《江泽民文选》第3卷，2006：426），再到胡锦涛同志提出"做好金融工作，保障金融安全，是推动经济社会又好又快发展的基本条件，是维护经济安全、促进社会和谐的重要保障"[1]，最后到习近平同志指示"经济是肌体，金融是血脉，两者共生共荣"[2]，无不彰显金融在社会主义市场经济发展中的重要性。在此背景下，依据各个时期中国实体经济发展战略的侧重点，金融业先后经历初步建立阶段（1978～1992年）、市场化改革阶段（1992～2001年）、国际化发展阶段（2001～2017年）以及现代金融高质量发展阶段（2017年至今），为实体经济发展做出了巨大的贡献。

二是尊重金融行业发展规律，正确把握金融双重属性并因势利导。在马克思主义政治经济学视域下，金融具有双重属性：一方面，金融诞生和孕育于实体经济，具有为实体经济服务的基本属性；另一方面，金融又有反噬和统制实体经济的自发倾向，虚拟经济与实体经济会在一定条件下发生背离（姜英华，2020）。鉴于此，政治经济学认为，现代金融体系的运行规律受到现代社会化大生产规律支配，金融运行处于从属地位，是在为实体经济服务中发展壮大自身。然而，由于虚拟经济自我循环的衍生属性，金融在出现伊始就有脱离实体经济的强烈冲动，倾向于追求高风险、高回报。只有促使金融回归基本属性，才能有效遏制金融自我循环、自我膨胀的泡沫化倾向。放眼中国金融业实践，在改革开放之初，邓小平同志曾高

---

① 《胡锦涛：充分认识金融工作重要性 推动金融业健康发展》，中国政府网，2007年10月10日，https://www.gov.cn/test/2007-10/10/content_773119.htm。

② 《习近平：深化金融供给侧结构性改革 增强金融服务实体经济能力》，人民网，2019年2月24日，http://cpc.people.com.cn/n1/2019/0224/c64094-30898681.html。

瞻远瞩地指出，需要客观地看待金融风险，金融改革开放不可避免地要冒一定的风险，关键是看我们的驾驭能力（中国人民银行，2013）。改革开放40多年来，伴随宏观经济的高速增长，以制造业为代表的实体经济成本逐渐上升，金融资本在实体经济中的利润率迈入下降通道。由于金融追求高风险、高回报，资本流出实体经济，涌入虚拟经济。在此背景下，唯有适度发挥虚拟经济的润滑作用，引导金融回归支持实体经济的赛道，降低社会综合融资成本，方能有效为实体经济注入"源头活水"，带动实体经济多样化发展。

三是正确认识实体经济与金融的关系，有效平衡实体经济发展与金融风险防范化解。在政治经济学中，以金融为代表的虚拟经济与以制造业为代表的实体经济之间是对立统一的关系。虚拟经济的快速发展为实体经济带来新的机遇和挑战；同时，实体经济的需求和发展推动着虚拟经济进一步发展和演进。改革开放以来，中国共产党正确把握实体经济与金融风险之间的关系，明确金融服务实体经济既是防控系统性金融风险的根本举措，又是促进供给侧结构性改革以及提升经济发展质量的关键因素。一方面，引导金融资本向实体经济配置，服务于供给侧结构性改革这条主线，有力促进实体经济发展；另一方面，金融资本只有流入实体经济，解决经济社会发展的资金瓶颈问题，才能为防范化解金融风险提供强有力的支撑（陈建奇，2020）。金融应始终为实体经济服务，不可过度地衍生套利。只有高度重视未来产业和前沿技术发展，才能实现金融资本与实体经济之间互利共赢、相互促进的良性循环（孙建国、高岩，2018）。目前，中国金融业还不能够完全满足经济高质量发展的诸多要求。加强对金融规律和本质的认识，深刻把握好实体经济和金融发展的辩证关系，方为防范金融风险的根本之策（郭金龙、周小燕，2018）。

四 动力论：创设以渐进式改革为总引擎的转轨金融学

渐进式改革是具有中国特色的金融体制改革模式，起步于1978年党的十一届三中全会提出的"对内改革"目标，改革的总方向是逐步建立适应社会主义市场经济运行机制的金融体制。经过 40 多年的实践，其留给我们的深刻启示是：创设基于中国国情的转轨金融学，以渐进式金融体制改革为举措，正确处理深化改革与防范风险的关系，才能确保系统性金融风险得到有效的防范和化解。

一是坚持金融市场改革循序渐进，有效防范化解系统性金融风险。中国金融市场改革是在充分总结国内外成功与失败经验之后，基于原有利益格局并未被马上打破的情况下，先试点探索再全面铺开并稳步推进（李振威等，2015；吴楠，2020）。从改革开放初期以间接融资为主体的信贷市场，到以深圳证券交易所与上海证券交易所设立为标志的资本市场诞生，再到商品期货市场、保险市场等陆续建立，中国金融市场经历了从无到有、从有到大的渐进式发展，取得了巨大成就。当前，中国经济由高速增长阶段转向高质量发展阶段，金融市场配置效率与经济发展尚未完全匹配，进一步深化金融市场改革是实现经济体制市场化转型的关键环节（李礼、刘佳宁，2021）。坚持金融市场改革循序渐进，在过程上有步骤、分阶段实施，在内容上由易到难、逐步深化（张文棋、罗恩平，1998），才能在守住风险底线的同时深化经济体制改革，实现两者兼顾的效果。

二是保证金融监管体系与时俱进，有效防范化解系统性金融风险。改革开放以来，中国金融监管体系由央行的"大一统"监管模式，转变为 2003 年的"一行三会"分业监管体系，有效保障了当时国内金融市场的稳定发展。而 2008 年全球金融危机爆发之后，中国加强构建各金融监管单位之间的信息共享机制，制订系统重要性金融机构恢复及处置计划，明确重要性金融机构监管的附加标准，有效防范"大而不倒"的问题。2010 年，明确提出用好宏观审慎工具，不断完善宏观审慎政策，逐步建立货币政策和宏观审慎的双支柱监管框架。2017 年，中国成立国务院金融稳定发展委员会，之后将银监会和保监会合并为银保监会，形成"一委一行两会"和地方分工负责的监管体系，深入处理分业监管下的监管空白问题。2023 年，国家金融监督管理总局在银保监会的基础上组建，负责统一监管除证券业之外的金融业，而公司（企业）债券发行审核工作由证监会统一负责，妥善填补金融混业经营与分业监管之间的监管空白，形成"一行一会一局"的格局。中国金融监管体系的与时俱进，有效构筑了防范系统性金融风险的牢墙，夯实了化解系统性金融风险的基础。

三是坚守金融对外开放由易到难，有效防范化解系统性金融风险。中国金融对外开放是一个渐进过程，一直在寻找金融市场开放、金融服务业开放和人民币汇率市场化改革之间的平衡点。在 2001 年加入 WTO 之后，中国积极履行入世承诺，首先在金融服务业进行开放试点，逐步放宽以银行业、证券业、保险业为代表的金融业对外资的限制。过渡期后，基本实现金融服务业的全面开放。特别是 2020 年施行的《外商投资法》，给予外商投资准入前国民待遇，平等对待外资金融机构和内资金融机构。而金融市场的开放与其他领域相比更为审慎，贯彻"先流入后流出"原则，逐步通过管道式开放放开金融市场。初期通过合格境外机构投资者（QFII）和人民币合格境外机构投资者（RQFII）的通道，实行单一渠道内资金的单向流动。2014 年后，通过沪港通、深港通、沪伦通、粤港澳大湾区跨境理财通等，实现单一通道内资金的双向流通，逐步优化金融市场互联互通。同时，为平衡金融市场开放和人民币汇率市场化改革之间的关系，中国采取"交错推进"策略。这一策略的基本思路是优先推动人民币汇率的市场化改革，以确保汇率能够相对充分地反映有限且被允许的跨境交易供求关系和预期。随后，逐步扩大跨境交易的机构和项目，使汇率更全面地反映跨境投资主体和资金的供求状况和预期（陈道富，2022b）。中国在多次国际性金融危机中能够"独善其身"的实践表明，坚持金融业由易到难的渐进式对外开放原则，有助于避免外部不确定所造成的冲击，保障宏观金融体系的稳定，防范化解系统性金融风险。

五　开放论：参与构建全球金融治理机制的大国金融观

金融开放作为中国改革开放大局中的重要组成部分，既符合金融业自身长远发展的利益，也符合提高经济发展质量和效益、深化金融供给侧结构性改革的内在要求。然而，在推进金融业对外开放、发展开放型经济的过程中，我们必须正视其双面性，即金融开放既能带来巨大收益，也可能产生系统性金融风险。对此，习近平总书记一直强调要"扩大金融高水平双向开放，提高开放条件下经济金融管理能力和防控风险能力，提高参与国际金融治理能力"[①]。1978 年以来，中国在对外开放中增强防范化解金融风险的本领，形成了三大重要经验。

一是始终以坚定的意志和必要的手段防止国际资本控制中国金融市场。改革开放以来，出于维护国家战略利益的考虑，中国资本项目开放遵循由浅及深、循序渐进的原则，外资政策调整呈现政策建构与实践演进相互作用的双螺旋式发展过程。中国最先放松了对外商直接投资的限制，逐步简化外商在中国开展直接投资的审批流程，放松在资本金结汇方面的限制。1997 年亚洲金融危机爆发，中国资本开放按下暂停键。进入 21 世纪后，资本开放被再次提上日程，资本与金融账户依据"先直接后间接、先长期后短期、先流入后流出"的顺序实现逐步开放。2002 年，QFII 项目启动，外资可以但也只能参股金融机构，以保持国家对重点国有金融企业的绝对控制力（蒋超良，2008）。随后十多年，QFII 项目放松封闭式基金和 3 年锁定期限制、简化 QFII 的投资限额申请程序，诸多限制逐步放开。2015 年，中国金融监管当局修订《中资商业银行行政许可事项实施办法》，更加严格限制外资持股比例，坚持中国对金融资产及金融资源的主导权和控制权。党的十八大以来，中国实施了更为积极主动的开放战略。目前，中国对外资的管控从限制控股转变为完善金融监管，通过提升开放环境下的监管能力，防范化解金融风险，防止国际资本对中国金融市场的控制。

二是始终从历次全球性或地区性金融危机中吸取经验教训并融入实践。一方面，从中国经历的国际金融危机中吸取经验教训并融入实践。1997 年亚洲金融危机爆发，外部冲击导致中国经济增速明显趋缓。随后，在财政政策方面，中国启动扩张性财政政策，支持重大基础设施建设和优化经济

[①]《习近平：深化金融供给侧结构性改革 增强金融服务实体经济能力》，人民网，2019 年 2 月 24 日，http://cpc.people.com.cn/n1/2019/0224/c64094 - 30898681. html。

结构；在金融改革方面，通过特别国债的发行来募集资金，帮助四大国有商业银行补充资本金，并设立四家资产管理公司收购、管理和处置银行不良资产，提高银行的资产质量和资本充足率，以缓解银行业不良资产问题对金融稳定的负面影响。2008 年全球金融危机爆发，宏观调控的首要任务迅速被调整，从以往注重防范经济过热和通货膨胀风险，转向更加注重保持经济平稳较快发展和控制物价过快上涨，出台了进一步扩大内需的十项措施。另一方面，从其他国家爆发的金融危机中吸取经验教训并融入实践。墨西哥、俄罗斯、巴西、土耳其、阿根廷在 1981 年到 2002 年相继出现金融危机。前车之鉴告诉我们，在开放金融市场的同时，必须保持对具有竞争优势的国际垄断金融资本的高度警惕，建立健全监管制度和制定合适的准入规则，不断增强本土金融机构的竞争力。监管部门需要建立完善的金融风险监测和预警系统，密切关注国际金融市场动态，主动发现和评估潜在的风险因素，及时遏制国际重大金融风险蔓延至国内（姬旭辉，2019）。

三是始终坚定奉行多边主义原则，积极参与全球金融治理体系建设。改革开放以来，特别是加入 WTO 后，积极参与全球金融治理体系建设，成为中国防范化解金融风险的重要举措。中国积极融入国际经济合作体系，参与并支持各种国际经济合作机制，包括二十国集团（G20）、金融稳定理事会（FSB）、国际货币基金组织（IMF）、多边开发银行、国际清算银行（BIS）等。中国以灵活务实的方式，全方位、多层次地参与国际金融体系的建设与改革，维护世界金融稳定，推动全球经济发展与合作。党的十八大之后，全球经济格局向多极化发展，一些发达经济体开始逐步收紧宽松的货币政策，造成风险外溢，影响中国金融安全。在此背景下，中国深入总结国际经验教训，进一步主动推进国际金融合作。2021 年，通过国际清算银行（BIS）、二十国集团（G20）、东盟与中日韩（10＋3）机制、国际货币与金融委员会（IMFC）、东亚及太平洋中央银行行长会议组织（EMEAP）等多边场合，与各方协调合作应对全球疫情给经济金融带来的冲击，就未来退出经济支持政策时要避免负面溢出效应达成共识。同年，中国与美国财政部联合牵头 G20 可持续金融工作组，制定了《G20 可持续金融路线图》，为推动可持续发展和全球金融体系的转型提供了重要的方向和指引。2022 年，中国积极参与设计并签署加入国际清算银行发起的人民币流动性安排，满足国际市场对人民币的合理需求，为加强区域金融安全做出积极贡献。

第四节　改革开放以来中国金融风险的防控实践

一　社会主义市场经济培育探索时期的防控实践（1978～1992年）

（一）主要金融风险和防控措施

1978 年 12 月，中国共产党第十一届三中全会做出把党和国家工作重心转移到经济建设上来，实行改革开放的历史性决策。为与经济体制改革相适应，在邓小平同志“要把银行真正办成银行”思想的指导下，中国开始有计划、有步骤地进行金融体制改革，金融机构逐渐恢复和设立，金融市场初步建立。

历史地看，这一时期中国经济体制转轨伊始，一切都是新鲜事物，会不可避免地出现一些新问题、新情况。在金融领域，引进外商投资导致外币在广州等大城市公开计价流通①，货币信贷失控导致持续性的通货膨胀，因缺乏市场惩罚机制叠加抽紧银根出现“三角债”② 问题，民间以“深市老五股”③ 为主要对象的证券黑市交易。这些突出的金融风险严重影响人民群众的日常生活和社会主义经济发展的正常秩序。面对当时的经济金融形势，

---

① 具体情况详见文件《国务院批转中国人民银行关于维护人民币统一市场禁止外币在国内市场流通的报告》（国发〔1980〕2 号）。
② “三角债”有广义和狭义之分。广义上的“三角债”，是指若干企业之间在利用商业票据、延期付款等非现款交易方式采购商品或提供劳务的过程中，对到期的应付账款项相互拖欠的现象。狭义上的“三角债”，通常特指中国在 20 世纪 80 年代中期、90 年代初期，众多国有企业之间互相拖欠贷款且规模巨大，从而严重影响企业的正常生产经营，进而阻碍国家经济发展的特定经济现象。
③ “深市老五股”分别是深圳发展银行、深圳金田实业股份有限公司、万科企业股份有限公司、蛇口安达运轮股份有限公司、深圳原野实业股份有限公司。

党和政府出台了一系列防控措施,如表 1-1 所示。

表 1-1 社会主义市场经济培育探索时期的防控金融风险实践

主要领域	风险概述	防控措施
通货膨胀	从 20 世纪 80 年代初到 90 年代初,中国经历了一波明显的经济过热、信贷失控所导致的持续性高通胀,巅峰时期 1988 年零售物价上涨 18.5%,严重影响了人民群众的日常生活	调控货币供给。针对货币信贷失控导致的持续性通货膨胀,党中央和国务院做出强化宏观调控的决策部署。1984 年 11 月,国务院下发《关于严格控制财政支出和大力组织货币回笼的紧急通知》,决定加强信贷管理,控制信贷放放,大力组织信用回笼。1988 年 8 月,国务院转批中国人民银行《关于控制货币、稳定金融几项措施的报告》,明确要求防止出现恶性通货膨胀,进一步加强对货币、信贷的集中管理,调整信贷结构
金融秩序	外币在广州等国内大城市公开计价流通,以"深市老五股"为对象的证券黑市交易,以及信托业不规范集资等乱象频现,严重干扰了国民经济的持续健康发展	规范金融秩序。1980 年 1 月,国务院和人民银行出台禁止外币在国内市场计价流通的政策,并责成中国银行发行外币兑换券,停止企业和个人直接收取外币。1982 年、1985 年、1988 年,中央先后三次整顿信托行业,国务院出台《关于整顿国内信托投资业务和加强更新改造资金管理的通知》,中国人民银行出台《金融信托投资机构管理暂行规定》《金融信托投资机构资金管理暂行办法》等多个文件,规范信托行业的发展。1989 年,由国务院体改办主管的"证券交易所研究设计联合办公室"改组为"中国证券市场研究设计中心",完成了第一个在中国创办规范化证券交易所的实施方案
企业债务	截至 1991 年 6 月底,全国"三角债"累计达到 3000 亿元左右,严重影响了国民经济的正常运行	从盘活实体经济的维度化解债务风险,为精准拆开"三角债",国务院成立领导小组,首先在东北三省四市进行了清欠试点,基于治本清源,重点清理固定资产投资项目拖欠款项,通过限制产量和减少库存来刺激产品销售,推动产品结构调整和实现盈利。历时 26 天,清理拖欠款 125 亿元,东北的"三角债"问题基本解决。之后,东北经验在全国推广,困扰党中央、各地政府以及企业数年的"三角债"问题终于被解决

资料来源:中国人民银行(2013)、巫云仙(2018)、刘鸿儒(2008)以及作者自行整理,本章下表同。

(二) 主要成效

在毫无经验可循的前提下,该阶段中国防范化解金融风险取得卓越的成效。①在夯实实体经济层面,到本阶段末,1991 年底以前形成的"三角债"已基本清理完毕,通货膨胀逐渐回归正常水平,信托行业通过三次重点整顿逐步迈入较为规范的发展轨道，上述防控成果为下一阶段经济高速增长打下了坚实基础。②在完善体系建设层面，初步建立与社会主义市场经济发展相适应的金融市场体系，发起设立上海证券交易所、深圳证券交易所，相继成立信托、证券、保险等多元化金融机构，在规范金融秩序、设立交易场所、整顿金融乱象中提升应对金融风险的能力。③在深化金融监管层面，建立了中国人民银行统一监管体系。中国人民银行在改进计划调控手段的基础上，逐步运用利率、存款准备金率、中央银行贷款等手段来调控信贷和货币供给，在抑制"信贷膨胀""经济过热"，促进经济结构调整的过程中起到积极作用（中国银行间市场交易商协会教材编写组，2019）。

二　社会主义市场经济快速成长时期的防控实践（1992～2002 年）

（一）　主要金融风险和防控措施

1992 年初，邓小平同志的南方谈话从根本上解除了把计划经济和市场经济看作属于社会基本制度范畴的思想束缚。1992 年 10 月，江泽民同志在党的十四大上提出，中国经济体制改革的目标是建立社会主义市场经济体制①，中国改革开放的步伐由此进一步加快。

随着经济高速增长与经济体制渐进式转轨之间摩擦不断增加，金融领域一些深层次矛盾逐渐暴露：受投资增长过快的拉动，高通胀卷土重来；震惊资本市场的"327"②国债期货事件，造成国有资产大量流失；以民间乱集资为代表的"三乱"现象屡见不鲜；1997 年亚洲金融危机更是中国重启对外开放大门之后遭遇的第一次国际金融危机。根据当时条件下中国经济发展的战略目标，党和政府出台的防控措施如表 1－2 所示。

---

① 《加快改革开放和现代化建设步伐，夺取有中国特色社会主义事业的更大胜利》，中国政府网，2007 年 8 月 29 日，https://www.gov.cn/test/2007－08/29/content_730511.htm。

② "327"是"92（3）国债06月交收"国债期货合约的代号，对应1992年发行1995年6月到期兑付的 3 年期国库券。

表 1 - 2　社会主义市场经济快速成长时期的防控金融风险实践

主要领域	风险概述	防控措施
通货膨胀	从 1992 年下半年开始，受投资增长过快的拉动，货币超发、银行超贷，1993 年居民消费价格指数达 14.7%，1994 年更是达到 24.1%，社会影响面广、危害性大	构建以央行为主导的宏观调控机制。面对严峻的通货膨胀形势，1993 年 6 月，中共中央、国务院下发《关于当前经济情况和加强宏观调控的意见》，提出严格控制货币发行、稳定金融形势等 16 条加强和改善宏观调控的措施。此后，政府采用适度从紧的货币政策和财政政策，以及深化经济和金融体制改革，通过存款准备金制度、央行贷款制度，以及外汇和外债管理制度等，构建以央行为主导的宏观调控机制，抑制通货膨胀
金融秩序	从 1993 年开始，金融领域乱拆借、乱集资和乱批设金融机构形势严峻，时间长达 8 年之久。1995 年，"327"国债期货事件造成国有资产大量流失，震惊海内外，被认为是"空前的金融大丑闻"	分阶段有条件地规范金融秩序。面对"三乱"现象，党中央分两个阶段进行整治。1993～1996 年为第一阶段，其中最重要的文件包括 1993 年 6 月发布的"中央六号文件"以及中国人民银行发布的《关于进一步整顿和规范同业资金拆借秩序的通知》；1997～2000 年为第二阶段，严格执行上一阶段制定的各项规定，通过对金融市场的系统管理应对金融乱象。面对"327"国债期货事件，1995 年 5 月，中国证监会颁发《关于暂停全国范围内国债期货交易试点的紧急通知》，开市仅两年零六个月的国债期货被暂停
输入性金融风险	1997 年，亚洲金融危机导致中国出口大幅回落，国企经营绩效下降，国有银行发放的大量贷款变成不良资产，对实体经济造成重大冲击	建立全国金融工作会议机制。为了"化解金融危机，稳定金融安全"，1997 年召开第一次全国金融工作会议，中央决定变革央行管理体制，并成立四大资产管理公司，以吸收国有四大行所剥离的不良资产，化解金融风险隐患。2002 年召开第二次全国金融工作会议，中央决定成立中央汇金投资有限责任公司，负责中国银行业的重组上市

（二）主要成效

通过总结上一个阶段的防控实践，以及借鉴俄罗斯和东欧国家经济转型的经验教训，该阶段防控金融风险取得显著成效。①在夯实实体经济层面，成功抑制高通胀，实现经济"软着陆"。到 1996 年底，抑制通胀的相关政策取得积极成果，市场物价涨幅持续回落，较好地完成了物价调控目标。②在完善体系建设层面，建立全国金融工作会议机制，定调金融系统的重大改革和部署。召开第一次和第二次全国金融工作会议，通过成立四大资产管理公司、补充国有银行资本金等举措有效剥离国有银行的不良贷款，使国有企业和国有银行轻装上阵，向现代公司治理结构发展。③在深化金融监管层面，形成分业监管体系。面对改革开放以来长期困扰中国金融发展的秩序混乱问题，在党的领导下，中国证监会、中国保监会以及中国银监会分别于 1992 年、1998 年、2003 年先后成立，形成了"一行三会"的分业监管格局，标志着中国金融监管体系迈入新时代。

三　社会主义市场经济加速开放时期的防控实践（2002～2013 年）

（一）主要金融风险和防控措施

加入世界贸易组织以后，中国市场经济进入以开放促改革、市场创新不断涌现的新阶段，中国开始进入全球市场大国的行列。这一时期，中国实现了高增长、低通胀的经济发展目标，为金融稳定创造了良好的外部环境。然而，影响金融稳定的因素仍然存在，首要的金融风险事件是 2008 年全球金融危机，其对中国经济造成了全方位冲击；另外，证券行业违法违规现象层出不穷，以"德隆系"为代表的民间类金融控股集团整体信用坍塌。这些风险事件严重地危害了广大中小投资者的利益。这一时期党和政府出台的防控措施如表 1-3 所示。

表 1-3　社会主义市场经济加速开放时期的防控金融风险实践

主要领域	风险概述	防控措施
输入性金融风险	2007 年 8 月，美国次贷危机爆发，随后逐渐演变成全球金融危机，对中国经济和金融造成严重冲击	2008 年 11 月，国务院常务会议部署进一步扩大内需促进经济平稳较快增长的措施；并在随后 2 年内新增 1.18 万亿元人民币投资，从而带动总额达 4 万亿元人民币的总投资
金融秩序	资本市场乱象频现，证券行业随意挪用客户证券及交易结算资金、违规开展代客理财；以"德隆系"为代表的民间类金融控股集团整体信用坍塌，严重危害了广大中小投资者的利益	分类分步恢复资本市场稳定。中国人民银行会同有关部门基于行政指导与市场化解相结合的原则，通过中央汇金公司、中国建银投资牵头，推动多家大型券商重组。在国务院的领导部署下，中国人民银行会同证监会、银监会等相关部门本着"区别对待、分类处置、化解风险"的基本思路，将"德隆系"控制的金融机构的处置方式归为重组、撤销及关闭、转让股权三类；按照"突出重点、分类处置、分步实施"原则，妥善处置"德隆系"控制的实体企业，特别是上市公司

（二）主要成效

加入 WTO 之后，面对国内外复杂多变的经济形势，中国在防范化解金融风险方面的经验愈加成熟，该阶段实践成果主要表现在以下几个层面。①在夯实实体经济层面，开启中资企业和中资银行海外上市的热潮，加速推进中资机构国际化布局的步伐。在上一阶段有效解决国有银行不良贷款以及企业不良资产的基础上，以中国工商银行、中国银行等为代表的商业银行，以中国电信、百度为代表的中国企业纷纷赴海外上市，为此后的人民币国际化以及中国企业的海外拓展打下坚实基础。②在完善体系建设层面，引导金融机构合规发展，建立健全金融稳定长效机制。2005 年 8 月，中国证券投资者保护基金有限责任公司正式挂牌，构建起证券公司市场化风险处置长效机制。2007 年 8 月，证券公司综合治理工作成功完成，自此证券公司风险管理意识以及财务真实性普遍增强，创新活动有序启动，证券行业重新步入正轨。妥善处置了以"德隆系"为代表的民间类金融控股集团的系统性风险事件，维护了广大中小投资者的权益。2008 年 9 月，中国保险保障基金有限责任公司成立，标志着符合市场化原则的保险公司退出和风险处置机制初步建立。③在深化金融监管层面，参与建立全球金融治理机制，完善国际金融监管体系。在 2008 年国际金融危机中，一直处于国际经济体系边缘地位的二十国集团（G20）成为应对这场金融危机最核心、最主要的制度形式（崔志楠等，2011）。2008 年 11 月，在 G20 领导人金融市场和世界经济峰会上，国家主席胡锦涛提出四大改革举措①，标志着中国防范化解金融风险进入积极参与构建全球金融治理机制的新阶段。

四　社会主义市场经济高质量发展时期的防控实践（2013 年至今）

（一）主要金融风险和防控措施

党的十八大以来，中国经济进入由高速增长转向高质量发展的新阶段，

---

① 2008 年 11 月 15 日，国家主席胡锦涛在二十国集团领导人金融市场和世界经济峰会上发表了题为《通力合作 共度时艰》的重要讲话，提出四大改革主张：一是加强国际金融监管合作，完善国际监管体系；二是推动国际金融组织改革，提高发展中国家在国际金融组织中的代表性和发言权；三是鼓励区域金融合作，充分发挥地区资金救助机制作用；四是改善国际货币体系，稳步推进国际货币体系多元化。

对进一步完善社会主义市场经济体制，加快建设统一开放、竞争有序的现代市场体系提出了更高的要求。面对"三期叠加"，中国经济发展进入"新常态"，系统性金融风险的传染速度更快、危害性更强。例如，引发全球资本市场、大宗商品市场以及外汇市场巨幅动荡的新冠疫情；受制于金融监管体系跟不上金融创新步伐，P2P 网络消费金融平台及地方小贷公司不断暴雷；资本市场受到"钱荒""股灾""股权质押暴雷"等各种风险的侵袭。面对以上新情况，党中央将防范化解金融风险上升到"三大攻坚战"的高度，视之为实现经济高质量发展必须跨越的重大关口，出台了诸多防范化解措施，简要梳理如表 1-4 所示。

表 1-4　社会主义市场经济高质量发展时期的防控金融风险实践

主要领域	风险概述	防控措施
金融市场	2013 年 6 月，中国金融系统出现了结构性"钱荒"，银行间隔夜回购利率一度触及 30% 的历史性高点，并引发股市、房地产市场剧烈共振。2015 年 6 月，A 股出现连续多日千股跌停的股灾，一个月内沪指跌近 30%，深成指、创业板指暴跌近 40%，严重影响了资本市场参与各方的信心	市场化与行政化相结合，多部委联合防控。面对去杠杆过程中的结构性"钱荒"问题，国务院常务会议宣布"把稳健的货币政策坚持住、发挥好，合理保持货币总量"，人民银行启动了非常规货币政策加以调节。中国证监会联合国资委、财政部、公安部等多个部委救市，对市场操纵行为人进行抓捕；21 家证券公司拿出 1200 亿元用于投资蓝筹股 ETF；基金行业召集 25 家公募基金开会，积极引导买入，新增基金建仓
金融秩序	以 P2P 为代表的互联网金融、地方小贷公司以及影子银行等金融创新风险层出不穷，"安邦系"、"明天系"以及包商银行等金融机构违法违规行为不断暴雷，造成恶劣的社会影响	金融监管调整。2017 年召开第五次全国金融工作会议，宣布设立国务院金融稳定发展委员会，旨在加强国家对金融领域的监管和稳定发展的协调管理；设立专项小组处理问题金融机构，有序打破刚性兑付
全球新冠疫情流行	突发的新冠疫情使中国金融体系遭受巨大冲击，证券市场千股齐跌、外汇市场大幅调整、黄金市场动荡难测	逆周期调节，市场化操作。面对突发的新冠疫情，党采取了非常及时强有力的应对措施，中国人民银行、财政部、银保监会、证监会、国家外汇管理局联合出台《关于进一步强化金融支持防控新型冠状病毒感染肺炎疫情的通知》，实施逆周期调节，通过公开市场操作、再贴现、常备借贷便利等多种货币政策工具，保障充足的流动性，以稳定金融市场

（二）主要成效

此阶段防范化解金融风险的成效主要表现为以下几个方面。①在夯实实体经济层面，迅速控制住新冠疫情，有效化解潜在金融风险对实体企业的冲击。在党中央的领导下，中国很快就控制住了疫情的蔓延趋势，并率先实现实体经济反弹，促进货币信贷合理增长，成功地维护了市场经济稳定发展的环境，有效化解了系统性金融风险。②在完善体系建设层面，基于有效化解结构性"钱荒"、系统性"股灾"等各类金融市场风险，持续深化贷款市场报价利率（LPR）改革，推动新三板面向全国接收企业挂牌申请、重点服务战略性新兴产业的"科创板"和"注册制"等资本市场重大体制机制改革。③在深化金融监管层面，根据2017年第五次全国金融工作会议精神，在"一委一行两会"的新金融监管框架下，初步从中央单一监管模式发展为中央为主地方为辅的双层监管模式。2023年，国家金融监督管理总局在银保监会的基础上组建，形成"一行一局一会"的新格局。在监管执行层面，在营P2P网贷全部停业；互联网财富管理、股权众筹等领域整治工作基本完成，转入常态化监管；"7＋4＋1"类金融机构①逐渐规范发展；"明天系""安邦系"等多个高风险金融控股集团得到平稳有序的处置。

---

① "7＋4＋1"类地方金融机构："7"指小额贷款公司、融资担保公司、区域性股权市场、典当行、融资租赁公司、商业保理公司、地方资产管理公司，"4"指投资公司、农民专业合作社、社会众筹机构、地方各类交易所，"1"指网络借贷信息中介机构。

第二章
防范化解金融风险的国际经验借鉴

金融危机与现代工业的发展如影随形。自 1637 年人类历史上第一次有记载的金融泡沫和投机活动——郁金香花根泡沫以来，世界范围内总是周期性地出现金融危机。如今，全球依旧笼罩在金融危机的阴霾之下。2023年以来，硅谷银行、瑞信、美国第一共和银行等先后遭遇风险事件，陷入信任危机，以致破产或被收购，对欧美银行业造成极大压力。有鉴于此，本章选取发生背景与当前中国经济社会环境有相似之处的金融危机——日本泡沫危机和美国次贷危机，作为案例进行深度剖析，从现象到本质挖掘防范和化解金融危机的关键点。在分析两次金融危机基本特点和应对措施基础上，结合金融风险形成理论，从金融市场角度分类总结日美防范化解金融危机的经验，以期对广东防范化解不同类型金融风险有所启发。

本章的创新之处在于，从局域和全局两个视角挖掘危机发生、扩散和应对的关键，全面剖析金融风险；基于实操层面，从金融市场和金融风险分类角度总结日美防范和化解重点领域金融风险的经验及其对广东防范化解金融风险的启示。一是在叙事方面，抛开以往以时间脉络为线叙述危机过程的方式，在简单阐述危机发生、发展过程基础上，着重从现象中提炼两次危机演变的特征、挖掘传导特点和节点，条理化总结应对措施，明确危机发生、扩散和应对的关键点；二是在总结提炼方面，结合资产负债表理论和金融放大器效应，从全局视角厘清两次危机演变全貌；三是在经验和启示方面，摒弃以往笼统从国家层面和宏微观相结合角度总结的方式，围绕广东防范和化解金融风险这一主题，清晰地从金融市场和金融风险分类角度总结经验和启示，提供更加有针对性的借鉴。

第一节　日本泡沫危机的防范和化解

20世纪60～70年代，在经济发展战略调整以及与之形影相伴的日美贸易摩擦、持续推进的金融改革和财政重建等国内外因素作用下，日本的经济金融领域累积了众多风险点，突出表现为实体经济疲软和虚拟经济膨胀。1989年底，在货币政策骤然从宽松转变为紧缩的作用下，日本股票市场泡沫破裂，房地产市场崩盘，此后又无有效的救市措施，导致资本市场和房地产市场的风险逐渐传导至债券市场和信贷市场，引发大量金融机构破产倒闭，进而影响实体经济，引发经济危机。直至进入21世纪，在外部需求的强劲增长和大规模量化宽松政策的持续作用下，日本经济才开始回暖。

一　泡沫危机的演变和传导特征

1989年底，为抑制过热的经济、降低国内高涨的通货膨胀率，日本过快大幅收紧货币政策，引发股价暴跌，市场恐慌从股票市场蔓延至债券市场进而扩展至保险市场。与此同时，房地产市场危机也爆发并传导至信贷市场，引发金融危机（见图2-1左边部分）。在此过程中，非金融企业尤其是房地产企业和金融机构不良债权高企。伴随1997年亚洲金融危机的爆发，日本金融机构海外寻求资金受阻，大型证券公司破产引发证券业危机并传导至银行业，进一步引发证券、保险、银行业系统性金融危机，表现为国内外尤其是国外金融市场对日本金融机构的信任危机（见图2-1中间部分）。与此同时，非金融系统尤其是企业部门的不良债权和居民部门的消费低迷导致金融系统危机和非金融系统危机的震荡恶化（见图2-1右边部分）。

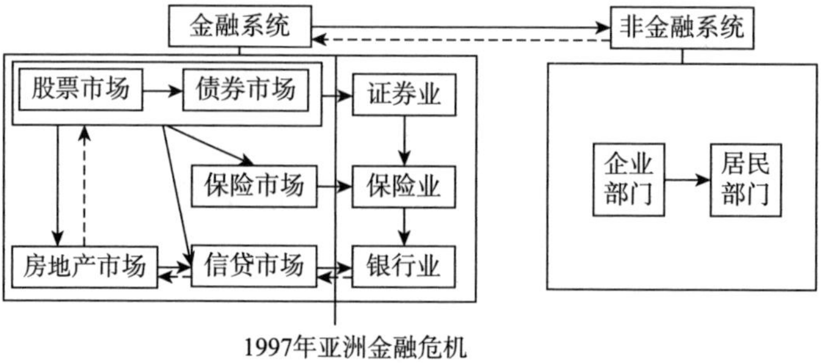

图 2-1 日本泡沫危机演变

注：实线部分是本节关注的重点。
资料来源：自行整理。

（一）货币政策急速变化是泡沫危机发生的直接诱因（1989～1990年）

货币政策由宽松转向紧缩直接引发泡沫危机。1989年，为抑制过热的经济、降低国内高涨的通货膨胀率，一方面，日本央行突然收缩货币政策，直接导致股票价格崩盘；另一方面，为配合央行的紧缩性货币政策，大藏省也出台房地产市场限制措施，导致房价大跌。货币政策的收缩阶段为1989年5月至1990年8月，具体表现为市场上贴现率的急剧上升（见图2-2）和日本央行连续五次上调再贴现率[①]。房地产市场限制措施包括1990年3月发布的《房地产融资总量规制》和12月出台的《土地税制大纲》《土地基本法》，可以将其统称为"不动产金融总量政策"，主要是限制金融机构向不动产、建设以及非银行金融机构提供资金[②]，规范房地产市场发展。在上述政策作用下，日本股价急速下跌，至1992年8月，日经225指数跌至14000点，距离此前峰值38000点，下跌63%（缪建民，2018）；同时，地价大跌，相较于1991年最高峰，2003年日本地价下跌45%，商业房地产下跌60%[③]（刘凤义，2011）。

[①] 1985年5月上调0.75个百分点，即从2.5%上升至3.25%，10月上调0.5个百分点，12月再上调0.5个百分点；1990年3月上调1个百分点，8月又上调0.75个百分点。

[②] 例如，规定银行对不动产的贷款增速不能超过贷款总额的增速。

[③] 值得注意的是，日本房地产泡沫形成和崩盘过程中商业地产较之住宅地产更为疯狂。例如，相较于1985年，1990年日本六大城市的土地价格上涨了2.6倍，但商用土地涨幅高达3.9倍（成十，2008），下跌亦然，而美国房地产泡沫的形成和崩盘主要发生在住宅地产市场。

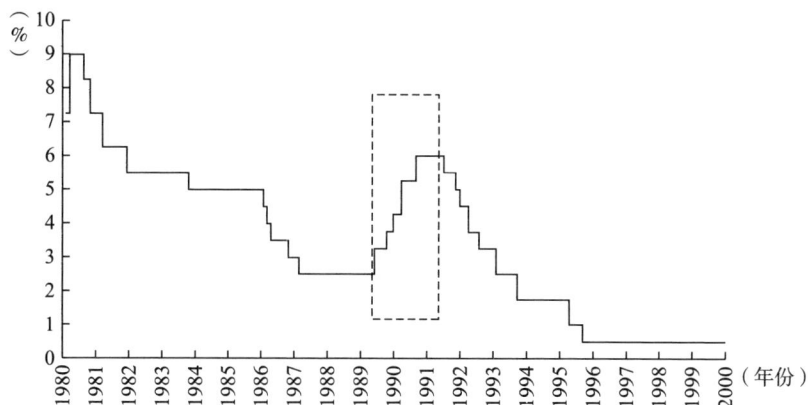

图 2-2　1980～2000 年日本贴现率变化情况

资料来源：缪建民（2018）。

（二）　不良债权高企是泡沫危机初期的主要特征（1991～1996 年）

不良债权分布在非金融企业和金融机构中。其中，非金融企业的总体传导路径为"资产价格下跌（地价和股价）—融资渠道受阻—不良债权"。地价下跌叠加地产相关企业融资渠道受阻，导致建筑业开工率大大降低，个人住宅建设和企业建设投资陷入停滞，不动产业因泡沫时期的过度投资不良资产越来越多，住宅销售低迷和不动产价格不断下跌导致不动产收益持续恶化，叠加企业股价下跌导致的资产净值下降，引发大量企业倒闭破产。1991 年 4 月，日本不动产企业破产数量高达 103 家，为 1974 年以来的最高数量（刘瑞，2010）。金融企业的传导路径则是"地价下跌 + 股价下跌—持有的资产价值下降—自身股价下跌—自有资本净值下降—不良债权"。以不动产抵押和各种有价证券为主要资产的金融机构，受到各类资产价格下跌的影响，持有的资产（无论是被抵押或者投资购买的）无法变现或者折价变现，导致不良债权迅速增大，叠加金融机构本身的股票价格下跌，自有资本净值下降，难以在短期内摊销不良债权，导致不良债权问题越发严重[1]。后期，受亚洲金融危机和日本市场信用危机冲击，金融机构破

---

[1]　以银行业为例，日本银行业的不良债权总额从 1993 年的 50 万亿日元左右增加至 1996 年的接近 100 万亿日元（刘红，2009）。

产数量持续增加（见表 2-1）。

表 2-1 1991~2005 年日本倒闭的金融机构数量

单位：家

类型	1991~1994 年	1995 年	1996 年	1997 年	1998 年	1999 年	2000 年	2001 年	2002 年	2003 年	2004 年	2005 年
银行	1	2	1	3	5	5	0	2	0	1	0	0
信用公库	2	0	0	0	0	10	2	13	0	0	0	0
信用组合	5	4	4	14	25	29	12	41	0	0	0	0
合计	8	6	5	17	30	44	14	56	0	1	0	0

资料来源：雷鸣（2008）。

（三）信用危机是泡沫危机恶化期的主要表现和关键节点（1997~2001 年）

信用危机既是泡沫危机恶化期的主要表现，也是引发系统性金融风险的关键节点。这段时间的泡沫危机演变路径为：不良债权＋亚洲金融危机—大型金融机构破产—信用收缩—大量金融机构破产—系统性金融风险。受不良债权影响，叠加亚洲金融危机，1997 年日本多家大型金融机构相继宣布破产，如日产生命保险公司、三洋证券和山一证券等[①]，大型金融机构破产导致金融市场信用严重收缩，当时日本的银行在海外金融市场筹资时需要支付比正常市场利率高出 0.5%~1.0% 的风险溢价，日本出现了"二战"后从未有过的挤兑风波和倒闭风潮（见表 2-1）。1997 年开始金融机构倒闭数量急剧增加。

（四）居民部门和企业部门是金融危机演变为经济危机的主要传导渠道

日本金融危机演变为经济危机主要通过企业部门和居民部门传导完成，具体有三条路径：一是银行业的大量不良资产迫使银行出现惜贷现象，影响企业融资；二是泡沫经济时期的过度扩张产生的设备、债务、人员过剩，使企业无力开展扩大再生产；三是房价持续下跌带来的逆财富效应使居民对未来的预期较悲观，耐用品需求减少，同时住宅需求降低（见图 2-3）。

---

① 日产生命保险公司的保费收入在日本生命保险公司中位列第 16 名；三洋证券是日本小有名气的证券公司，在泡沫经济迅速发展时期，其证券交易中心的面积较东京证券交易所交易大厅的面积更大；山一证券是当时日本四大证券公司之一。

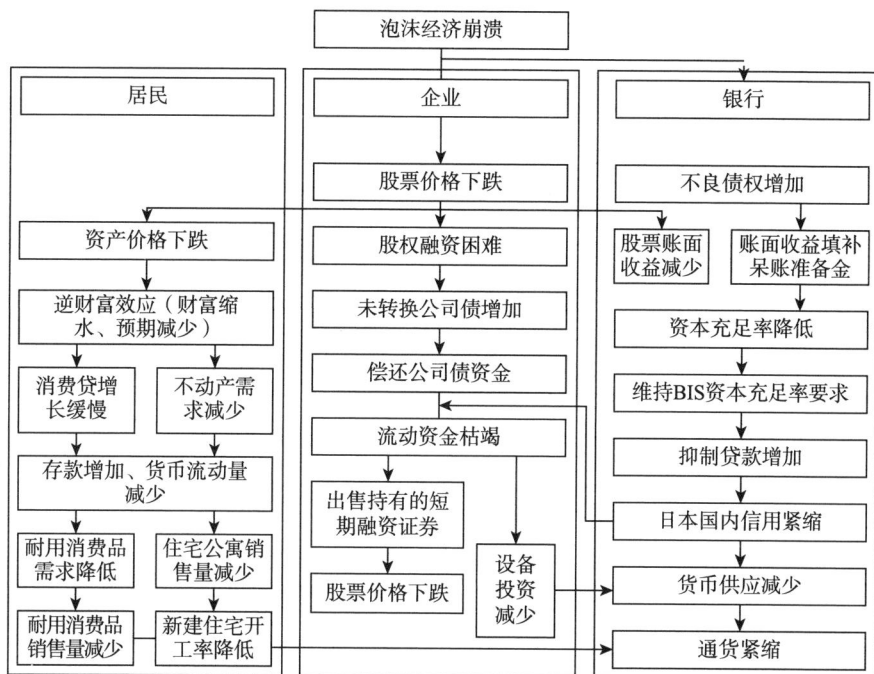

图 2-3　日本金融危机演变为经济危机的路径

资料来源：刘瑞（2010）。

首先，银行为规避风险和处理不良债权而惜贷引发市场流动性紧缩。由于金融系统信用受损，且受到泡沫经济破灭的影响，银行为了规避风险，处理泡沫破灭后的大量不良债权，自有资本减少。在此背景下，基于对投资安全性的考虑，银行一方面对大量无有效资产抵押的中小企业惧贷、惜贷，另一方面对投资风险较高的新兴产业惧贷、惜贷，既导致传统产业的中小企业融资困难，又影响日本新兴产业发展。

其次，贷款压缩和不良债权等影响企业再投资，其中，以对设备投资的衰减影响最为重大。泡沫经济崩溃导致民间企业设备投资增长率从 1990 年的 11.5% 降至 1991 年的 -0.4%，1993 年进一步降至 -12.9%。其对日本实际 GDP 贡献度也从 1990 年的 2.2% 降至 1993 年的 -2.3%（刘瑞，2010）。

最后，资产价格持续下跌和金融信用严重受损产生的逆财富效应导致日本国内消费长期低迷。日本以高储蓄率著称，而长期低利率政策，特别是 1997 年以来的零利率政策实际上使居民储蓄增值的金融功能大大削弱,此外不动产、有价证券的价格下跌均导致居民个人财富缩水。而 1998 年以后的日本失业率上升[1],加剧了居民对未来的悲观预期,导致消费低迷,产生了通货紧缩。

二 泡沫危机的应对措施

泡沫经济破灭初期,日本并未采取行之有效的措施应对金融危机,之后针对企业和金融机构不良债权、金融市场信任危机等问题,日本政府做出一系列安排。以刺激总需求为导向制定宏观经济政策,以制度建设为抓手重建市场信用,以稳定和增强偿债能力为切入点化解不良债权。整体思路和措施如图 2-4 所示。

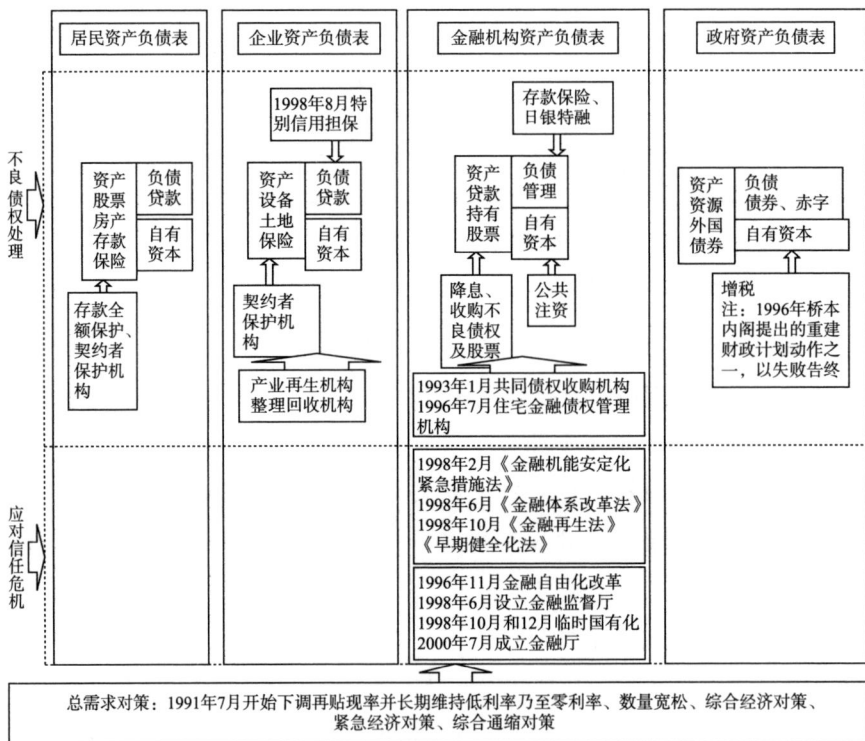

图 2-4 日本金融危机的应对思路和措施

资料来源:根据相关资料自行整理。

---

[1] 日本失业率从 1990 年的 2% 上升为 1998 年的 4%,2002 年又进一步上升为 5.7% (刘凤义,2011)。

（一） 以刺激总需求为导向制定宏观经济政策推动经济基本面改善

日本刺激总需求的导向主要表现为扩张性的货币政策和积极的财政政策。其中，扩张性的货币政策以大幅降息为主，大致分为两个阶段。一是泡沫破灭后的长期降息周期。日本降息始于泡沫破灭后大约一年半的 1991 年 7 月，贴现率从 1990 年 8 月的 6% 下降至 1991 年 7 月的 5.5%，再下降至 1995 年 9 月的 0.5%[①]，为当时的历史最低水平。二是经济危机处理时期的零利率政策。日本于 1999 年 2 月开始实施零利率政策，2000 年 8 月受美国 IT 泡沫崩溃影响曾短暂解除，但 2001 年 3 月再度实施零利率政策。同时，引入数量宽松政策，直至 2006 年 7 月（刘红，2009）。目的是通过降息的方式刺激企业投资、激发经济活力。积极的财政政策包括加大公共支出、扩大就业、减税等。在上述政策作用下，从 2003 年下半年开始，日本银行业形势明显好转。与此同时，日本经济开始回暖，并步入长达 69 个月的战后最长经济扩张期（日美金融危机比较研究课题组，2012）。[②]

（二） 以完善法律法规和推进金融监管改革为抓手推动金融市场信用重建

法律法规分为专项法律法规和综合性法律法规，目的在于通过完善的法律法规有效推动对问题金融机构的处理。其中，专项法律法规包括"住专"相关法案和存款保险相关法案，如 1996 年 6 月通过的《存款保险法》[③]以及"住专"处理特别法《住宅金融公司等问题处置特别措置法》，目的是解决紧急出现的"住专"问题和稳定存款人信心。上述法律法规明确了破产信用组合处理制度（仅限于信用合作社）和存款全额保护制度，并成立了专门处理"住专"债权的住宅金融债权管理机构。综合性法律法规是指所有问题金融机构从早期稳定到后期退出的全过程法律法规。具体包括 1998 年 2 月日本国会通过的《金融机能安定化紧急措施法》、1998 年 10 月

---

① 数据来源于 iFinD 数据库。

② 需要注意的是，尽管扩张性财政政策的持续实施，一定程度上帮助日本企业和金融机构走出危机，但也造成日本国债余额持续走高，1990 ~ 2011 年，日本国债余额从 166 万亿日元增加至 667 万亿日元（日美金融危机比较研究课题组，2012），政府债务负担不断加大，这一情况在 2008 年金融危机之后更为严重。

③ 《存款保险法》在 1998 年和 2000 年分别又进行了修订，最终确立了长期性、永久性破产处理制度。

的《金融功能重组的紧急措施法》、1999 年 3 月的《金融机能早期健全化措施法》、2002 年 12 月的《关于促进金融机构合并重组特别措施法》、2004 年 8 月的《金融机能强化法》。上述综合性法律法规从救助方式、救助机构、救助对象等方面完善了问题金融机构的解决方案。救助方式方面，设立了公共注资制度，提出救助式合并、新设接盘银行、清算与业务转让、临时国有化等方式；救助机构方面，成立了金融危机管理审查委员会；救助对象方面，将专项法案中的信用合作社扩展至大型金融机构再扩展至地方性金融机构，即覆盖所有问题金融机构。

金融监管改革体现在两方面，即金融监管模式改革和金融监管理念改革。金融监管模式改革方面，将原有大藏省独揽金融机构监管权限的监管模式转变为多方协同监管。以 2000 年金融厅和 2001 年财务省的设立为标志，日本政府将原有大藏省对金融机构的检查、监督、指导等全方位功能分拆至金融厅和财务省。金融厅主要承担大藏省的金融监督、检查功能，接管金融检查部和银行局、证券局以及金融机构监督部门，全面承担金融机构监管职能；财务省则承担了部分危机管理职能和存款机构的协同监管职能。至此，日本形成了以金融厅为核心、独立的中央银行和存款保险机构共同参与、地方财务局等受托监管的新的金融监管体制基本框架。金融监管体制的变革一定程度上挽回了泡沫危机期间大藏省不作为引发的公众信心下降趋势，稳定了市场信心。金融监管理念改革方面，以金融自由化为方向，逐渐实施货币市场、资本市场、外汇市场自由化改革。具体表现为存款利率市场化、国债"流动化"和国债利率"弹性化"、外汇交易和汇率浮动自由化、金融机构业务兼营化、金融机构开放和竞争自由化等（张渝敏，2006）。通过金融自由化改革，日本逐渐稳定了国际市场信心，助力金融市场信用重建。

（三）以稳定和增强偿债能力为切入点化解不良债权

日本不良债权产生的原因在于资产贬值导致债务人无偿还能力、债权人无法收回或者折价收回资产。因此，日本主要通过稳定和增强偿债能力来化解不良债权，具体通过确保资产安全和增强偿债信用两条路径完成。

在确保资产安全方面，一方面成立各种类型的问题资产处置机构，以便将问题资产转换为安全资产。当时较为出名的问题资产处置机构包括：1993 年 1 月由民间金融组织共同出资成立的共同债权收购机构、1996 年由东京共同银行改组成的清理回收银行（RCB）、1996 年 7 月成立的住宅金融债权管理机构、1999 年 4 月由清理回收银行和住宅金融债权管理机构合并而成的不良债权整理回收机构（RCC）等用于处置不动产的机构①，1998 年 12 月由人寿保险和财产保险分别成立的用以保护存款者和保险购买者资产安全的契约者保护机构，2003 年 4 月成立的用于处置僵尸企业的产业再生机构。上述机构在问题资产处置、居民存款和保险保护以及僵尸企业兼并重组方面发挥了重要作用，有效确保了债权人的资产安全。另一方面，以增强自有资本为手段稳定或扩大自有资产规模，稳定资产价值。宏观层面主要通过降息、向金融机构注入公共资金的方式扩大自有资产规模②；微观层面通过企业间和金融机构间的兼并重组稳定自有资产规模，其中，经过大规模合并重组所诞生的五大银行集团有效稳定了银行资产价值，对处理银行的不良债权问题起到重要作用③。

在增强偿债信用方面，通过出台特别信用担保制度尤其是中小企业信用担保制度和存款保险制度，增强债务人负债偿还信用。其中，信用担保为"信用担保＋信用保险"双重信用补充模式，信用担保由信用保证协会

---

① RCB 主要负责对金融机构的担保贷款等不良债权进行收购、整理和出售，RCC 主要负责接管已破产金融机构的业务以及收购处理其不良债权（刘红，2009）。

② 注入公共资金方面，1995 年 12 月，为处理"住专"问题，政府在与其他相关部门的配合下，第一次使用公共资金负担了"住专"的部分损失金额。1998 年，日本政府向东京三菱银行等 21 家银行注入 1.8 万亿日元的公共资金。1999 年 3 月，日本金融再生委员会实行更加严格的会计标准对 15 家银行的财务状况进行了现场检查，以政府担保的中央银行贷款 7.5 万亿日元，作为注入资金购买银行发行的优先股和普通股，以此冲销不良债权充实银行自有资本（项卫星、杨丽莹，2010）。

③ 1999 年 8 月，日本兴业银行、第一劝业银行和富士银行合并为瑞穗银行，并在 2000 年 10 月组建成瑞穗金融控股集团。1999 年 10 月，住友银行和樱花银行宣布将于 2001 年 4 月全面完成合并工作，新组成的银行集团被命名为三井住友银行。2000 年 4 月，东京三菱银行与三菱信托银行合并，并于 2001 年组成三菱东京金融集团。随后，三和银行、东海银行和东洋信托银行也完成合并，组成日联控股集团（UFJ）。2001 年，大和银行和旭日银行合并组成日本第五大银行即理索纳金融控股集团（刘红，2009）。

承担，信用保证协会的基本财产由政府出资、金融机构捐款和累计收支余额三部分组成；信用保险由政府独立出资的中小企业信用保险公库承担。存款保险制度在泡沫危机严重期间表现为全额保险制度。

三　泡沫危机的总结

基于资产负债表理论和金融放大器效应，本章总结了日本泡沫危机源起、发展、化解的整个过程，如图 2-5 所示。日本金融危机始于经济过热情况下的不适当的货币政策。泡沫经济破灭之后，股票价格和地价的下跌导致金融系统投资亏损，收紧资金流出，微观企业主体抛售资产偿还债务，在恐慌情绪传染下，多数乃至全部企业急于偿还债务时产生"合成谬误"（辜朝明等，2008），导致企业破产或裁员，居民失业，金融机构投资收益进一步降低，同时居民消费减少，在资产价格下跌情况下消费进一步萎缩。这一过程在金融放大器效应作用下得到强化，导致企业和居民资金需求降低、金融机构流动性紧张的情况更加严重，金融市场遭遇"流动性陷阱"，实体经济遭遇"投资陷阱"，此时扩张性货币政策无效。表现在日本的实际情况就是 1990 年和 1991 年股市和房地产泡沫破灭之后，企业和居民的资产负债表迅速恶化，同时与通货紧缩相互加强，导致 1995 年之后两部门杠杆率才出现明显下行（缪建民，2018）。这一阶段居民、企业、金融系统的风险传染表现为企业破产导致银行呆坏账增加、证券投资亏损、保险赔付增多，居民失业导致银行消费贷款减少、证券投资交易减少、保险撤单和赔付增多，金融系统内部的风险传染表现为证券亏损导致银行呆坏账和保险撤单，同时银行呆坏账增多也会导致保险赔付增多，证券和银行之间千丝万缕的联系又引发震荡传染，大致情况如图 2-5 左半部分所示。

在扩张性货币政策无法破局的情况下，持续的扩张性财政政策出台，主要从向金融机构注入公共资金、为中小企业提供担保、增加就业、减税等方面展开，促进企业偿清债务—投资回暖、失业率降低—消费回暖、金融系统不良债权出清—正常运营。在此背景下，投资和消费回暖刺激了资

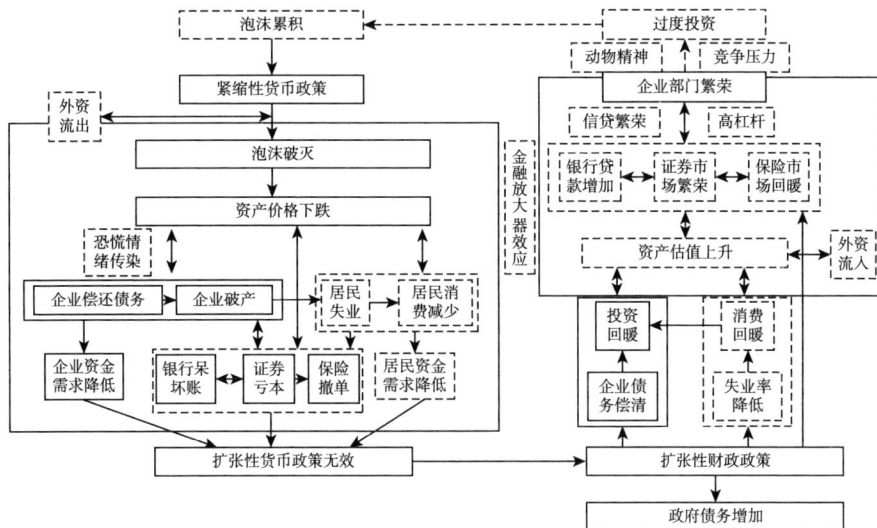

图 2 - 5　基于资产负债表的日本金融危机演示

资料来源：自行整理。

产估值上升，资产估值上升又推动金融机构经营回暖，在信贷繁荣和高杠杆等金融冲击的作用下企业部门再次繁荣。表现在日本的实际情况就是经过长期的扩张性财政政策，自 2002 年末开始，日本步入"二战"后最长的经济扩张期。这一阶段居民、企业、金融系统的相互促进作用表现为，消费和投资回暖提升资产估值，提振金融机构信心，促进金融市场繁荣，这一过程在金融放大器效应作用下，得到相互加强。金融系统内部则表现为信贷市场和证券市场的相互促进以及保险市场的回暖，即金融机构风险共担带来的信用扩张，如图 2 - 5 右半部分所示。

第二节　美国次贷危机的防范和化解

21 世纪初期，美国遭遇 IT 泡沫破裂和制造业疲软导致的实体经济虚弱以及以衍生品为代表的金融创新带来的虚拟经济繁荣，为次贷危机的爆发埋下隐患。2004 年 6 月起，为抑制通货膨胀，美国连续多次上调利率，连带房贷利率上调①、产生住房贷款偿还违约率上升②、银行惜贷、住房贷款余额增长率下降③、房价下跌、房地产相关企业和次级贷款证券经营机构相继破产等连锁反应。以 2007 年 3 月美国第二大次级贷款公司——新世纪金融公司透漏其经营的次级贷款坏账问题严重为标志，美国次贷危机在次级贷款市场发酵，以 2008 年 8 ~ 9 月房利美、房地美爆发危机并被美国政府接管和雷曼兄弟破产为标志，次贷危机从局部市场蔓延至整个金融系统，并在此后逐渐向实体经济领域和全球扩散，引发美国经济危机和全球性经济衰退。次贷危机爆发和扩散期间，在史无前例的扩张性货币政策和空前积极的财政政策作用下，美国快速走出经济负增长的阴霾。④

一　次贷危机的演变和传导特征

美国次贷危机始于次级抵押贷款市场，在当时金融业混业经营和分业监管并存的监管漏洞中，危机迅速传导至次级债券市场及债券市场和信贷市场、以债券作为资产经营的保险市场、对市场动态极为敏感的股票市场，也即整个国内金融市场，并逐渐通过资本市场投资渠道传导至国际金融市场。同时，系统性金融危机经过企业部门和居民部门传导至国内实体经济部门，经过对外直接投资和国际贸易渠道传导至国外实体经济部门，国外政府在史无前例的救市措施作用下，以本国赤字率提升为代价推动化解次贷危机（见图 2 - 6）。

（一）以次级抵押贷款为基础的金融衍生品创新是次贷危机传导的基础

首先，以借款人信用高低为标准分类推出住房贷款产品的方式在利率

---

① 到 2006 年 6 月，美国联邦基金隔夜拆借利率达到 5.25% 的高点，房贷利率也随之走高，可调整房贷的利率从 3.4% 提高到 5.8%，15 年固定利率房贷和 30 年固定利率房贷的利率分别从 4.7% 和 5.5% 提高到 6.4% 和 6.7%（方晋等，2010）。
② 2005 ~ 2007 年美国银行机构发放的次贷拖欠率直线上升，2006 年发放的次贷拖欠率在 2008 年甚至超过 35%（方晋等，2010）。
③ 2004 ~ 2007 年美国住宅抵押贷款余额增长率分别为 14.4%、13.4%、11.3% 和 6.6%（方晋等，2010）。
④ 2004 ~ 2014 年美国 GDP 增长率分别为 3.85%、3.48%、2.78%、2.01%、0.12%（2008年）、-2.6%（2009 年）、2.71%、1.55%、2.28%、1.84%、2.29%。

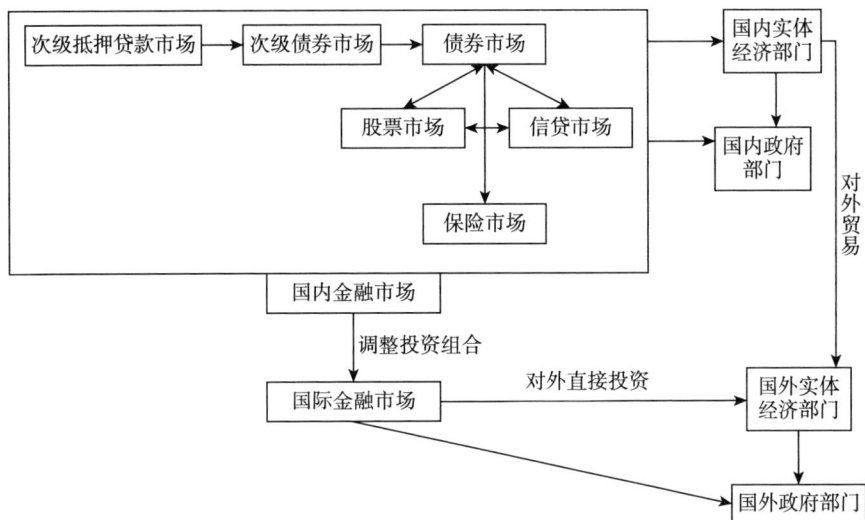

图 2 – 6　美国次贷危机的演变

资料来源：自行整理。

上升期极易引发无法及时偿还的风险。以借款人信用等级评分为标准，美国形成了三类住房抵押贷款和市场：优质按揭贷款（Prime Mortgage Loan）和优质抵押贷款市场（Prime Market）、次优级抵押贷款（Alt-A Mortgage Loan）和次优级抵押贷款市场（Alt-A Market）、次级抵押贷款（Subprime Mortgage Loan）和次级抵押贷款市场（Subprime Market）。其中，优质抵押贷款市场主要面向信用等级高（600 分以上）、收入稳定、债务负担合理的优质客户，利率为固定利率；次级抵押贷款市场主要面向信用等级低、收入证明缺失、债务负担较重的客户，采取低首付甚至零首付，利率为前 2 年固定利率 + 后期浮动利率模式；次优级抵押贷款市场则处于两者之间，利率模式与次级抵押贷款类似。[①] 由上可知，当利率发生变动尤其是上升之

---

① 实际情况也证明了危机源于次级抵押贷款的拖欠。2004 年 6 月起，美联储连续多次上调利率，2005～2007 年美国银行机构发放的次贷拖欠率直线上升。例如，2006 年发放的次贷拖欠率在两年后，即 2008 年甚至超过 35%（方晋等，2010）。

时，次优级和次级抵押贷款获得者的偿还情况将面临较大变数。①

其次，以次级抵押贷款为基础的金融衍生品创新链条不断延伸带来的杠杆倍数增加波及众多金融机构。美国各借贷机构采取证券化措施，规避和转移次级贷款存在的潜在风险，由此形成了"次级抵押贷款（Subprime Mortgage Loan，SM）—抵押贷款支持债券（Mortgage Backed Security，MBS）—债务抵押担保债券（Collateralized Debt Obligation，CDO）—基于CDO的各类衍生产品"日趋复杂的创新链条。次级抵押贷款公司按照数量、期限、利率风险特征分离次级抵押贷款，并将其打包成抵押贷款支持债券（MBS）出售给投资银行，从而既可获取现金流，以便持续发放次级抵押贷款，又可转移流动性风险。与此做法类似，投资银行根据债券偿付的优先顺序再次分割打包 MBS，形成不同风险级别（优先级、中间级、股权级）的债务抵押担保债券（CDO），并将其出售给保险基金、养老基金或对冲基金等机构投资者。其中，大部分又变为抵押品被投资银行或对冲基金用来进行杠杆融资，而华尔街也基于此创造出名目繁多的衍生品。具体过程如图 2-7所示。

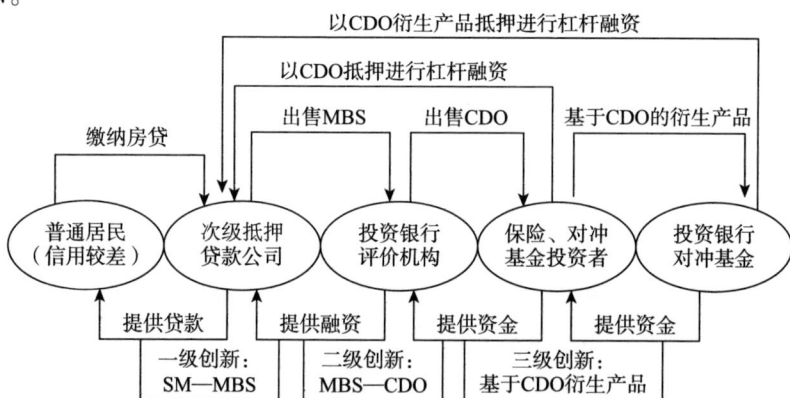

图 2-7　美国次级抵押贷款金融衍生品创新链条

资料来源：魏遥（2009）。

---

① 根据瑞银集团（UBS）的研究数据，美国次级抵押贷款市场利率的提高致使借贷人无法按期还款，截至 2006 年底还款违约率达到 10.5%，这个数字是优质贷款市场违约率的 7 倍多（孙飞、赵文错，2008）。

最后，关联市场主体信用风险层层累积并在相关条件作用下爆发。图2-7显示，次级抵押贷款金融衍生品创新链条涉及次级抵押贷款者（普通居民）、次级抵押贷款公司（多为商业银行）、投资银行、评级机构、衍生品产品的购买者（对冲基金）等至少五类主体。其中，次级抵押贷款者如果不能按期偿还贷款，则会形成第一层风险累积；次级抵押贷款公司的风险分担产品分散了金融风险，畅通了风险扩散渠道；投资银行再次打包创新产品割裂了原始产品和最终产品的联系，加剧了信息不对称，弱化了金融市场的信息强化和风险分散功能，累积了系统性金融风险；在证券价格持续下跌情况下，前期的加杠杆导致衍生品购买者损失成倍放大[1]，直接引爆系统性金融风险；评级机构在发行人支付评级费用的利益绑架下，加剧了金融风险。

（二）居民部门和企业部门是次贷危机演变为经济危机的主要传导渠道

次贷危机从两条路径传导影响经济基本面（见图2-8）。一是企业部门融资渠道受阻，影响扩大再生产，经济供给端受影响。一方面，次贷危机引发金融市场信用紧缩，诸多大型金融机构破产引发金融市场信任危机，银行惜贷、投资收缩，时常出现流动性危机[2]，借贷成本变高，实体企业间接融资渠道受到影响。另一方面，金融机构股价下跌引发整个股市暴跌，影响企业部门直接融资。2008年10月，金融机构股价连续跳水带动整个美国股市出现暴跌，道琼斯指数从2008年10月1日的10831点跌至10月10日的8451点，短短8个交易日的累计下跌幅度高达22%（赵福浩，2014），企业部门直接融资渠道受阻。二是居民部门消费需求减少，经济需求端受影响。需求端之一房地产消费市场在房地产市场泡沫破灭、居民住宅消费需求降低的情况下[3]，出现萎缩。需求端之二以汽车为代表的耐用消费品市场，在房价下跌、房屋净值贷款减少乃至消失[4]、原油价格上涨、无存款习

---

① 2007年，雷曼、高盛、美林等三家投行的杠杆率都超过25倍，汇丰银行的杠杆率从2004年的13倍左右上升到2007年的17倍左右（赵福浩，2014）。

② 2008年10月，3个月期美国国债利率进一步跌至0.04%（方晋等，2010）。

③ 2007年，美国新房销售量下降26.4%，是1980年以来的最高值（成思危，2009）。

④ 房屋净值贷款（House Equity Loan，HEL），是由二次抵押品抵押获得的消费者贷款，即房主以房屋权益作为抵押品获取的贷款。

惯等因素作用下，出现萎缩。需求端之三日用消费品市场，在居民受次贷危机影响对未来经济产生悲观预期情况下，也出现萎缩。生产性融资受阻叠加消费萎缩，直接影响美国经济基本面。工业生产指数从 2007 年 12 月的 102.26 连续下降至 2009 年 6 月的 84.69[①]，零售额从 2007 年 12 月的 3391 亿美元连续下降至 2009 年 5 月的 3017 亿美元，失业率从 2007 年 12 月的 4.9% 上升到 2009 年 10 月的 10.2%，个人实际收入从 2008 年 1 月至 2009 年 6 月连续负增长，GDP 从 2008 年第一季度至 2009 年第二季度连续负增长（赵福浩，2014）。

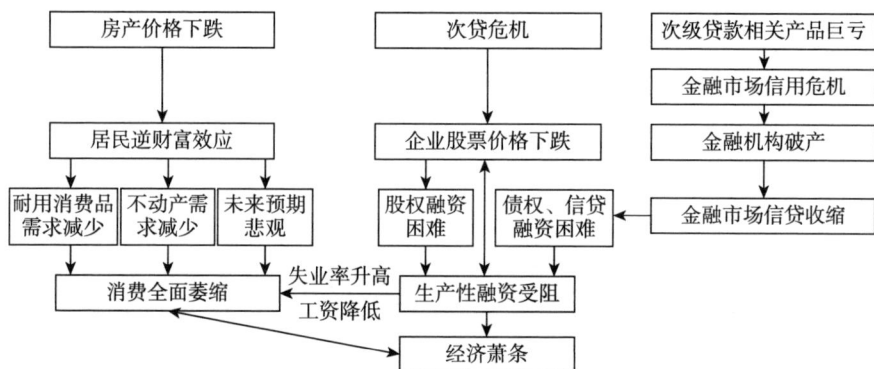

图 2 - 8　美国次贷危机演变为经济危机的路径

资料来源：结合刘瑞（2010）的相关研究整理。

（三）　国际贸易和对外投资是次贷危机引发全球性经济衰退的主要传导渠道

次贷危机具有全球性特征，通过国际贸易和对外投资渠道引发全球经济衰退。其中，对外投资渠道包括金融市场交易渠道和实体经济对外直接投资渠道。一方面，在金融全球化背景下，各国金融机构相互持有别国金融资产，美国次贷危机通过金融产品的交易影响他国金融市场。具体表现为跨国金融机构在次贷危机期间不断调整不同国家的资产组合，引起别国金融市场震荡[②]，进而引发关联国家实体经济融资环境变化，影响其经济基

---

① 数据来源于 iFinD 数据库，以 2017 年为基期计算。

② 例如，衍生品投资者为保证在美国市场上的流动性而出售他国的金融资产，引起关联国家金融市场的共振（雷良海、魏遥，2009）。

本面。另一方面，国际金融市场的变化引发实体经济对外直接投资变化。次贷危机期间，全球外国直接投资从 2007 年的 1.83 万亿美元下降至 2008 年的 1.45 万亿美元，下降了约 21%（方晋等，2010）。国际贸易渠道的影响表现为消费需求减少影响进口需求，从而对关联国产生影响。2009 年，美国货物贸易进出口 26148.1 亿美元，较上年下降 22.9%。其中，出口 10569.3 亿美元，较上年下降 17.9%；进口 15578.8 亿美元，较上年下降 25.9%。[①]

次贷危机对不同国家经济衰退的影响略有差异。美国出口市场更侧重于发达国家，与发达国家的金融联系也更为密切，因此次贷危机通过对外投资尤其是金融市场交易渠道以及国际贸易渠道对发达国家产生双重负向影响；而进口市场更侧重于广大发展中国家，进口萎缩叠加美元贬值带来的大宗商品价格提高，使初级产品加工国家输入型通货膨胀压力巨大，但由于金融市场联系较弱，因此经济影响相对较弱（见表 2-2）。

表 2-2   2007~2010 年世界主要国家 GDP 增长率

单位：%

国别	发达国家				国别	发展中国家			
	2007 年	2008 年	2009 年	2010 年		2007 年	2008 年	2009 年	2010 年
美国	2.01	0.12	-2.6	2.71	俄罗斯	8.50	5.20	-7.80	4.80
日本	1.48	-1.22	-5.69	4.10	印度	7.66	3.09	7.86	8.50
韩国	5.80	3.01	0.79	6.80	巴西	6.07	5.09	-0.13	7.53
英国	2.56	-0.24	-4.51	2.43	墨西哥	1.14	2.29	-5.29	5.12
法国	2.45	0.25	-2.87	1.95	印度尼西亚	6.35	6.01	4.63	6.22
德国	2.98	0.96	-5.69	4.18	菲律宾	6.52	4.34	1.15	7.33
意大利	1.47	-0.95	-5.28	1.71	马来西亚	6.30	4.83	-1.51	7.42

资料来源：世界银行数据库。

二　次贷危机的应对措施

吸取日本泡沫危机的应对教训，围绕增强市场流动性、增强资产安全

[①]《2009 年美国货物贸易及中美双边贸易概况》，商务部网站，https://countryreport.mofcom.gov.cn/record/view110209.asp? news_id=18126。

性、提振市场信心、恢复经济发展，美国及时实施了三类应对金融危机的措施：一是通过整体宏观经济政策调整，增强市场流动性，刺激经济发展和国内需求，从根源上解决次贷危机；二是通过政策工具创新和预期管理，稳定市场信心；三是通过金融监管改革防范潜在金融风险。

（一）以扩张性货币政策和积极的财政政策推动经济基本面改善

次贷危机的宏观经济政策处理思路与泡沫危机类似，均使用凯恩斯主义政府干预之手的力量，通过扩张性的货币政策和积极的财政政策推动宏观经济基本面改善。不同之处在于，日本的政策出台较为迟缓、力度较小，而美国吸取日本的教训，及时出台以刺激总需求为导向的货币和财政政策，较快恢复经济增长。[①]

扩张性货币政策主要针对次贷危机涉及的直接主体——次级抵押贷款者和投资银行、商业银行等金融机构，以解决既有问题和防止风险向更大范围内扩散为关注点。美国政府频繁使用降息与降低贴现率、下调存款准备金率、加大再贷款力度、公开市场操作等货币政策工具，以提高金融市场流动性、恢复金融市场消费者信心。一是以利率调整为抓手，充分发挥基础货币乘数效应，指数化提升货币政策效果。次贷危机期间，美联储多次下调存款准备金率、贴现贷款利率和市场利率的基准——联邦基金利率，长期实施零利率政策，加大货币供给。例如，美国联邦基金利率从2007年9月初的5.22%波动下降至2008年8月底的1.94%，2008年底再次下调至0.2%以下，开启并长期保持零利率的政策倾向。[②] 二是以公开市场操作为抓手，稳定投资者信心和次级债券市场价值。美联储通过置换国债期限、持有长期债券等方式大力进行公开市场操作，压低长期利率，并以优质国债资产吸收市场上的长期机构债券和抵押资产支持证券，以国债置换次优级债券的方式稳定市场信心。2011年8月~2012年2月，美联储持有的1年期以内、1~5年期的国债分别减少612亿美元、826亿美元，同期，持有

[①] 2008年发生次贷危机，美国在2010年GDP增速就恢复至2.71%，此后一直稳定在1.5%之上直至2020年新冠疫情。1989年，日本泡沫危机发生，经济增长率一路走低至1993年的-0.46%，之后缓慢复苏，但受亚洲金融危机影响于1998年、1999年连续两年负增长。

[②] 数据来源于iFinD数据库。

的 5 年期以上国债增加 1624 亿美元（日美金融危机比较研究课题组，2012）。
截至 2009 年 10 月，非国债当中的抵押贷款支持证券成为美联储公开市场操
作中的最大资产品种（林文生，2012）。三是发挥最后贷款人作用，以隐性
兜底方式直接救助特定金融机构，稳定市场信心。例如，在救助贝尔斯登
的过程中，为规避法律风险，美联储承诺向摩根大通提供资金，由摩根大
通出面向贝尔斯登提供应急资金，缓解其流动性短缺危机。这一处理方式
避免了法律冲突，同时也向市场表明了美联储兜底金融机构风险的立场。[①]
直接接管"两房"、向美国国际集团提供贷款等也均表明了美联储对大型金
融机构的兜底立场。

积极的财政政策主要针对在次贷危机中受损的企业和家庭，出台法案
（Act）保证财政出资合法性，使用减免税和定向投资的方式发挥财政政策
乘数效应，提振总供给，刺激总需求，推动经济基本面改善。首先，美国
财政政策呈现先救助后刺激恢复的特点。依时间顺序，美国总统签署和财
政部实施的法案分别为 2007 年 12 月的《抵押贷款债务减免的税收豁免法
案》、2008 年 10 月的《经济稳定紧急法案》、2009 年 2 月的《美国复苏和
再投资法案》、2010 年 8 月的《美国制造业促进法案》。其次，减免税以次
贷危机受损群体尤其是受损弱势群体为主要对象。2007 年 12 月布什签署的
《抵押贷款债务减免的税收豁免法案》主要针对次级抵押贷款者，主要措施
包括：冻结两年以内发放的浮动利率抵押贷款，减轻房贷还款压力；豁免
按揭贷款税收。2008 年 10 月美国国会通过的《经济稳定紧急法案》之中有
一笔 1500 亿美元资金，专门用于对市场中的企业尤其是中小企业、乡村学
校、中等低收入者等进行税收减免。2009 年 2 月奥巴马政府通过的《美国
复苏和再投资法案》中也有一笔 2880 亿美元资金用于减税。最后，定向投
资以公共基础设施、民生保障项目和制造业尤其是先进制造业为主。目的
在于通过发挥政府财政投资的乘数效应，加强基础设施建设、兜底民生保
障、挖掘新的经济增长点，同时提振生产和消费。以时间顺序来看，定向

---

① 尽管非常时刻行非常之事，短期内避免大型金融机构破产引发金融市场恐慌，但是长期来
看助长了金融机构的高风险行为和金融机构高管的道德风险。

投资呈现先保就业、保民生、保基础设施后保发展的特点。例如，2008 年 10 月的《经济稳定紧急法案》之中有一笔 820 亿美元的资金用于稳定美国汽车业；2009 年 2 月的《美国复苏和再投资法案》中有一笔 1440 亿美元的资金用于州政府与地方政府的医疗与教育开支、一笔 3550 亿美元的资金用于联邦开支与社会项目；2009 年奥巴马政府提出"再工业化"口号，并出台系列法案、计划等，前期恢复传统制造业、创造就业机会、稳定社会秩序，后期鼓励先进制造业发展、抢占新一轮工业制高点。

（二）以金融调控工具创新和预期管理稳定金融市场信心

金融调控工具创新的目的是通过发挥美联储强大的兜底保障功能，提高次级债券流动性，稳定次级债券拥有者的信心，最终稳定市场信心。预期管理的目的在于通过预期引导改变市场对未来经济发展的悲观预期，提高投资和消费积极性。

金融调控工具创新包括针对一般市场主体的工具创新和针对特定金融机构的工具创新两种类型。在针对一般市场主体的工具创新方面，美联储根据《联邦储备法》相关规定创新出资产支持商业票据货币市场共同基金流动性便利（Asset-Backed Commercial Paper Money Market Mutual Fund Liquidity Facility，AMLF）、货币市场投资者融资便利（Money Market Investor Funding Facility，MMIFF）、商业票据融资便利（Commercial Paper Funding Facility，CPFF）、定期资产支持证券贷款便利（Term Asset-Backed Securities Loan Facility，TALF）等。其中，前两个旨在提高货币市场流动性，后两个针对特定企业和法人。具体而言，AMLF 允许存款机构、银行控股公司和外国银行在美分支机构以高质量资产支持商业票据（Asset-Backed Commercial Paper，ABCP）为抵押，从美联储获得资金，以便提高 ABCP 的流动性，维护货币市场稳定。MMIFF 是 2008 年 10 月 21 日美联储授权纽约联储银行为货币市场投资者提供资金支持的工具。① CPFF 允许美联储通过特殊目的实体（Special Purpose Vehicle，SPV）从一级交易商处购买评级较高的资产抵押商

---

① MMIFF 的操作模式是，纽约联储银行（FRBNY）向特殊目的实体提供融资（90%），支持其从合格投资者手中购买合格资产，从而提高货币市场基金应对赎回的能力。

业票据和无抵押商业票据，该工具意味着美联储从"最后借款人"变为
"直接借款人"。TALF 的对象为所有拥有合格抵押品（包括汽车贷款、学生
贷款、信用卡贷款和其他中小企业贷款等 AAA 级资产支持证券，也即 ABS）
的个人和法人，意味着美联储实际上为消费信贷和中小企业信贷提供了担
保，从而鼓励商业银行对家庭和中小企业贷款。在针对特定金融机构的工
具创新方面，美联储成立特别基金、建立贷款拍卖机制、向一级交易商出
借国债、创新贴现窗口融资工具等（骆克龙等，2008）。其中，特别基金表
现为美联储作为幕后指挥，美国财政部牵头，协调花旗集团、摩根大通和
美国银行宣布共同设立 M－LEC 基金，为问题按揭证券资产的收购提供融资
支持，促成金融机构的联合自救。贷款拍卖机制主要是指 2007 年 12 月美联
储建立的短期贷款拍卖机制（TAF），旨在向商业银行提供以资产证券化产
品作为抵押物的隔夜再贴现贷款，拓展商业银行从中央银行获得短期贷款
的渠道，增加市场资金供给，促进流动性提升。向一级交易商出借国债主
要指美联储推出的定期证券借贷安排（TSLF），主要是用优质的高流动性国
债交换流动性差的联邦机构住房抵押贷款支持证券、非机构性 AAA/Aaa 评
级的私人住房抵押贷款支持证券、联邦机构债券等金融机构的抵押证券，
提高一级交易商的资产流动性和信用级别。创新贴现窗口融资工具主要指
2008 年 3 月美联储引入的一级交易商信用工具（PDCF），主要创新之处在
于，不同于以往的贴现窗口只允许商业银行使用，该工具主要为券商，即
投行提供流动性，允许其使用资产证券化产品作为抵押物向再贴现窗口进
行隔夜借款，贷款最多可展期 120 天。

　　金融市场预期管理的主要做法是打破"自由主义"传统，通过各种公
开渠道发声，表明政府救市的决心，同时联合其他国家共同干预市场，提
振消费者信心，改变市场预期。次贷危机发生之后，美联储和美国总统不
断通过媒体对外发声，表明政府控制危机蔓延的决心。例如，2007 年 8 月
之后，美联储多次书面和口头声明，将提供流动性稳定市场运作秩序，其
中最为有力的一次是贝尔斯登流动性危机之时，美联储承诺：为拯救华尔
街金融公司，未来救市贷款将没有上限（徐诺金，2008）。在次贷危机蔓延

全球之际，部分国家央行发表联合声明，宣布救市措施。例如，2008 年 9 月，美联储、加拿大央行、欧洲央行、英国央行、瑞士央行和日本央行同时发表声明，宣布救市措施，表明"无限额"向金融体系注资的决心（童展鹏，2008）等。上述预期管理影响和改变了市场参与者对未来的预期。2008 年 10 月 13 日，作为市场信心风向标的纽约股市结束大幅下跌、出现飙升（阮永平等，2009），并逐渐转入震荡行情。

（三） 以金融监管改革防范潜在金融风险

此次危机带来的金融监管改革以功能监管为导向，改革监管政策体系、监管组织机构和监管内容，以达到确保金融稳定、防范金融风险、规范金融机构行为、保护金融消费者权益的目的。

监管政策体系包括美联储和财政部颁布的各项计划、方案以及奥巴马政府通过的各项法案。前者包括 2008 年 3 月财政部公布的《金融监管体系现代化蓝图》和 2009 年 11 月美联储发布的《监管资本评估计划》①，后者主要指 2010 年 7 月 21 日奥巴马签署的《多德 - 弗兰克法案》，该法案也是监管政策体系改革最重要的立法，核心思想在于通过强化宏观审慎监管和保护消费者权益，防范系统性金融风险。

监管组织机构改革通过成立新的监管机构和调整原有监管机构权限的方式填补监管漏洞。一方面，在联邦层面和原有监管机构内成立新的监管机构或部门。具体包括：在联邦层面设立用以监管美国整个金融体系、识别防范系统性风险、弥补监管空白的金融稳定监督委员会（FSOC）；在财政部管辖下设立金融消费者保护局和联邦保险局，用以保护金融消费者权益和监管各州保险机构；在美国证券交易委员会（SEC）管辖下设立投资者律师局、投资者咨询委员会和信用评级局，强化其对证券公司、上市公司和信用评级机构的监管。另一方面，调整原有监管机构权限。例如，扩充联邦存款保险公司（FDIC）的监督权，明确其对州一级特定资产范围银行、

---

① 次贷危机之后，美联储还在 2012 年推出《沃尔克法则》，禁止银行自营交易、投资对冲基金和私募基金等，在 2014 年发布《强化审慎标准法案》，加大对银行系统性风险的管理，同年颁布《海外账户税收合规方案》，对境内外系统性重要机构进行同等监管。

储贷机构及其控股公司的监管权限、对重要的非银行金融机构及大型银行的后备检查权、对存款类机构控股公司的强制性执行权、对所有重要金融机构的有序清算权等，从而系统化银行业金融机构和重要的非银行金融机构监管权。再如，关闭美国储蓄管理局，并将其权力移交给美联储、货币监理署（OCC）和联邦存款保险公司（FDIC）；扩充商品期货交易委员会对衍生品和掉期等产品交易的监管权；允许美联储监管金融机构间的证券产品交易的支付、清算和结算等事项，弥补资产证券化创新方面的监管空白。

监管内容改革方面，一是填补监管空白，新增了部分法规条例填补针对对冲基金、私募基金和信用评级公司的监管空白（胡滨，2020）。二是引入沃尔克规则。2012年，美联储颁布《沃克尔法则》，严格限制银行从事对冲基金等高风险业务，建议设定高管问责制度，遏制管理层的投机动机。三是加强跨境金融机构监管，重点监管跨境金融机构的资本金和业务规范，给予其与国内金融机构同等的监管。

二　次贷危机的总结

美国次贷危机始于次级贷款及其衍生品蓬勃发展情况下紧缩性货币政策引发的一系列问题。为抑制通货膨胀和经济过热而出台的加息政策提高了次级贷款的还款成本，同时影响了企业融资成本和生产扩张。对于偿付能力较差、工作相对不稳定的次级抵押贷款者来说，收入和贷款成本的微小变动就会引发违约率上升，使与次级抵押贷款相关的房产、衍生品等资产价格下跌，衍生品资产价格下跌会引发相关金融企业股价下跌，金融板块股价变化联动影响整个股票市场变动。[1] 股票市场变动通过三条路径影响经济基本面（见图2-9左侧）：一是联动引发金融市场信用危机，进而引发流动性短缺，两者共振扩大了金融机构资金缺口，在缺乏资金注入的情况下大型金融机构破产，金融市场信贷紧缩，企业间接融资渠道受阻；二是股票市场变动影响企业直接融资渠道，在企业自身融资能力不强的情况下外源融

---

[1]　前述分析中详细说明了次级抵押贷款金融衍生品涉及的参与者，涵盖商业银行、投资银行、证券交易商等几乎所有金融市场主体。

资渠道受阻直接影响了企业的生产性融资，引起投资萎缩，通过就业和收入渠道影响消费；三是资产价格下跌通过逆财富效应引发居民消费减少，在悲观预期加持下消费全面萎缩。为应对次贷危机及其引发的经济危机，美国政府实施了史无前例的扩张性货币政策和空前的扩张性财政政策。扩张性财政政策主要通过公共建设、减税以及信用担保和金融机构注资，以政府投资带动私人投资，激活经济；扩张性货币政策通过买进机构债、次级贷款债券等问题资产抑制资产价格下跌，通过为问题资产持有者提供贷款的方式增加流动性，通过政府注资、持股、接管问题金融机构补充资本金，上述三种方式可优化金融机构资产负债表，稳定金融市场和资产价格，激活私人投资和居民消费。投资、消费和金融市场稳定推动经济重新繁荣（见图 2 - 9 右侧）。

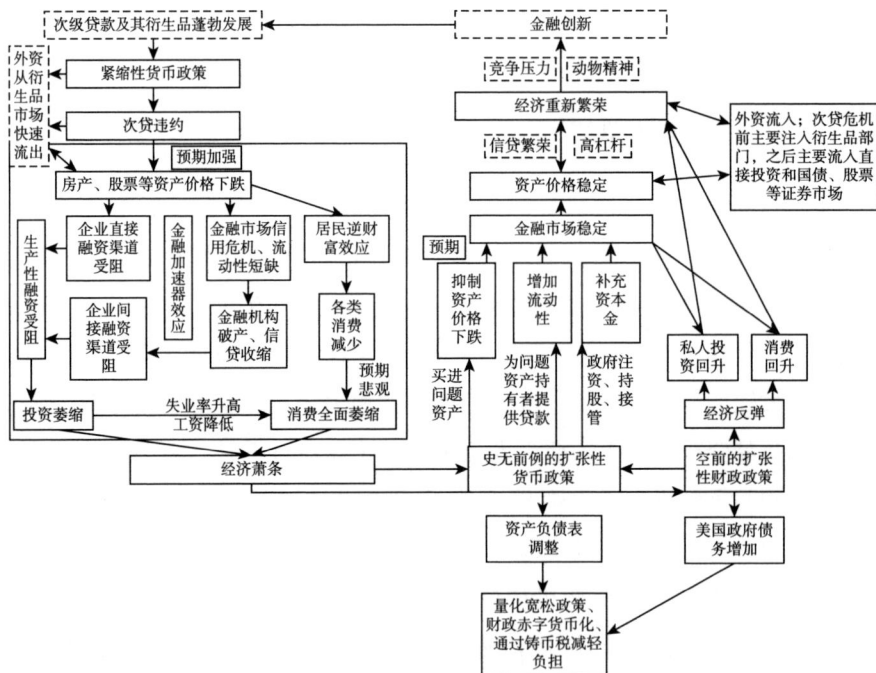

图 2 - 9　基于资产负债表的美国次贷危机演示

资料来源：自行整理。

值得注意的是，上述次贷危机发生和应对的过程之中，次生了三种

现象。一是外资投资结构变化，在次贷危机发生之前，外资流入主要集
中于国债、次级贷款衍生品市场，在次贷危机发生之后，外资主要流入
直接投资和国债、股票等证券市场。二是美国应对次贷危机采取的扩张
性货币和财政政策，导致美国政府部门负债增加[①]，美联储资产负债表
扩张，在量化宽松货币政策作用下，无形中导致了财政赤字货币化，但美
国通过铸币税一定程度上减轻了政府赤字负担。三是全球化背景下次贷衍
生品市场的投资者遍布全球，次贷危机发生之后，通过金融市场、贸易、
对外直接投资迅速传导至欧洲、拉美、东南亚等地区，间接引发欧洲主权
债务危机。

第三节　金融风险防范和化解的国际经验与启示

本节在深度分析日美金融危机发展过程基础上，总结防范和化解金融
危机的相关经验，为了能更好地与广东实践相结合，将金融风险分为债务
风险、跨境资本流动风险、信贷市场风险和资本市场风险四类，针对各类
风险的特点而非市场运行的一般缺陷，提炼这四类金融风险的防范化解经
验和启示。

一　日美防范和化解重点领域金融风险的经验

尽管各类风险都是在"市场流动性过剩—宽松货币政策急速转向紧缩"
的过程中出现的，但由于各类金融市场具有差异化的特征和运行规律，有
必要分类总结各类金融风险的防范化解经验。需要说明的是，尽管金融危
机的影响领域类似，但由于日本和美国金融体系存在差别[②]，出现问题的金
融市场各有侧重，所以两国防范和化解措施以及经验也各有偏重。相对而

---

① 次贷危机爆发之前，2007 年美国国债总额为 5 万亿美元，占 GDP 的 36.8%，次贷危机爆发
后，由于政府推行公共部门的杠杆化以抵消私人部门的去杠杆化，2009 财年美国财政赤字
急剧上升，国债余额超过 12 万亿美元，占美国 GDP 的 84%（日美金融危机比较研究课题
组，2012）。

② 日本以以银行业为主导的间接金融为主，美国则以直接金融为主。

言，日本更偏重债券市场，美国更偏重资本市场，两国对信贷市场均较重视，同时，由于美国金融危机是向外溢出的金融风险，日本泡沫危机中的跨境资本流动风险是由签订《广场协议》引发的，所以两国对跨境资本流动市场的关注都相对不足。其他国家金融危机，如 1982 年拉美债务危机、1994 年墨西哥金融危机、1998 年东南亚金融危机等，由跨境资本流动引起的金融危机并未有良好的化解效果，因此关于跨境资本流动风险防范与化解的经验归纳为各国的综合总结。

（一）债务风险的防范与化解

债务风险包括家庭（个人）债务、企业债务和政府债务风险。其中，家庭（个人）债务和企业债务与房地产市场风险时有交织，因此，房地产市场风险的防范与化解也可以从此着手进行。政府债务风险特指地方政府债务风险，其经验主要来自两国对地方政府债务风险的化解实践。

防范和化解家庭（个人）债务风险的主要经验是增加就业和收入、减轻偿债负担，以政府部门加杠杆方式转移家庭部门杠杆。[①] 一是以减税方式增加收入，提高偿债能力。美国发生次贷危机之后布什和奥巴马政府出台的各类振兴计划中，减税都是其重要举措。以 2010 年 10 月奥巴马政府出台的 8500 亿美元减税计划力度最大。其中，3500 亿美元用于延期布什政府的减税政策，560 亿美元用于增加失业补助，1200 亿美元用于减免工人工资相关的税金（陈云贤，2013）。二是以债务重置方式减轻偿债压力，提高偿债可能性。美国金融监管当局，如美国联邦储备银行（Federal Reserve Bank，FRB）、货币监理署（Office of the Comptroller of the Currency，OCC）、联邦存款保险公司（Federal Deposit Insurance Corporation，FDIC）等要求贷款机构放松面临利率重置的债务人按揭条款；促进联邦住宅管理局（Federal Housing Authority，FHA）保险贷款的"借换"发展，即把现在借的贷款利率调低，以前借的部分偿还后重新借；提高贷款受保险额度；冻结利息等（何泽荣，2012）。三是成立住房融资监管机构，兜底债务偿还。2008 年 7

---

① 需要说明的是，由于家庭（个人）债务风险主要出现在美国，所以这里的经验也主要来自美国。

月 30 日，布什签署的《2008 年住房和经济复苏法案》中，授权美国财政部购买政府支持的企业债券和设立新的住房融资监管机构——联邦住宅管理局，以更好地处理房地产市场债券风险。为了稳定房地产市场，2009 年 2 月 28 日，美国出台"房主负担能力和稳定性计划"（Homeowner Affordability and Stability Plan），为房主再融资等提供 750 亿美元的资助（陈云贤，2013）。

防范化解企业债务风险的关键是加强信用担保和增加企业资本，以恢复市场信心和缓解流动性不足。一是通过注入公共资金增加企业资本。由于没有足够的能力增加私人银行资本，该措施是日本化解房地产市场和企业债务风险的主要经验。从 1998 年 3 月至 2008 年 4 月，依据《金融功能稳定法》《早期健全化法》《存款保险法》《组织再编促进特殊法》《金融机能强化法》等，日本为解决不良债权问题，先后注入公共资金 12.4 兆亿日元（郑秀君，2012）。美国对注入公共资金的方法较为谨慎，多限于发生系统性金融风险的场合。二是通过促进金融机构并购、转型增加企业资本。兼并重组的目的是让金融机构展开相互救助，发挥市场的作用，避免国家直接接管。金融机构的兼并重组案例包括但不限于 1999 年 8 月日本兴业银行、第一劝业银行和富士银行合并为瑞穗银行，2001 年 4 月住友银行和樱花银行合并为三井住友银行等。三是通过政府担保方式增强企业偿债信用。一方面，进行政府接管或实施国有化。两者内涵一致，都是企业债务风险处置的最后的兜底方案。例如，1998 年 10 月和 12 月，日本长期信用银行、日本债券信用银行相继破产，就实行了暂时国有化方案；2008 年 9 月，美国两房集团因陷入财务困境股价暴跌，美国采取了收归国有的方式处理。另一方面，明确用国家信用担保企业债务偿还。1998 年 8 月，日本出台特别信用担保制度，用以解决企业无法获取抵押贷款问题，暂时缓解债务风险带来的融资困境。美国次贷危机期间，布什和奥巴马也多次发表电视讲话，表示用国家信誉为市场提供担保（徐诺金，2008），用以提振市场信心。

防范化解地方政府债务风险应做到预警、处置相结合。一是设置债务总量关键约束指标和动态调整阈值，设置监管机构，防范地方政府债务风险。关键约束指标多集中在需求侧，如存量债务和增量债务。通常使用年度债务本息余额和地方财力的比值作为约束指标，并根据债务负担能力设置动态约束空间。例如，美国州政府和地方政府就根据不同税源，选择不同的约束指标和财力衡量基数。日本的地方政府债务监测指标以 2009 年为分界线，也经历了从仅包括实际赤字率向包含综合赤字率、实际债务率和将来负担率三项指标变化的过程。同时，设置独立的监管机构，提前发现地方政府债务风险。如美国证券交易委员会（SEC）下属的市政债券办公室（OMS）和市政债券规则制定委员会（MSRB）履行地方政务债务的主要监管和处置职能。二是积极推进债务有序重组，化解地方政府债务风险。政府债务风险发生以后的处置多采用司法或者行政手段。其中，美国建立了市政破产制度，以司法手段处置为主，最有名的就是底特律政府债务的处置。日本则以行政处置为主，如上级政府临时接管，或其他地方政府实施救助，典型案例如夕张市的债务重组。可采取的手段包括建立担保和偿债准备金制度、通过资产金融化偿还债务、财政转移支付等（杨帆、宋立义，2019）。

（二）跨境资本流动风险的防范与化解

历次金融危机之中防范和化解跨境资本流动风险的行动主要围绕改变资本流动成本展开，经验总结如下。一是设置独立账户，限制资本流动。1986 年东京离岸市场建立之时，日本就采取系列措施限制资本在离岸账户（也称特别国际金融账户）与日本国内普通账户之间相互流动，确保离岸账户资金在境外使用，避免其在国内流通（张方波，2015）。这一方法在东南亚危机之后被世界各国尤其是实行浮动汇率制度的国家所接受。美国则建立了一套境内的离岸金融系统，最为著名的就是国际银行设施（International Banking Facilities，IBFs），其通过在岸离岸市场，阻止资金外流。二是征收税收和调整无息准备金[①]，直接增加资本流动成本。面对"特里芬难题"，20 世纪六七十年代美国通过征收利息平衡税的方式限制

---

① 无息准备金是指国家要求跨国资本流动金额按照一定比例上缴本币或外币存款，在规定期限内存款没有利息。

居民投资国外资产，抑制资本外流。[①] 为限制外国资本在本国投资，韩国和巴西均对进入本国进行资本投资所取得的收益征收一定比例的税收，韩国还将本国金融机构持有外债的时间与税收比率挂钩，持有期限越长，税率越低，降低资本短期流动造成的金融动荡。智利则通过调整无息准备金比例和覆盖范围的方式平滑短期资本流动风险。三是限制资本流入存续期，间接增加资本流入成本。巴西不断提高外国贷款期限，平均期限从1992 年的 3 年左右增加到 1997 年的 12 年。这一方法有效实现了短期资本长期化。智利也对外资投资者持有资产的时间做出限制，避免短期投资带来波动。

综合而言，防范和化解跨境资本流动风险的关键是制定规则，防止短时间内大规模资金流入和流出引发本国金融市场动荡。世界通用的防范和化解跨境资本流动风险的工具有价格型工具、数量型工具和行政管制措施三类。其中，价格型工具包括税收、无息准备金、利率；数量型工具包括资本留存期限规定、外汇头寸限额、存款准备金率管理、外币贷款及其结汇额度限制；行政管制措施包括调整外汇储备、限制外汇衍生品交易、限制离岸市场与在岸市场的跨境资本流动、禁止本外币兑换交易等（柏慧，2019）。中国金融四十人论坛也提出一些跨境资本流动风险管理工具，大致可分为资产、负债、资本、市场四类共计 26 个指标（魏礼军，2019），均用于防范跨境资本过度流动引发宏观经济和金融波动。

（三）信贷市场风险的防范与化解

信贷市场的风险化解以降息为主要手段，辅之以存款安全保障制度，以期恢复市场信心、防止经济衰退。一是快速降息，确保市场流动性充裕。次贷危机前后，美国联邦储备银行（FRB）采取宽松的货币政策多次下调利率，其中，联邦基金利率（Federal Funds Rate）在次贷危机期间持续下降，并在 2009 ~ 2015 年长期维持 0.2% 以下的低利率[②]。尽管日本的降息开

[①] 事实上，由于国际社会对美元有强烈需求，美国需要维持美元国际货币的地位，该措施仅在实施初期具有一定效果。

[②] 数据来源于 iFinD 数据库。

始较晚，但其仍然是解决信贷市场流动性不足的重要手段。日本再贴现率从1990年8月的6%开始持续下降，直至1995年的0.5%，并维持至2001年2月再次降低①，直接增加流动性，间接降低企业经营成本。二是建立存款保护制度，稳定债权人信心。日本于1995年6月出台存款全额保护制度（截至2001年3月末），1998年12月人寿保险和财产保险分别成立契约者保护机构，用来保护存款和保险的安全。美国的联邦存款保险公司（FDIC）具有类似的存款保障功能。例如，2009年5月20日，美国的联邦存款保险公司依据奥巴马签署、国会通过的《帮助家庭拯救其住房法案》，短期将单个存款担保金额由10万美元增加到25万美元（陈云贤，2013）。三是建立最后贷款人制度，兜底保障信贷市场平稳运行。最后贷款人制度（Lender of Last Resort）指，当资金周转出现问题的金融机构无法找到其他资金供给主体时，由中央银行作为最后贷款方为其提供资金。有名的最后贷款人制度为日本的"日银特融"，即日本银行发挥最后贷款人功能，根据政府要求为流动性不足的金融机构提供一种无抵押、无期限的紧急特别融资，以便维持金融体系稳定。1995年以后，日本多次动用"日银特融"为破产机构融资，主要有临时借款和次级借款两种形式（刘瑞，2010）。

（四）资本市场风险的防范与化解

防范和化解资本市场风险的重点是补充流动性和稳定市场信心。一是在特定情况下干预市场，禁止卖空交易和限制投机，防范股价暴跌引发系统性金融风险。2008年7月15日，美国证券交易委员会（SEC）颁布紧急交易规则，临时禁止投资者卖空部分金融机构的股票，包括房利美和房地美、主要的商业银行、证券公司或投资银行的股票；9月17日，美国证券交易委员会（SEC）再度颁布新的紧急交易规则，临时禁止卖空所有金融机构的股票。这一措施暂时稳定了股票市场。日本央行则通过非常规手段购入股票来修复风险资产的定价，提升股市信心，降低流动性溢价。二是用结构性货币政策补充市场流动性，化解资本市场风险。美联储针对市场一级交易商的结构性货币政策工具包括一级交易商信贷工具（PDCF）和定期

---

① 数据来源于 iFinD 数据库。

证券借贷安排（TSLF），提高一级交易商的债券流通率；针对货币市场投资者的结构性货币政策工具包括资产支持商业票据货币市场共同基金流动性便利（AMLF）和货币市场投资者融资便利（MMIFF）（娄飞鹏，2018）。此外，美联储为拯救贝尔斯登（Maiden Lane）和美国国际集团（AIG）也形成了一些非常规货币资产，如持有贝尔斯登投资组合净额、持有美国国际集团住房抵押贷款支持债券（RMBS）投资组合净额、持有美国国际集团相关债务抵押担保债券（CDO）投资组合净额、持有定期资产支持证券贷款工具有限责任公司（TALF LLC）投资组合净额等（陈云贤，2013）。其目的均是向市场提供流动性。三是以担保方式兜底，稳定市场信心，助力化解风险。美国财政部和国家信用合作社管理局（National Credit Union Administration，NCUA）均出台相关担保措施，提振市场信心。2008 年 9 月 19 日，美国财政部宣布为货币市场共同基金提供短期总额 500 亿美元的担保；2009 年 1 月 28 日，美国国家信用合作社管理局宣布为企业信用合作社发行的未担保的股票提供一定期限的担保。

二　对广东防范和化解金融风险的启示

综合来看，经济基本面是防范和化解金融风险的决定性因素，实体经济发展与金融体系稳定共荣共生，应保持两者协调发展。在遭遇金融风险之时，适时适当的货币政策和财政政策组合可短期稳定金融系统，但长期无效。保持适当的杠杆率水平、稳定市场主体信心和预期管理是防范和化解金融风险的重要手段。对应到具体的金融市场风险防范和化解方面，上述综合性论述需要转变为更具适应性的不同类型市场的启示。

（一）以风险预警和缓释为发力点防范和化解债务风险

一是根据部门制定差异化的债务风险防控措施。日本债务风险更多表现在企业部门（含金融机构，下同），而美国则表现在家庭部门。因此，尽管两国都是通过政府部门加杠杆的方式消除企业部门和家庭部门的债务风险，但是日本的各类不良债权处置措施多针对企业，而美国则要兼顾企业和家庭。就中国而言，应该建立差异化的债务风险防控措施：家庭部门债务风险防控以稳定就业、增加收入为主，企业部门债务风险防控以确保资产安全、提高流动性和畅通融资渠道为主，地方政府债务风险防控以预警为重。同时，在处置债务风险之时，对金融机构的风险处置应该优先于非金融机构，这种做法既可以在一定程度上切断金融机构的风险传染渠道，又可以通过金融机构带动非金融机构进行债务风险处置，还可以向市场快速传达政府政策倾向，以配合预期管理。

二是完善债券市场金融中介体系，提高债务风险缓释效率。金融市场运作离不开有效的中介机构，日美金融危机发展的助推因素就是国际信用评级机构调低相关金融机构评级。因此，培育拥有国际话语权的评级机构是防范债务风险加速形成的重要手段。此外，化解债务风险之时，无论是公共注资还是推动金融机构和企业并购、转型等，都离不开金融资产价值评估、担保、审计等中介机构服务，以便节省金融机构运营成本，提高资金供需配置效率。就中国和广东而言，可从培育区域性机构和引进知名国际机构着手，不断通过扶持和引导政策，提高区域性机构的国际竞争力。

三是完善金融安全网，畅通债务风险预警和缓释渠道。日本的金融体系以银行业为主导，因此债务风险主要存在于银行业金融机构，其处置措施中除公共注资以外，按规定程序破产也是重要手段。中国的金融体系与日本类似，在防范和化解债务风险之时，一方面要建立不良信息监测和披露制度，在未发生风险阶段，金融机构要及时自查，主动解决潜在的不良问题；在大规模风险发生阶段，国家要及时出台强有力措施，通过公共注资等方式补充资本金，降低债务风险。另一方面要建立有序退出制度，打破"银行永远不倒"的认知，逐渐提升社会认知，减少盲目信任银行现象。此外，需要建立紧急救助机制，形成以金融机构为主体，必要时政府、中央银行、监管当局通力分工配合的救助体系，市场化救助和政府干预救助相结合，以便尽快控制债务危机蔓延，维护金融体系稳定。

（二）以强化监管为导向防范和化解跨境资本流动风险

一是遵循审慎原则进行跨境资本流动管理。日本泡沫危机的导火索之一就是，在经济下行阶段遭遇外部冲击完全放开跨境资本流动，引发资产暴跌。因此，应该以此为鉴，在金融系统没有应对跨境资本流动冲击能力之前，审慎对待跨境资本流动。就广东省而言，跨境资本多为来自港澳的资本，在粤港澳三地资本项目兑换规则尚未完全确定、资本市场尚未完全开放之时，更应秉持审慎原则。

二是增强跨境资本流动双向监管能力。尽管跨境资本流动带来的金融危机都是由资本快速流出引起的，但是资本流入才是源头。因此，资本流入应该是防范和化解跨境资本流动风险的重点。一方面，关注资本流入，避免风险累积；另一方面，做好与宏观经济政策的协调配合，加强区域之间的合作交流，调节经济的内外平衡，减少资本流入。

三是动态调整跨境资本流动监管工具标准。在价格型监管工具方面，根据中国实际经济状况和汇率波动预期，估算征税的税率及区间，根据资本流动规模动态调整税率，税率与资本流动异常程度成正比。在数量型监管工具方面，不断调整管制期限和各类工具的限制性条件，以便适应实际情况变化。在行政监管措施方面，建立暂时性措施的启动和退出机制，更好地为宏观经济服务。

（三）以稳定市场主体信心为抓手防范和化解信贷市场风险

一是建立严格的贷款审查标准，稳定借贷双方信心。信贷市场尤其是住房抵押贷款市场的违约风险主要与房地产价格及其变化和贷款合同自身风险有关。日美金融危机的导火索都是房地产泡沫崩溃，泡沫崩溃带来的违约风险经过贷款合同中如首付比例、月供收入比例、贷款结构的影响，无形中被放大，加深了危机程度。例如，美国次贷危机期间优质贷款的违约率并未有太大变化，受影响较大的主要是次级贷款。因此，需要制定合适的信贷标准，限制不合格借款人向银行借贷，从源头上防范信贷市场风险，稳定借贷双方信心。

二是建立动态调整存款保险制度，兜底保障存款人利益，稳定存款人信心。日美金融危机后的一个重要保障措施就是存款保险制度，对于稳定市场信心、金融机构稳健经营形成了正向激励。尽管当前中国已建立这一制度，设定存款和利息共计 50 万元以内全额偿付限额，但是随着整体经济发展水平、金融发展水平、居民和企业存款变动，尤其是在金融风险爆发情况下，需要建立保护额度、差别保费率动态调整的存款保险制度。

三是建立监管部门与金融机构的长效沟通机制，稳定企业主体信心。市场主体尤其是金融机构主体对市场风险最为敏感，日美金融危机的爆发均是金融机构发生小额违约引发风险不断放大的连锁反应。当前，中国正在实施的金融供给侧结构性改革和积极的财政政策、货币政策，在优化金融服务环境、保障市场流动性的同时，给商业银行的不良率控制、盈利能力提升等带来一定压力。在此过程中，必须建立监管部门和金融机构的长效沟通和对话机制，加强预期管理，提高政策透明度、公开度，有效达成政策目的，缓解市场主体因政策变化产生的恐慌情绪，防范金融风险。

（四）以信息透明和预期管理为着力点防范和化解资本市场风险

一是建立信用评级和信息披露机制，解决资本市场信息不对称问题。美国次贷危机证明资产证券化是一把"双刃剑"。次贷危机之前，资产证券化解决了部分低信用者的住房问题，但是也因复杂的创新链条埋下了泡沫破灭的隐患。因此，就中国和广东而言，既要充分认识资产证券化能够改变贷款风险过度集中于商业银行的局面，在一定程度上缓解融资约束问题，为不同风险偏好者提供多样化的投资工具，更要认识到资产证券化是分散和转移风险，而非消除风险，并且由于交易环节复杂、交易对象众多，可能会有更严重的信息不对称问题。因此，必须建立信用评级和信息披露机制，解决逆向选择问题，从源头防范资本市场风险。

二是加强预期管理。面对危机，信心比黄金更重要。资本市场是经济活动中最敏感的市场，对信息和风险的感知远超其他市场。美国在次贷危机治理过程中充分运用了预期管理，有效稳定了市场信心。尽管国际经验中并没有预期管理的固定法则，但除注资、收购、破产等切实的行动以外，信息披露和引导对资本市场的风险防范和化解尤为重要。因此，一方面，要加强宏观市场预期管理，形成高流动性和良好预期的正向反馈，在此过程中，需要社会、媒体、中介机构发挥独立、客观的约束和监督作用；另一方面，要加强市场微观结构的建设，通过完善交易方式和信息披露规则、降低交易成本等增强投资者信心。

三是加强监管部门之间的协调合作。日美两国在金融危机之后均进行了系列监管改革。其中，日本逐渐形成混业经营和统一监管模式，而美国则从金融机构监管向功能性监管过渡，以避免监管真空和多重监管并存问题。当前，中国的分业监管模式已经略不适应由金融创新带来的混业经营趋势，因此需要在本轮金融监管改革基础上，继续以功能监管为方向，加强监管部门间的协调合作，打造"大一统"的国家金融监管体系。

三 防范和化解金融风险的总结

金融风险的防范和化解需"防""化"结合，在防范方面，需要形成源头防范和过程防范观念。具体而言，以差异化预警体系建设全面提升风险预判力，以严格的准入标准建设构筑风险防火墙，以完善的信息披露和信用评级制度降低风险发生率，以功能监管为导向的金融监管改革和金融安全网建设搭建高质量金融风险防护网。在化解方面，要抓住关键环节，以风险缓释为着力点出台多元化政策，确保金融风险软着陆。具体而言，以完善的金融中介体系提高金融市场运行效率，畅通风险化解渠道；以政策工具创新丰富风险缓释渠道；以预期管理提高风险化解效率；以完善的兜底保障设计稳定市场信心，缩短风险化解周期。

但需要注意的是，日本和美国防范和化解金融风险的现实表明：风险并未消失只是转移。以债务风险为例，企业部门和居民部门债务化解是通过政府部门加杠杆方式完成的。图2-10显示，次贷危机发生之后，美国以政府部门和非金融部门加杠杆方式完成了家庭部门降杠杆，实际上就是利用政府和企业负债的方式转移家庭负债；尽管没有日本泡沫危机期间的数据，但亚洲金融危机之后日本也是通过政府和企业加杠杆的方式转移家庭部门负债。第一节和第二节的分析也表明，在化解危机初期，日本和美国均是使用政府部门负债的方式为市场提供流动性和稳定市场信心，后期在量化宽松政策作用下，非金融企业部门通过贷款、发债等方式加杠杆，叠加消费复苏，最终推动经济全面复苏。而当政府部门债务超过收入负担极限之时，就可能面临欧洲主权债务危机的情况。

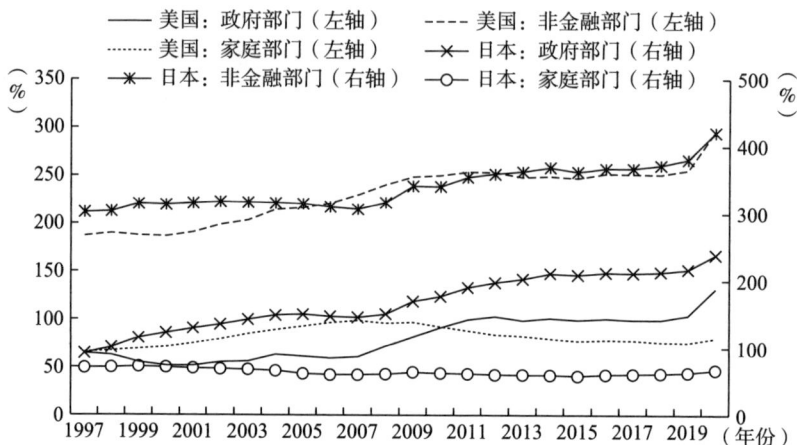

图 2 – 10　基于资产负债表的日本和美国三部门杠杆率变化

资料来源：iFinD 数据库。

"安全和发展是一体之两翼、驱动之双轮。"[①] 发展是解决一切问题的总钥匙，发展与安全的辩证观为从根本上防范和化解金融风险提供了思路，即在发展中化解风险，在防范风险中推动发展。首先，要保持宏观经济尤其是实体经济平稳发展，避免经济运行"硬着陆"和极端过热过冷发展，排除风险隐患；其次，要协调掌控消费、投资、出口"三驾马车"，避免过度依赖单驾马车带来的潜在风险；最后，要构建全面、动态的防风险体系，确保经济平稳发展。

[①] 《习近平：在第二届世界互联网大会开幕式上的讲话》，中国共产党新闻网，2015 年 12 月 17 日，http://cpc. people. com. cn/n1/2015/1217/c64094 – 27938930. html。

第三章
党的十八大以来广东防范化解金融风险的实践

    党的十八大以来，防范化解金融风险特别是防止发生系统性金融风险成为保持经济平稳健康发展的根本性、基础性工作。党的十九大把防范化解重大风险作为三大攻坚战之一，防范化解金融风险成为金融工作实现高质量发展必须跨越的重大关口。党的二十大报告进一步提出，要加强和完善现代金融监管，强化金融稳定保障体系，依法将各类金融活动全部纳入监管，守住不发生系统性风险底线。广东作为经济大省、外贸大省、金融大省，"十四五"时期面临的内外部环境已发生深刻复杂的变化，金融体系在资产质量、流动性供给、资本市场价格机制等方面的风险承压将进一步放大。特别是在推进发展动力转换、实现高质量发展的时代背景下，随着金融开放程度的提升、金融科技手段的更迭，广东金融发展除了面临全国范围普遍存在的房地产行业风险、企业信用风险、隐性债务风险、金融数字化转型监管风险之外，还面临粤港澳跨境金融风险、金融科技高速发展下的各种新型金融风险等，这也为广东金融风险监管和防控工作带来更多严峻挑战。本章聚焦党的十八大以来广东防范化解金融风险的实践，总结分析广东防范化解金融风险的现实基础、面临的形势及发展实践，深度分析党的十八大以来，广东央地协同防范化解金融风险的制度架构、主要的金融风险点和防控举措成效，并试图从"构筑广东特色的防范化解金融风险长效机制"的实践中，总结出具有中国特色的广东防范化解金融风险之路的特征与经验启示，以期为广东金融体系进一步平衡"有守"与"有为"的关系，实现更高质量、更有效率、更加公平、更可持续、更为安全的发展创立更加精准、高效的金融监管环境。

第一节 广东防范化解金融风险的现实基础

习近平总书记强调："发展是党执政兴国的第一要务，是解决中国所有问题的关键。"① 党的十八大以来，广东金融对实体经济的支持力度持续增强，而经济恢复向好也为防范化解金融风险提供了稳定的经济环境。广东紧紧抓住"双区"和三大平台建设等重大历史机遇，持续深化金融供给侧结构性改革，推动金融强省建设不断迈上新台阶。从发展能级看金融业多项指标居全国首位，从发展质效看金融效率持续提升、金融结构持续优化，金融服务实体经济精准适配，金融创新和改革开放实现纵深推进，为防范化解金融风险打下坚实基础。

一 金融发展能级全面提升

（一）金融业支柱产业地位进一步夯实

党的十八大以来，广东经济总量 10 年间实现翻番，从 2013 年的 6.25 万亿元跃升为 2022 年的 12.9 万亿元，经济总量连续 34 年居全国首位，经济增速基本保持稳定。广东经济总量稳步上升的同时，也带来了金融业增加值的增长。从 2006 年起，广东金融业增加值连续 17 年居全国首位（见图 3 - 1）。

当前，金融业已经成为广东最重要的支柱产业之一，在广东经济中的重要性逐步提升。2022 年，广东金融业实现增加值 1.18 万亿元，是 2013 年的 3 倍，比 2017 年增长 61.4%，占 GDP 的比重达 9.16%，高于江苏

---

① 《在庆祝中国共产党成立 95 周年大会上的讲话》，求是网，2021 年 4 月 15 日，http://www.qstheory.cn/dukan/qs/2021 - 04/15/c_1127330615.htm。

（7.85%）和浙江（8.53%）（见图 3 - 2）。

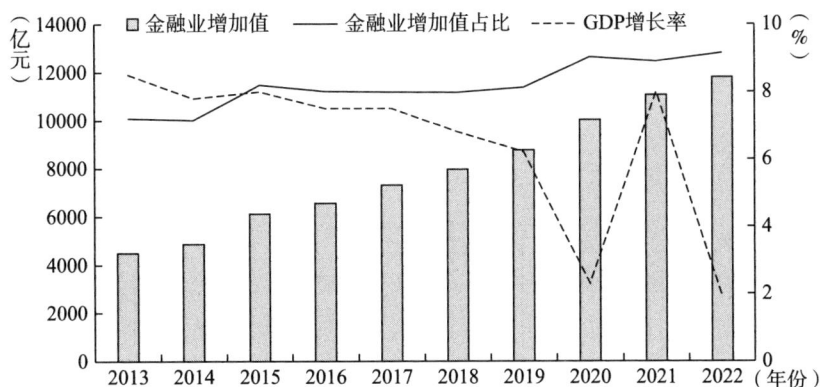

图 3 - 1　2013~2022 年广东金融业增加值及其占 GDP 比重和 GDP 增长率

资料来源：《2022 广东统计年鉴》《2022 年广东省国民经济和社会发展统计公报》。

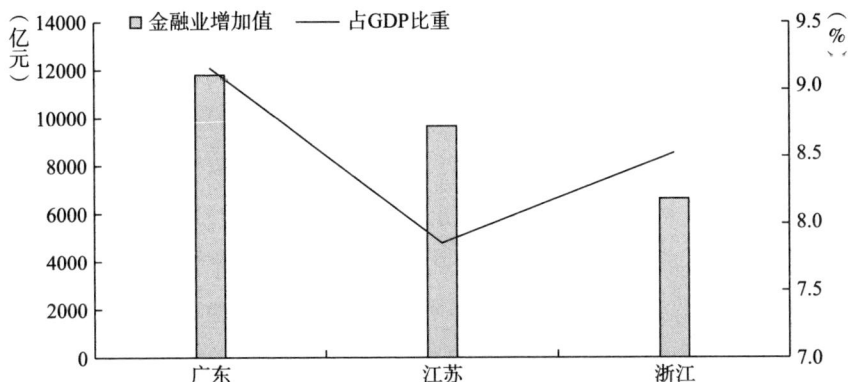

图 3 - 2　2022 年广东与江苏、浙江金融业增加值及其占 GDP 比重的比较

资料来源：2022 年广东、江苏和浙江国民经济和社会发展统计公报。

（二）银行业资本实力持续增强

党的十八大以来，广东银行业资产规模持续扩大。截至 2022 年末，广东省银行业资产总额为 35.12 万亿元（见图 3 - 3），是 2013 年的 2.22 倍，年均增长 9.27%，银行业资产总额占全国银行业资产总额的近 1/10。2022 年末，广东省金融机构本外币存款余额为 32.23 万亿元，各项贷款余额为

24.57 万亿元，分别为 2013 年的 2.69 倍和 3.25 倍，年均增长 11.62% 和 13.99%，稳居全国第一。

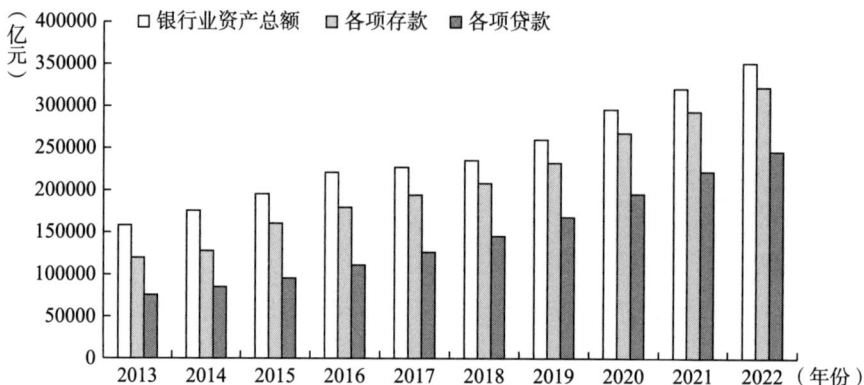

图 3-3 2013~2022 年广东银行业资产总额、存贷款

资料来源：《2022 广东统计年鉴》《2022 年广东省国民经济和社会发展统计公报》。

广东地方银行业组织体系持续完善。从 2017 年开始，广东启动新一轮农合机构改革，经过 5 年多的改革，广东全面完成农信社向农商银行转型，推动农合机构从"追赶者"转变为"领跑者"，形成农合机构改革的"广东模式"。《广东省农村信用社联合社 2022 年年度报告》数据显示，截至 2022 年末，全省（不含深圳）81 家农商银行总资产为 4.36 万亿元，比 2021 年增加 7.74%；各项存款余额为 3.39 万亿元，比 2021 年增加 8.41%，各项贷款余额为 2.36 万亿元，比 2021 年增加 9.20%，存贷款规模继续位列全省银行业首位；全年实现经营利润 545.91 亿元，净利润 293.63 亿元，缴纳税费 177.26 亿元。目前，广东农信已成为广东省内规模最大、服务面最广的金融机构，稳居全省银行业首位，成为全国农信系统"排头兵"，为广东"三农"、小微企业和地方经济发展提供了强有力的金融支撑。

（三）证券市场融资规模持续提升

2022 年，广东省共有 77 家企业成功登陆 A 股，占全国总数的 18%。其中，创业板 33 家，科创板 17 家，沪深主板 14 家，北交所 13 家。2013 年以来，广东各类企业通过 IPO、股权再融资、公司债券和资产支持证券等直接融资超过 6 万亿元，位居全国前列。截至 2022 年末，全省证券市场共有沪深北交易所上市公司 834 家（见图 3 - 4），市价总值为 12.96 万亿元，全国股转系统新三板挂牌企业 925 家。2022 年，广东上市公司总数比江苏、浙江分别多 198 家、177 家（见图 3 - 5），稳居全国第一。

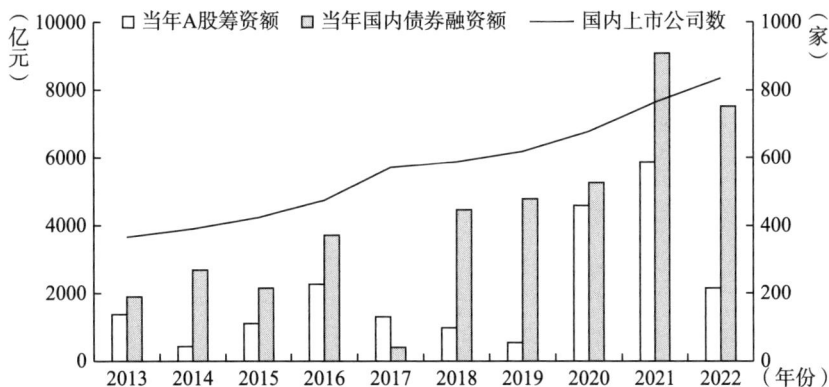

图 3 - 4 2013 ~ 2022 年广东国内上市公司数量、A 股筹资额、债券融资额

资料来源：《广东省金融运行报告（2022）》《2022 年广东省国民经济和社会发展统计公报》。

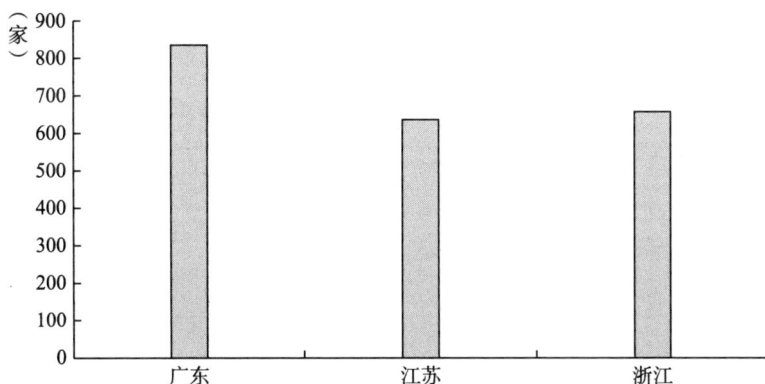

图 3 - 5 2022 年广东与江苏、浙江上市公司数量比较

资料来源：2022 年广东、江苏和浙江国民经济和社会发展统计公报。

（四）保险业综合实力稳步提升

2013 年以来，广东保险业总体向好，重点领域风险得到有效控制。保险业总资产从 2013 年的 5607.95 亿元增长到 2022 年的 2.07 万亿元，增长 2.69 倍。保险深度从 2013 年的 3.06% 上升至 2022 年的 4.56%，保险密度从 2013 年的人均 1788 元上升至 2022 年的人均 4657 元。2022 年，全省实现保费收入 5894 亿元，是 2013 年的 3.1 倍，保费收入居全国第一（见图 3-6），较江苏（4318 亿元）、浙江（3129 亿元）分别高 36.5% 和 88.4%，保险深度比江苏（3.51%）、浙江（4.03%）分别高 1.05 个百分点和 0.53 个百分点（见表 3-1）。

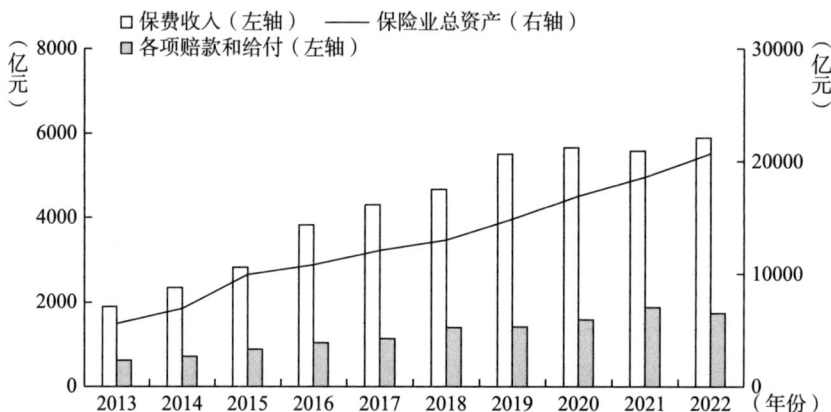

图 3-6 2013～2022 年广东保险业发展情况

资料来源：《广东省金融运行报告（2022）》《2022 年广东省国民经济和社会发展统计公报》。

表 3-1 2022 年广东与江苏、浙江保险业比较

指标	广东	江苏	浙江
保费收入（亿元）	5894	4318	3129
保险深度（%）	4.56	3.51	4.03
保险密度（元/人）	4657	5071	4757

资料来源：2022 年广东、江苏和浙江国民经济和社会发展统计公报。

（五）地方金融组织体系进一步完善

广东地方金融组织体系进一步完善。党的十八大以来，广东地方金融组织牢牢守住风险底线，充分发挥了"金融毛细血管"的作用，以灵活、高效的优势积极服务"三农"和小微企业，为广东经济社会发展做出积极贡献。截至 2022 年末，7 类机构服务各类主体涉及金额超万亿元。其中，小额贷款公司数量、贷款余额位居全国第二。截至 2022 年末，广东省已开

业小额贷款公司 404 家（见图 3 - 7），比 2013 年增加 78 家，数量仅次于江苏。年末贷款余额 1008.35 亿元，是 2013 年的 2.29 倍，居全国第二，比江苏多 246.26 亿元（见表 3 - 2）。广东小额贷款公司的数量在 2017 年达到顶峰，之后便出现下滑。广东小额贷款以小额、分散、短期为主，充分发挥了"金融毛细血管"功能，服务对象主要为自然人、小微企业、个体工商户和"三农"领域，行业风险总体可控。

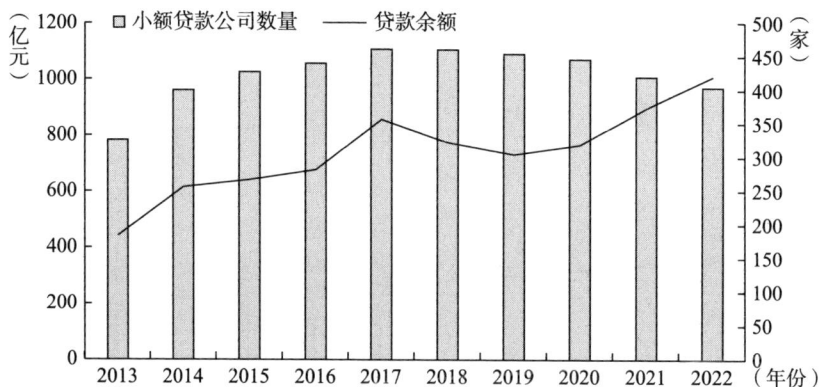

图 3 - 7　2013～2022 年广东小额贷款公司数量、贷款余额

资料来源：中国人民银行网站。

表 3 - 2　2022 年广东、江苏及浙江小额贷款公司发展情况

地区	公司数量（家）	从业人员数（人）	实收资本（亿元）	贷款余额（亿元）
广东	404	5820	920.16	1008.35
江苏	579	4565	690.99	762.09
浙江	276	2528	464.45	502.76

资料来源：中国人民银行网站。

二　金融发展质效持续提升

（一）金融效率持续提升

广东金融效率持续提升，金融集聚态势进一步显现，2022 年金融业区

位熵①超过 1，金融专业化和集聚化程度较高。金融杠杆率进一步提升，2022 年全省存贷比为 1.3，贷款杠杆率②为 2.5，资本证券化③水平为 100%，超过全国水平（69.97%）。金融结构持续优化，广东选择紧紧抓住资本市场改革这个"牛鼻子"，不断扩大直接融资规模，提高直接融资比重，直接融资和间接融资"一条腿短、一条腿长"的不平衡问题得到改善。2022 年，广东直接融资 9690.28 亿元，占全省社会融资规模的 27.6%（见图 3-8）。2013~2022 年，广东各类企业在证券市场实现直接融资超 6 万亿元，居全国首位。

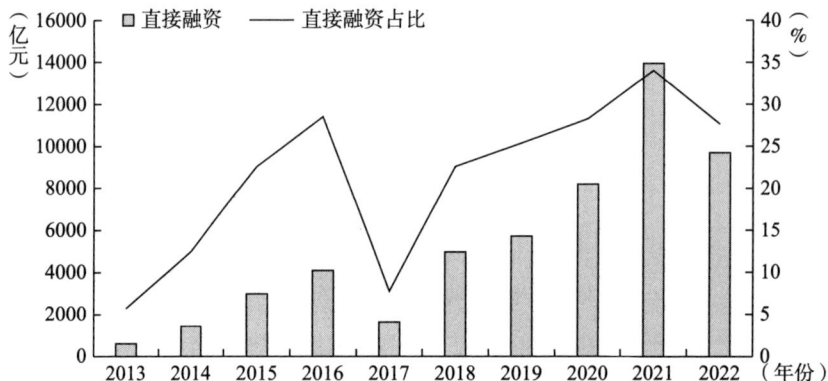

图 3-8　2013~2022 年广东直接融资及其占比

资料来源：《广东省金融运行报告（2022）》《2022 年广东省国民经济和社会发展统计公报》。

（二）城乡金融差距逐步缩小

城乡区域发展不平衡是广东高质量发展的最大短板，在金融领域亦是如此。广东深入实施粤东西北"金融倍增工程"，引导各家金融机构聚焦县域振兴和绿美广东生态建设，强化金融要素保障。党的十八大以来，广东持续强化粤东西北地区金融支撑，2022 年针对粤东西北等地的各类贷款同

---

① 区位熵是衡量产业集聚和专业化程度的指标，大于 1，表明某产业在某区域的专业化和聚集化程度较高。

② 贷款杠杆率 = 贷款/地区生产总值。

③ 资本证券化以上市公司总市值/地区生产总值衡量，反映通过资本市场融资的情况。

比增长 11.5%，比珠三角地区高 1 个百分点。其中，粤东和粤西地区（也就是沿海经济带）贷款增速达 13.1%，比珠三角地区高 2.6 个百分点，贷款增量占全省增量比重为 10.1%，比 2021 年增加 2.2 个百分点。[①] 汕尾、潮州信贷增速位居全省前列。10 年来，广东农业保险累计实现风险保障近 7000 亿元，近两年风险保障金额年均增速达到 80%，主要险种超过 200 个，"保险 + 期货"、"保险 + 气象"、农险防灾减损等试点工作稳步开展并取得良好成效。

三 金融服务实体经济精准适配

广东金融支持实体经济高质量发展的资金总量持续攀升。2022 年，全省社会融资规模增量以 3.5 万亿元稳居全国各省区市首位。同时，围绕中小企业发展、科技创新和制造业发展三大重点，银行、证券、保险各行业充分发挥比较优势，深入挖掘多层次资本市场、多元化金融平台和金融工具的支持作用，护航实体经济平稳健康发展。

（一）金融护航中小企业稳定发展

银行业金融机构针对实体经济资金供给薄弱环节和中小企业融资难、融资贵问题，精准组合一揽子货币政策工具降低企业融资成本，扶持实体经济高质量发展，坚持制造业当家。在融资支持方面，2022 年有 3000 家市场主体受益于中小微企业和个体工商户首贷贴息政策；在扩大有效投资中，财政杠杆撬动效用明显，以 6000 万元财政资金撬动了 94 亿元金融供给，新增地方政府专项债券 4322 亿元，争取到政策性开发性金融工具 1150 亿元，带动总投资 1.8 万亿元的 273 个签约项目如期开工。[②]

证券业金融机构充分利用加快资本市场发展的政策优势推动中小企业上市融资，拓宽融资渠道。2022 年底，广东在新三板挂牌的企业达 925 家，

---

① 《广东：2022 年制造业贷款增量再创历史新高》，网易新闻网，2023 年 2 月 6 日，https://c. m. 163. com/news/a/HSU550TU0514R9OM. html。

② 《广东省提振信心激发活力助推市场主体高质量发展系列政策措施新闻发布会》，广东省人民政府网，2023 年 3 月 2 日，https://www. gd. gov. cn/zwgk/zcjd/qtjd/content/post_4118600. html。

占全国比重为 14.06%，在区域股权交易系统挂牌企业达 15999 家，占全国比重为 14.40%，均居全国首位。①

保险业金融机构发挥保险资金长期投资优势，重点投资需长期资金支持的经济领域。2022 年，"险资入粤"累计投资金额 2.19 万亿元，首次突破 2 万亿元大关，同比增长 14.66%。保险资金累计投资各类基础设施项目余额 3396 亿元，覆盖公路、港口、能源、水利等重点领域。通过不动产债权计划、不动产直接投资、不动产基金等方式，投向棚户区改造、产业园区建设、商业办公楼宇等领域 3370 亿元。②

（二）金融助力科创企业茁壮成长

广东充分发挥资本市场、平台载体和支持工具的作用，打造科创企业从孵化到退出的全生命周期金融支持环境，满足科创企业尤其是中小微科创企业的融资需求。

一是多层次资本市场支持科技创新成效显著。在创业投资基金（含私募股权和风险资本投资）方面，2022 年，广东获得 312 笔共计 803.83 亿元的创业投资基金，居全国首位。③ 在支持上市公司方面，截至 2022 年底，广东有科创板上市公司 77 家，仅次于江苏（96 家）和上海（78 家），占全国的比重为 15.37%；创业板上市公司 282 家，占全国的比重为 22.89%，市值 2.78 万亿元，占全国的比重为 24.57%，两项指标均居全国首位；北交所上市公司 23 家，仅次于江苏（27 家），上市公司市值 478.6 亿元，占全国的比重为 22.68%，居全国首位。④

二是平台载体服务科技创新更加深入。2022 年，深圳证券交易所深化与高校科研院所、科创企业、创业投资基金的合作，推进科技、人才和资本的深度融合，成立科交中心，以资本支持科技成果转化为服务重点，致

---

① 根据 Wind 数据库数据整理。
② 《打开广东保险业 2022 年"成绩单"，有这些全国"第一"和"首创"》，百度百家号"南方 Plus"，2023 年 2 月 10 日，https://baijiahao.baidu.com/s？id＝1757373650027981817&wfr＝spider&for＝pc。
③ 根据 Wind 数据库数据整理。
④ 根据 Wind 数据库数据整理。

力于连接技术市场与资本市场。深交所新上市公司 165 家,其中创业板上市公司占比 86.1%。[1] 作为全国建成时间最早、覆盖范围最广、融资金额最多、综合功能最完善的省级地方征信平台,"粤信融"充分发挥银企融资信息对接功能,基本实现广东 1500 万市场主体全覆盖,为中小微企业尤其是科技型中小微企业金融服务提供坚实的征信支撑。[2]

三是多元化金融工具支持科技创新更加有效。2022 年 4 月,广东首批科技创新再贷款落地,在这项政策的带动下,广东科技型中小企业、高新技术企业、专精特新"小巨人"企业贷款余额快速增长,高新技术领域贷款持续增加。截至 2022 年末,广东发放科技创新贷款总额 1287 亿元。[3]

（三）金融支持"制造业当家"力度不断加大

广东金融支持制造业发展着重从间接融资和直接融资"两端发力"。一是间接融资渠道持续畅通。2022 年,广东省制造业贷款余额 2.2 万亿元,同比增长近 30%,高于各项贷款增速 17.2 个百分点;战略性新兴产业贷款同比增长 68%;新增制造业贷款超过 5000 亿元,约为 2021 年的 1.65 倍。二是直接融资渠道持续拓宽。2022 年,通过一级市场融资的广东企业有 171 家,其中制造业企业占比高达 79.53%,新三板挂牌的制造业企业占比高达 54.27%。同时,以深圳证交所、广东股权交易中心等为代表的广东证券交易平台成为全国制造业企业的重要融资平台。深证主板上市的制造业企业占比达 65.72%,市值占比达 69.25%;创业板上市的制造业企业占比达 69.56%,市值占比达 73.72%;广东股权交易中心挂牌的制造业企业占比达 27.48%(见表 3 - 3)。

---

[1] 深圳证券交易所网站,http://www.szse.cn/www/market/subject/。

[2] 《广东"粤信融"融资金额突破 2 万亿元》,中国金融新闻网,2022 年 10 月 11 日,https://www.financialnews.com.cn/qy/dfjr/202210/t20221011_257024.html。

[3] 《人民银行广州分行举行 2022 年广东省金融运行形势新闻发布会:信贷绿色化水平不断提高》,广州市绿色金融协会网,2023 年 2 月 8 日,http://www.gzgfa.org.cn/Hangyexinwen - 33/1070.html。

表 3-3 2022 年广东证券业支持制造业情况

单位：家,%

资本市场支持广东制造业情况			
市场和平台	企业总数	制造业企业数	占比
一级市场	171	136	79.53
新三板	925	502	54.27
全国各区域股权交易中心	15999	5108	31.93
广东省内证券交易平台支持全国制造企业情况			
平台	企业总数	制造业企业数	占比
深证主板	1511	993	65.72
创业板	1232	857	69.56
广东股权交易中心	9096	2500	27.48

注：制造业行业均依据《上市公司行业分类指引》（2012 年修订）口径统计。

资料来源：根据 Wind 数据库相关资料整理。

四　金融创新和改革开放实现纵深推进

广东以平台创新、产品和服务创新以及金融应用场景创新为依托，与世界金融深度对接，推动金融创新和改革开放迈上新台阶。

（一）金融组织平台创新持续推进

广东整合已有金融资产交易平台，发挥规模经济效应，将广东金融资产交易中心有限公司和广州金融资产交易中心有限公司两家金融资产交易中心合并，成立广东金融资产交易中心股份有限公司。该公司成为广东（除深圳）唯一的一家金融资产交易中心，定位资本要素市场化交易平台、跨境金融资产有序流转平台、地方金融规范发展创新平台，稳妥开展人民币资产跨境转让等业务。此外，广东还建立新型交易平台和系统——广东省资本市场培育信息系统，为拟上市的后备企业提供一站式综合金融服务；建立省级数据交易平台——广州数据交易所，在全国首创数据流通交易全周期服务。

（二）金融产品和服务创新不断丰富

外汇风险管理领域落地新产品、出现新模式。2022 年 5 月，广东"政

"汇银保担"五方协力推广落实"贸融易"政策,首次在广东推出"贸融易 – 汇率避险"服务和"建粤·银担汇"产品,旨在合力解决企业远期结售汇业务"门槛高、成本高"的难题,为稳外贸提供金融保障。落地省内首批外汇美式期权业务,有效帮助企业规避汇率风险,提高资金灵活度。[①] 自此,广东形成了涵盖远期、外汇掉期、货币掉期和期权的衍生品产品体系。全国首个知识产权保险中心——中国人保粤港澳大湾区知识产权保险中心发布知识产权海外侵权责任保险服务体系,标志着广东建立起覆盖知识产权保险"全链条""全流程"的服务机制。资产证券化产品愈加丰富,深证 100ETF 期权的推出,有利于全面发挥期权风险对冲功能,更好满足中长期投资者风险管理需求。

(三) 金融应用场景创新加速发展

广东利用数字人民币试点契机推广拓展金融创新应用场景,数字人民币相关领域,如钱包生态平台的搭建、配套系统的建设或改造创新都将不断拓展数字金融应用场景,为推动经济高质量发展贡献金融创新力量。跨境人民币使用场景不断拓展,成为跨境人民币业务增长的新引擎。广东以本外币合一银行结算账户体系试点为切入点,着力优化支撑大湾区各项金融改革创新的账户服务规则,助力构建大湾区国际级营商环境。本外币合一银行结算账户体系极大地提升了客户办理本外币账户业务的便利度,金融支持广东营商环境优化和贸易投资结算便利化进程迈上了新台阶。截至2022 年末,广东省开立 FT 账户 9756 个,发放 FT 贷款 1678.3 亿元;企业搭建 FT 全功能资金池 259 个,调拨资金 1556.5 亿元,为实体经济发展注入"金融活水"。[②]

(四) 三大粤港澳合作平台金融改革创新不断取得新突破

前海在金融业双向开放方面实现多项创新,率先开展跨境双向人民币

---

① 《外贸汇率避险有了新模式——广东"政汇银保担"凝心聚力稳外贸》,腾讯网,2022 年 5 月 18 日,https://new.qq.com/rain/a/20220518A03DXB00。

② 《人民币连续三年成大湾区第一大跨境结算货币》,百度百家号"人民日报数字传播",2023 年 1 月 29 日,https://baijiahao.baidu.com/s? id = 1756338874399651481&wfr = spider&for = pc。

贷款业务、率先打通跨境双向发债、率先试点跨境双向股权投资和跨境资产转让等,已经成为大湾区资金联通最重要的枢纽之一。横琴是推动粤澳深度合作发展的重大平台,内地首家以"准入前国民待遇加负面清单"模式设立的外资银行——大西洋银行在横琴设立分行;澳门国际银行设立横琴代表处,成为 CEPA 框架下第一家进驻内地的澳资银行。南沙探索建立更高水平开放型经济新体制、建立"更开放更安全"的外汇管理机制,具体包括 4 项经常项目便利化措施、9 项资本项目改革措施,涵盖优质企业经常项目资金收付、外债便利化、自主选择跨境投融资币种等 13 项试点措施。

第二节　广东防范化解金融风险的实践与成效

党的十八大以来,广东金融业以深化供给侧结构性改革为主线,坚持多措并举、标本兼治、系统整治,以"深化风险防治载体平台建设、建立金融风险防控监管长效机制、精准处置重点领域风险、协同金融开放风险治理优化金融业营商环境"等为抓手,在市场和机构的风险化解以及政策体系建设方面均取得长足进展,金融生态显著改善,金融风险整体收敛可控,牢牢守住了不发生系统性区域性金融风险的底线,风险防范处置做法得到国家高度肯定,走出了具有广东特色的金融风险防控之路。

一　牢牢守住重点领域安全底线,为经济平稳发展筑牢"防火墙"

广东金融业始终坚持贯彻落实习近平总书记关于金融工作重要论述,不断健全金融风险预防、预警、处置、问责制度体系,坚持守住金融风险底线与追求金融高质量发展的有机统一,找到"有守"和"有为"的平衡点。聚焦金融"脱实向虚"、重点金融机构和资本市场风险、跨境金融协同监管、农信社改制化险、互联网金融、保险乱象、民营企业债务违约风险等七大重点领域,精准发力,及时扼杀一些苗头性、倾向性、潜在性的金融风险,保持金融稳定发展的态势。近年来,全省未发生影响金融安全的重大风险事件,金融风险保持全国最低水平;防范化解金融风险及优化金融生态工作连续四年获得国务院督查激励，处置非法集资平安建设考评连续三年获得满分、位列一档①，是全国唯一省份。

（一）精准打击金融"脱实向虚"问题

1. 持续整治影子银行风险

影子银行具有如下特征：业务结构复杂、层层嵌套和杠杆过高；信息披露不完整，透明度低；集中兑付压力大，金融体系关联性和风险传染性强；等等。② 对此，广东省坚决补齐监管制度短板，出台专项工作方案，构筑了"一二五"工作机制③，在全国率先建立影子银行监测指标体系，大力清理借金融创新之名行"脱实向虚"、乱加杠杆、监管套利之实等现象。通过压存量、缩通道、限投向，精准打击资金"脱实向虚"，类信贷"影子银行"规模大幅下降。

2. 房地产泡沫化势头得到有效遏制

针对2013年全面爆发的房地产泡沫问题，2016年中央首次提出"房住不炒"政策，为各地金融机构优化信贷结构、推动金融支持房地产行业实

---

① 《广东金融业实现三个"一万亿"！金融强省"从理想照进现实"》，惠州市金融工作局网站，2022年9月26日，http://jinrong.huizhou.gov.cn/zwgk/gzdt/content/post_4772010.html。

② 具体来看，中国影子银行可以分为广义和狭义两大类。广义影子银行主要包括银行同业特定目的载体投资、委托贷款、资金信托、信托贷款、银行理财、非股票公募基金、证券业资管、保险资管、资产证券化、非股权私募基金、网络借贷P2P机构、融资租赁公司、小额贷款公司提供的贷款、商业保理公司保理、融资担保公司在保业务、非持牌机构发放的消费贷款、地方交易所提供的债权融资计划和结构化融资产品。狭义影子银行是指，在广义影子银行中，同业特定目的载体投资、同业理财和投向非标准债权及资管的银行理财、委托贷款、信托贷款、网络借贷P2P贷款和非股权私募基金等业务，影子银行特征明显，风险相对较高。

③ "一"就是坚持回归本源、专注主业这一核心要求。"二"就是"两个坚决"，即坚决深化改革、推动创新、完善影子银行和交叉金融业务治理，提高金融服务实体经济水平；坚决打击违法违规行为，持之以恒拆解高风险影子银行业务，规范整治结构复杂金融产品。"五"就是"五个严禁"。一是严禁多层嵌套投资、资金空转，结构复杂产品和业务死灰复燃；二是严禁监管套利、假创新和伪创新行为，发行超出风控水平和管理能力、尽职管理不到位的金融产品；三是严禁选择性落实新规要求，过渡期整改不积极不到位，过渡期内新增资金池运作、长期限的非标资产，母行与理财子公司间产品划转不合规、利益输送、风险交叉传染；四是严禁资金违规流入股市，违规投向房地产领域、"两高一剩"等限制性领域；五是严禁不当宣传和销售，降低投资者准入门槛，严重侵害金融投资者和消费者合法权益。

现良性循环，奠定了重要的政策基础。在此宏观政策背景下，2017 年以来广东将"保交楼、保民生、保稳定"作为首要任务，先后发布多项扶持政策，持续强化合规约束，先后下发规范性文件 15 份，涉及房地产调控、住房租赁整治、不动产登记等领域，深度推进房地产市场平稳健康发展。同时，持续扩大穿透式监管覆盖面，对涉房风险进行常态化跟踪监测和全面立体摸查，关注重点从产品风险转向主体风险，从个案风险延伸至行业风险，从分段监测转向系统监测，筛查疑点线索，摸清风险底数，房地产不良贷款率连续三年保持在较低位置。2020~2022 年，广东各地面对疫情反复和复杂多变的外部环境，引导房地产企业逐步转变"三高"发展模式，并围绕稳健经营目标，稳妥化解个别房企债务风险，实现了房地产市场的平稳健康发展。

专栏 3-1 广东持续完善政策体系 深度推进房地产市场平稳健康发展

从总体来看，党的十八大以来，广东金融支持房地产市场发展的系列政策导向更加鲜明，更强调用"金融+社会"的双重视野去审视房地产金融业务的流程、产品和服务。政策的核心内容包括以下几点。一是支持建立多元化的资金筹措机制。系列政策针对房地产企业发行债券、不动产证券化产品、稳步推进 REITs 试点等持续释放利好，住房市场的融资模式不断丰富。二是"因城施策"切实落实好差异化住房信贷政策，确保辖内银行保持房地产信贷投放平稳有序，不盲目抽贷、断贷、压贷，防止大起大落；保持个人住房贷款平均办理周期在合理水平，科学确定商业性个人住房贷款的最低首付款比例、最低贷款利率要求，支持居民刚性和改善性住房需求。三是积极尝试创新金融服务模式。一揽子政策均大力鼓励金融机构根据房地产行业融资需求特点，提供系统化、针对性的金融产品和服务。如按照市场化、法治化原则，做好重点房企风险处置项目并购金融服务，支持房企通过央地协作增信模式实现债券融资；加快开展保函置换预售监管资金业务，满足项目合理融资需求；支持优质房企与金融机构自主协商存量融资展期，利用资本市场并购重组和开展股权融资，为优质房企发行债务融资工具提供增信支持等。四是加大对保障性租赁住房的金融支持。系列政策围绕"全金融主体参与、全流程参与、全金融产品参与、被支持主体全覆盖"，持续改善房地产融资环境。特别是"投—融—建—管—退"金融闭环的合拢，将在一定程度上吸引市场化主体参与保障房的建设，对开发运营企业、金融机构等多主体参与拓展市场空间提出新的要求，并为其创造新的发展机遇。

2022 年，广东金融发展的总体安全性进一步提升，金融服务制造业当家、科创强省、绿色发展、乡村振兴等重点领域的质效持续优化。金融业增加值对经济增长的贡献率达 1/3；新增社会融资规模 3.5 万亿元和本外币贷款 2.3 万亿元，均占全国的 1/9；新增上市公司 78 家和完成股票融资 2205 亿元，占全国的 1/6。[①]

（二）系统聚焦重点金融机构和资本市场风险处置

广东省持续加强金融风险分析研判，聚焦重点金融机构和资本市场风险处置，加大现场检查和非现场监管力度，对各类违规市场主体做出行政监管措施决定 707 份[②]，牢牢守住不发生系统性金融风险底线。

1. 对影响较大的银行头部机构"精准拆弹"

推动重点城商行引入省属国企进行战略重组，联合建立法人城商行；全面开展村镇银行风险排查，持续规范银行存款市场竞争和负债质量管理监管评估，加大不良资产处置力度。通过信用风险防控"精准拆弹"，全省实现 33 家高风险机构"脱险摘帽"，累计处置不良资产超 8500 亿元（2020 年核销处置不良资产占比超过 55.73%）。广东省银行保险业总体运行稳健，不良贷款率从 2012 年末的 1.34% 降低到 2021 年末的 0.94%。辖内中小法人资本充足水平稳步提升，资本充足率比 2012 年末提高 2.83 个百分点，不

---

① 《2023 年广东省金融工作会议在广州召开》，潮州市金融工作局网站，2023 年 2 月 15 日，http://www.chaozhou.gov.cn/zwgk/szfgz/sjrgz/bmdt/content/post_3833499.html。

② 《筑牢"防火墙"！广东重点领域金融风险显著收敛》，广东省地方金融监督管理局网站，2022 年 9 月 28 日，http://gdjr.gd.gov.cn/gkmlpt/content/4/4021/post_4021031.html#1216。

良贷款率从 2.33% 降至 1.69% ，信用风险整体可控。[①]

2. 稳妥化解资本市场违规风险

广东在打击证券违法活动领域也积累了一定经验。自 2018 年起，不断创新完善上市公司分类监管机制，强化现场检查和纠纷多元化解的"示范判决＋纠纷调解"工作模式，从严查处证券市场各类违法违规行为，强化市场约束机制。2022 年，全省查办首例科创板公司财务造假和多起信息披露违规等大要案，证券违法犯罪成本显著提高。近 5 年来，累计压降辖区股票质押高风险上市公司 34 家（不含深圳），妥善化解 56 只债券 680 亿元本息兑付风险，压减私募基金风险规模 1030 亿元，从根本上扭转了一些金融业态偏离正确创新方向的局面，资本市场秩序明显改善。[②]

此外，广东持续加强私募基金、地方各类交易场所等资本市场重点领域风险研判，消化存量和遏制增量并举，积极稳妥防范化解风险。一方面，推进私募基金风险联防联控。推动召开广东私募投资基金风险防范处置工作领导小组会议，与多个地市签订协作备忘录，探索地方监管新模式，综合运用市场、行政、司法手段，稳步推进分类整治。2022 年，共完成 266 家私募机构风险化解工作，总体压减风险规模 1170 亿元。[③] 另一方面，深入推进地方交易场所清理整顿工作。协调出台广东省交易场所监督管理办法，构建清理整顿地方交易场所长效机制，有效压减地方交易场所数量。协同广东省有关部门部署开展"伪金交所"专项整治，密切关注地方融资平台风险，及时开展专项核查，对重点企业依法分类处置，严防风险外溢。

（三） 探索创新跨境金融协同监管模式

广东省是外贸大省，其中珠三角 9 市是粤港澳大湾区重要的对外窗口，外向型经济发展水平高，是中国跨境资金流动最活跃、跨境联动最紧密的

---

① 《六稳六保 | 做实做细金融政策 广东银行业全面助力稳经济大盘》，百度百家号"中国银协"，https://baijiahao.baidu.com/s？id＝1738891596133135927&wfr＝spider&for＝pc。

② 《筑牢"防火墙"！广东重点领域金融风险显著收敛》，广东省地方金融监督管理局网站，2022 年 9 月 28 日，http://gdjr.gd.gov.cn/gkmlpt/content/4/4021/post_4021031.html#1216。

③ 《湾区资本市场高质量发展 | 广东证监局：打造中国特色现代资本市场窗口 全力服务经济高质量发展》，21 财经网，2023 年 3 月 6 日，https://m.21jingji.com/article/20230306/herald/b10acd3364287aad44c3cad497c3d920.html。

区域。2020 年，广东全年跨境资金流动规模达 1.48 万亿美元，银行结售汇规模达 6307 亿美元，继续保持国内领先水平。[①] 但也要看到，广东跨境金融活跃的同时也伴随着风险的频发，早在 2007～2009 年，受全球金融危机影响，广东就曾多次出现跨境资本流出和流入风险警示。近几年，在新冠疫情、中美贸易摩擦和俄乌冲突等国际国内环境的影响下，广东跨境金融风险加剧，如跨境融资面临跨境银行利差引发的套利风险；信贷市场开放引发的流动性风险；外汇投机行为引致的外汇市场无序波动；等等。

为此，广东金融监管部门始终高度重视跨境资本流动风险的防控，围绕贯彻落实中国人民银行等四部门联合印发的《关于金融支持粤港澳大湾区建设的意见》（银发〔2020〕95 号），持续在建立粤港澳大湾区金融监管协调沟通机制上发力。一方面，持续加强三地金融监管交流，协调解决跨境金融发展和监管问题。通过加强粤港澳反洗钱、反恐怖融资和反逃税监管合作和信息交流机制建设，强化跨境金融机构监管和资金流动监测分析合作，督促金融机构加大对跨境资金异常流动的监测力度，鼓励其开展跨境创新型金融项目产品洗钱风险评估，提升打击跨境洗钱等非法金融活动的有效性。另一方面，优化完善跨境金融风险预警、防范和化解平台建设。进一步做精做优广东省地方金融风险监测防控平台，通过研究建立跨境金融创新的监管沙盒，推动完善创新领域金融监管规则，强化对跨境资本流动重点领域的风险防控，促进风险防控的关口前移。

（四） 农信社改制化险"广东模式"全国领跑

长期以来，广东农合机构历史包袱重、不良贷款率较高，是防范化解重大风险的重点领域。为此，广东紧抓农信社改制化险这一"关键点"，2017 年 9 月启动了新一轮农合机构改革，集中开展了一系列打击逃废债与银行骗贷行动，用了三年时间完成改制化险，构建并完善了适度竞争的农合机构管理体系，相关经验得到中国银保监会和国务院的充分肯定，也为

[①] 《外汇局广东省分局多措并举稳外贸稳外资 助力构建双循环新发展格局》，国家外汇管理局广东省分局网站，2021 年 1 月 21 日，https://www.safe.gov.cn/guangdong/2021/0121/1947.html。

全国农信社改革积累了经验。

1. 守住"三条底线"，高效化解农信系统风险

广东农信社改革的重要思路，是牢牢守住"不良资产处置真实""股东资质和入股资金来源合规""地方政府扶持措施有效"的"三条底线"，通过"确产权""缩股份""打内鬼""捉老赖""一社一策清收"等创新做法，啃下农合机构问题股东清理、不良贷款清收等多年难啃的"硬骨头"。至 2020 年末，广东省全面完成 64 家农信社改制工作，处置高风险机构 29 家，化解风险包袱超 1300 亿元，有效管控了农信系统风险，主要监管指标由落后全国跃升为全面优于全国农合机构平均水平。[①]

2. 完成转型蜕变，创新构筑长效发展机制

通过"注资、注制、注智"的创新理念，探索并形成了潮州农商行地市统一法人、汕特联社"三合一"改革经验，打破农合机构风险"周期律"使之步入良性发展轨道，初步形成因地制宜、适度多元的农合改革"广东模式"。改制以后，广东农合机构服务能力显著提升，农合机构存贷比由60% 提升至 65%，涉农贷款、小微企业贷款、农户贷款、扶贫小额信贷分别比改革前增长 20%、30%、60%、219%。特别是粤东西北地区农合机构贷款年均增速达到改革前的 1.3 倍，小微企业贷款占各项贷款比例高于全省银行业 32 个百分点，高于全省农合机构 11 个百分点，农合机构服务"三农"的能力显著提升。[②]

（五）互联网金融实现"由乱到治"转变

党的十八大以来，广东省着力推动借贷余额超百亿元金融机构稳妥退出或转型，并有效开展资产追收、积极挽损，最大限度地保护了投资人的合法权益，实现了被动打击到主动处置的根本性转变。截至 2022 年底，广

---

① 《广东银保监局裴光：助力广东从金融大省迈向金融强省》，"清远市保险行业协会"微信公众号，2022 年 9 月 29 日，https://mp.weixin.qq.com/s?_biz=MzIyNDkwMjc1NQ==&mid=2247506196&idx=3&sn=8f8a35379c9ef2debcb114012235245e&chksm=e8057218df72fb0e553ff7139d6d47c201209d4722adb92d51d70011e8d5f04dd081b83b0822&scene=27。
② 《以广东模式破农合机构风险"周期律"》，百度百家号"南方新闻网"，2020 年 12 月 18 日，https://baijiahao.baidu.com/s?id=1687283439529656575。

东省精准处置了一批如团贷网、"小牛在线"等 P2P 平台，707 家 P2P 网贷平台全部关停退出市场，私募基金风险实现有序出清。

1. 构建上下联动的全链条风险整治机制

广东将监管责任和属地责任落到实处。按照"全面整治、突出重点、积极稳妥、有序化解"等基本原则构建了央地协同、省市分层的总体协作框架。广州、深圳等珠三角城市精心组织，充分发挥地方基层组织和网格化管理的优势，稳妥、有序开展互联网金融乱象整治，顺利完成股权众筹、互联网资产管理、比特币交易场所、代币发行融资（ICO）等全链条清理整顿。大幅压减各类交易场所，提前超额完成金融资产交易中心存量业务化解任务。全省风险案件高发频发的势头得到根本遏制，金融环境进一步净化。

2. 互联网非法金融活动清理整顿成效显著

对资本市场违法犯罪行为"零容忍"，严惩上市公司财务造假行为。针对电信网络违法犯罪、跨境电子游戏赌博、地下钱庄非法集资、信用卡诈骗等多发性金融犯罪，强化以审判为中心的证据裁判标准共识。从 2019 年至 2020 年 7 月，审结各类金融犯罪一审案件近 2000 件，重刑率达 18.2%。

（六）"治本治标"高压整治保险乱象

针对长期以来保险销售误导、机动车辆保险理赔难、财产保险积压未决赔等，广东坚持"制度治本、重典治标"，以高压态势持续整治保险乱象，并通过"回头看"持续巩固整治成果。

1. 始终强化车险"严监管""硬约束"

广东车险市场规模大、机构多、类型全、中介发达、市场化程度高，是全国车险市场的缩影，也是全国最复杂的车险市场之一。广东始终强化车险乱象"硬约束"，实行车险投保"实名制"，出台保险公司分类监管、费用管控监管指引，从根源上解决市场费用高企乱象。[①] 同时，规范中介公司内控管理（提前续保期限从 90 天变为 30 天，治理不良中介人为"压单"

---

① 《"严监管"出"生产力"广东车险市场治乱象成效显著》，百度百家号"金融界"，2019 年 3 月 21 日，https://baijiahao.baidu.com/s? id = 1628596257360923035&wfr = spider&for = pc。

问题）和异地保单流转，多维度监测市场动态，建立产险经营数据监测机制。同时，对机构"严监管"、定红线，发现违规即责令停业同时撤换一把手，推动行业自律。自 2019 年以来，全省车险市场秩序全面好转。

2. 系统整治财险"代理退保"问题

受"代理退保"黑产冲击最早、持续时间最长的影响，广东财险业主要存在"虚构业务套取费用""给予投保人和被保险人保险合同约定以外的利益""资料数据不真实或虚构"等问题。为此，全省上下采取严厉监管措施，对中介机构在/离职保险销售人员违规参与代理退保、反复投退保套利、泄露客户个人信息等问题开展自查自纠，深挖背后可能涉及的侵犯隐私、佣金诈骗、敲诈勒索等问题，依法向公安机关、市场监督管理部门反映，推动全行业查处"代理退保"黑产案件。至 2020 年，月均恶意投诉已从 7 月最高峰时的 446 件下降到同年 11 月、12 月的 100 件左右，同比下降 75%。①

（七）稳妥化解民营企业债务违约风险

2020 年以来，面对疫情影响下国际国内环境出现的一些超预期变化，广东省针对小微企业和个体工商户，开展了一系列金融纾困行动②，先后出台《广东金融支持受疫情影响企业纾困和经济稳增长行动方案》等多项扶持政策，持续加大对受困行业、市场主体的资金支持力度。2020 年，辖内（不含深圳，下同）各项贷款余额 12.41 万亿元，同比增长超 18%，创历史新高；信贷资金"脱实向虚"局面得到根本扭转，贷款增速高于资产增速 7.2 个百分点；投向实体经济的贷款规模超 7.7 万亿元，较 2015 年末增长超 7 成；保险业提供风险保障金额 945.05 万亿元③，"短期"纾困和"远期"增长得到较好的平衡。

---

① 《广东银保监局重拳出击：保险恶意投诉同比降幅 75%》，百度百家号"南方新闻网"，2021 年 1 月 30 日，https://baijiahao.baidu.com/s? id = 1690276476274017059&wfr = spider& for = pc。

② 《〈广东金融支持受疫情影响企业纾困和经济稳增长行动方案〉解读》，广东省人民政府网站，2022 年 4 月 30 日，http://www.gd.gov.cn/zwgk/zcjd/bmjd/content/post_3922595.html。

③ 《广东银保监局：房地产金融化泡沫化势头有效遏制》，百度百家号"中国经济网"，2021 年 2 月 4 日，https://baijiahao.baidu.com/s? id = 1690742221469920130&wfr = spider&for = pc。

1. 灵活满足多元主体融资需求

针对住宿餐饮、批发零售、文化旅游、民航与道路运输等受疫情影响较大的行业、小微企业和个体工商户的短期存量债务压力，视具体情况综合运用展期、"无还本续贷"、调整还款计划等措施帮助企业纾困，助力市场主体渡过难关。针对外贸企业因为运费上升、汇率波动等不敢接单问题，提出用出口信用保险补偿订单取消、出运拒收等风险，还提出支持融资担保公司为中小微外贸企业远期结售汇提供担保增信，助力外贸企业提升汇率避险能力的政策举措。针对企业新的流动性补充需求，推广主动授信、随借随还贷款模式，充分运用再贷款、再贴现工具加大信贷投放力度，推出"抗疫贷""复工贷"等纯信用金融产品，开展线上线下灵活有效的融资对接。

2. 多措并举推动企业"降成本"

广东辖内各银行主动减费让利，各级政府也采用贷款贴息、降低担保费率等方式予以支持，金融支持疫情防控和复工复产取得积极成效。2022年1～10月，全省1632亿元支农支小再贷款、再贴现资金，惠及近4.5万家市场主体，撬动普惠小微贷款新增641亿元。累计为近13万户普惠小微市场主体办理延期还本业务，金额超过1300亿元；为830多万小微企业和个体工商户减免支付手续费超19亿元，普惠型小微企业贷款综合融资成本率下降1.23个百分点。[①] 在央地协同配合下，广东金融机构坚持不盲目压贷、断贷、抽贷，并积极推动纾困基金落地运作，依法化解个别市场主体经营风险，保障了企业的正常运行，金融助力实体经济稳步复苏取得积极进展。

（八）切实保障金融消费者合法权益

为维护金融消费者合法权益，广东省积极畅通金融消费者权利救济渠道，于2014年起先后设立全国首个省级金融消保联合会、首个专门金融法庭、首个数字金融协同治理中心，形成了"综合治理、群防联控"的良好

[①] 《广东金融助力"战"疫：银行加大抗疫信贷支持，贷款利率稳中有降》，百度百家号"第一财经"，2022年11月11日，https://baijiahao.baidu.com/s? id = 1749199945014583984&wfr = spider&for = pc。

局面，金融消费者投诉办结率、成功调解率显著提高，非法集资新发案件宗数等核心指标大幅下降。同时，社会团体、第三方组织金融投诉纠纷调解服务逐步推广，"小额纠纷快速处理＋诉调对接＋专家调解"工作机制，累计投诉和解和成功调解的案件纠纷超过 1.3 万件，结案金额超过 10 亿元。

二 以科技赋能深化载体建设，走出广东特色的金融风险防控之路

广东积极探索"智慧监管"路径创新，深化风险防控平台载体建设，以线上精准画像与线下群防群治相结合建立"天罗地网"，提高金融监管数字化和法治化水平。

（一）创立弱中心化的数据共享共建共管平台

近年来，广东省探索利用区块链技术构建弱中心化的数据共享共建共管平台"慧享平台"，引导金融机构借助平台模块，共享黑白灰名单，提升风险控制能力和合规管理水平。截至 2021 年上半年，"慧享平台"已覆盖全辖 600 多家银行业金融机构，共享信息近 3 万条，查询 5000 余次。2021 年，广东进一步探索联邦学习技术在跨行治理中的应用，开放接纳更多机构接入平台并推动实现联合风险建模，在数据"可用不可见"的前提下，为数据要素在金融业各类参与主体间的有序流动提供了解决方案，推动了行业整体风控能力的提升。

（二）创新搭建系列金融风险监测平台

1. 搭建全国首个地方金融风险监测防控平台

广东是中国首个搭建地方金融风险监测防控平台的省份。早在 2017 年，广东省政府就依托广州商品清算中心，建设了广东省地方金融风险监测防控中心（金鹰系统）。党的十八大以来，广东进一步发挥科技大省优势，持续推动大数据技术和人工智能在监管领域的应用，以中国银保监会检查分析系统（Examination and Analysis System Technology，EAST）为基础，持续提升金融风险精准打击能力。当前，升级后的 3.0 版金鹰系统，涵盖"18 个风险监测平台""7 套非法金融活动识别模型"，除了可实现"主动发

现—精准定性—深度溯源—协同处置—持续监测"全链条防控和闭环管理外，还可为政府提供舆情监控、招商体检、非法集资业务培训、法律咨询等多元服务，构筑起了具有广东特色的集合线上数据流与线下群防群治于一体的"天罗地网"。

2. 以深圳为试点建设三大资金异动监测预警平台

深圳试点构筑了三大资金异动监测预警平台，分别是金融风险监测预警平台、地方金融监管信息系统及"灵鲲"金融安全大数据平台。其中，金融风险监测预警平台建立了"合规性＋收益率＋特征词命中＋传播力＋投资举报"五位一体的监管框架，精准实现对全市金融机构风险的提前预判；地方金融监管信息系统主要通过"主体数据＋外部数据"，实现对新兴金融业态（包括 P2P、小额贷款、交易场所等）进行非现场监管、风险预警和协同处置；"灵鲲"金融安全大数据平台更侧重于借助"互联网全量实时信息流数据＋政务数据"，重点防范投资理财、外汇交易等相关的新型网络化金融犯罪。三大平台打破了"互联网舆情信息、政府行政资源数据、银行资金数据"三大类数据壁垒，基于"人""资金""业务"三条主线，构建了独具特色的预警分析模型，在海量企业中识别高风险企业，实现对非法金融活动的"打早""打小"。

3. 优化完善金融广告、信用融资等监测平台

2013 年以来，由于互联网金融市场竞争激烈，互联网金融广告投放乱象丛生。为进一步规范金融机构的营销宣传行为，保障金融消费者合法权益，2017 年底，广东省出台了《协同开展金融广告治理工作的合作备忘录》，搭建了金融广告监测平台，填补了国内金融广告监测工作的空白。广东金融广告监测中心（简称监测中心）包含对金融广告的准入、监测、预警及处理四大运营机制，可实现对线上线下各类金融广告 24 小时不间断实时全流程监测，并及时准确锁定违法违规广告线索，为监管部门提供风险依据。截至 2018 年 3 月，系统监测范围已覆盖全省 20 个地级市（深圳除外），累计监测数据 80 多万条，主要集中于 P2P 网贷、银行和投资咨询、投资管理类行业。此外，在平台搭建方面，广东不断优化健全中小企业融

资服务平台、中小企业信用信息与融资对接平台等产融平台，大力发展供应链金融，从源头上实现对信用风险的智能防控。

三　深化政策引导与统筹协同，持续完善精准防控的长效机制

党的十八大以来，金融供给侧结构性改革持续深化，面对"三重压力"，广东持续优化与完善系统性金融风险防控长效机制，通过政策发力、制度统筹、机制协同，持续推进金融治理体系和治理能力现代化，有序处置存量金融风险的同时，及时化解新增金融风险，打赢了防范化解金融风险的攻坚战。

（一）深化政策引导机制，筑牢风险防控"安全网"

1. 打好金融支持"稳增长"的政策组合拳

广东作为第一经济大省，稳增长表现对全国大局稳定至关重要。党的十八大以来，广东坚持"稳字当头、稳中求进"工作总基调，按照"疫情要防住，经济要稳住，发展要安全"的要求，细化出台了一系列配套金融政策措施：在助力小微金融稳健发展方面，持续推动政策精准直达市场主体，进一步加大小微金融帮扶政策贯彻落实力度；在新市民金融服务方面，制定了"广东版"新市民金融服务工作实施方案，聚焦新市民所急所盼，提出20条针对性政策措施，进一步强化金融服务均等性、精准性和系统性；在房地产金融风险防范方面，将"保交楼、保民生、保稳定"作为首要任务，先后发布多项扶持政策，深度推进房地产市场平稳健康发展；在外贸金融风险防范方面，围绕优化出口退（免）税服务政策、稳外贸保出口等，出台系列利好政策；在保险保障方面，出台加快非车险高质量发展、推动广东财产保险业转型升级的实施意见，强化对重点行业企业的保险保障功能。系列政策导向更加鲜明，更强调基于"金融＋社会"的双重视野审视不同行业领域金融风险和服务能效，打好金融支持"稳增长"的政策组合拳，筑牢了风险防控"安全网"的第一道防线。

2. 优化对金融创新业务的风险管控制度

在《商业银行互联网贷款管理暂行办法》《互联网保险业务监管办法》

《网络小额贷款业务管理暂行办法》《平台经济领域的反垄断指南》等一揽
子政策导引下，广东不断优化制度框架，持续以严监管加大对金融创新业
务的清查。一是坚持金融创新和数字化转型服务实体经济。广东系列政策
均释放出"避免出现为了转型而转型、为了创新而创新"的信号，即金融
机构开展数字化转型，要严防贪大求全、盲目扩张，严厉制裁以金融创新
为名掩盖金融风险、规避金融监管、从事非法套利等违规行为。通过不断
完善金融科技治理体系，广东走出了一条与自身发展需求、科技能力、风
险控制能力匹配的数字化转型发展之路，金融服务实体经济的精准性、适
配性、可得性进一步提升。二是多措并举强化创新与转型中的新型风险防
控。一揽子政策均要求金融机构在严守风险底线的前提下开展创新，针
对不同机构提出相应的数字化转型要求，并开展分类引导，特别是对新
型互联网金融产品和服务，要在对其潜在风险展开系统评估的基础上审
慎进行容错性监管，避免出现金融创新与数字化转型考核"一刀切"。

3. 持续提升银行系统运营的稳健性

广东省将强化系统性风险防控、多渠道增强商业银行资本实力作为治
理和监管银行等金融机构的重要政策方向，从 2018 年《广东银监局关于广
东银行业促进经济高质量发展的实施意见》，到 2023 年 2 月《2023 年广东
金融支持经济高质量发展行动方案》，在国家《关于完善系统重要性金融机
构监管的指导意见》《系统重要性银行附加监管规定（试行）》等政策主导
的制度框架下，广东从附加资本、杠杆率、大额风险暴露、公司治理、恢
复和处置计划、信息披露和数据报送等方面对系统重要性银行均提出系列
监管要求，对于鼓励银行降低系统性风险、提高自救能力、防范"大而不
能倒"风险有着重要政策引领作用。

4. 加强政府债务监管的政策引导

2021 年 6 月 7 日，全国人大常委会做《关于 2020 年中央决算的报告》，
显示"地方政府隐性债务风险得到缓释"，但"缓释"并非真正的"化
解"，城投平台通过借新还旧等方式，对债务进行了置换。同时《银行保险
机构进一步做好地方政府隐性债务风险防范化解工作的指导意见》也进一

步释放严格监管信号，推动城投公司市场化转型仍是减少隐性债务的重要抓手。基于政府债务总额较高、增长速度较快、区域不均衡严重等实际，广东全省先后出台专项政策，加大金融支持政府隐性债务化解力度。如支持发行再融资债券置换隐性债务，调整债务周期，降低化债筹资成本与债务违约风险。同时，政策指出，要打消财政兜底幻觉，切实把控好金融闸门，严禁新增或虚假化解地方政府隐性债务，银行保险机构要配合地方政府化解地方融资平台公司到期存量隐性债务并强化风险管理，加大问责力度。

（二）上下兼容、内外统筹，优化风险防范协同机制

1. 纵深推进"央地协同"机制

党的十八大以来，新金融业态不断出现，为进一步强化金融监管央地协同和跨部门协调合作，2018 年广东组建省地方金融监督管理局（省政府金融工作办公室）。作为全国最早一批设立省级地方金融监管部门的省份，广东始终坚持"监管姓监"，并在 2018 年 12 月银保监部门整合落地后，成立了由省委主要领导任组长的防范化解重大风险工作领导小组，建立了省级防控金融风险联席会议制度，在坚持金融管理主要是中央事权的前提下，央地金融部门通力合作，协同防范应对金融风险，高效处理了一批突发事件和风险隐患，维护了广东金融大局的稳定。①

专栏 3-2　原油宝穿仓事件

"原油宝"是中国银行于 2018 年 1 月推出的为境内个人客户提供挂钩境外原油期货的交易服务产品，即投资者按银行报价在账面上买卖"虚拟"原油，个人通过把握国际油价走势进行操作，赚取原油价格的波动差价。工商银行、中国银行和建设银行均推出该类产品。2020 年，受新冠疫情、地缘政治、短期经济冲击等综合因素影响，国际商品市场波动剧烈，美国 WTI 原油 5 月期货合约价格出现历史上第一个负值结算价，

---

① 《〈中国金融〉｜央地协同防控金融风险的广东实践》，搜狐网，2020 年 9 月 19 日，https://www.sohu.com/a/419459542_481887。

CME 官方结算价为 −37.63 美元/桶。2020 年 4 月 21 日，中国银行在官网发布公告，称正在联系 CME 确认结算价格的有效性和相关结算安排，并暂停 4 月 21 日原油宝产品的美国原油合约交易。4 月 22 日，中国银行再次发布公告，称经确认，−37.63 美元/桶为有效价格，中行原油宝产品的美国原油合约将参考 CME 官方结算价进行结算或移仓。同时，自 4 月 22 日起暂停客户原油宝新开仓交易。公告一出，市场哗然，这意味着这批原油宝客户将承担此次原油宝交易的全部损失。很多投资者纷纷在网上质疑中国银行的原油宝产品在设计规则上存在重大缺陷和漏洞，因而导致购买原油宝的客户蒙受巨大损失，由此触发原油宝事件。

2020 年 5 月 4 日，国务院金融稳定发展委员会召开第 28 次会议，专项提出要高度重视当前国际商品市场价格波动所带来的部分金融产品风险问题。5 月 5 日，中国银行回应原油宝产品客户诉求，保留依法向外部相关机构追索的权利。截至 8 月 2 日，已有 27 个省（区、市）高院陆续发布公告，对分散在各地的原油宝事件民事诉讼案件实行集中管辖。投资者可根据开户行地点、诉讼标的额大小在不同法院提起诉讼。已经立案受理的，根据诉讼标的额移送到相应法院管辖。12 月，中国银保监会在前期调查的基础上，启动立案调查程序，对中国银行及其分支机构和相应责任人做出处罚决定。

2. 建立健全"省内协同"机制

根据 2020 年国家出台的《关于建立地方协调机制的意见》，广东正式建立金融风险地方协调机制（广东省），并在这一机制下分别建立了广东省金融风险地方协调机制和深圳市金融风险地方协调机制。同时，在部门层面，省地方金融监管部门与银保监局协同建立了"城商行和民营银行突发流动性风险应急处置"协调机制，与证监局协同建立了"资本市场风险应对协调机制"，省发展改革委、省财政厅等部门协同广东监管局、央行广州分行，共同建立了"地方金融工作议事协调机制"和"风险研判联席会议制度"。上述一揽子跨部门协同机制，以"一企一策一专班一预案"工作机制，有效维护了地方金融秩序。

专栏 3 - 3 　打破"信息孤岛"持续优化风险防控的联动服务机制

　　为更好地提升监管效能、防控金融风险，广东积极整合省政府行政部门、司法部门、地方金融风险监测平台、市场化征信机构、金融科技公司等，探索跨行业数据信息安全共享新机制，通过构筑一套"监管链""风控链""司法链""征信链""服务链"五链协同的矩阵式联动监管架构，以监管数据保存验真的"监管链"、风险监测预警的"风控链"、纠纷调处化解的"司法链"、信用数据验证的"征信链"、优化行业生态的"服务链"，扩大地方金融监管"朋友圈"，有效打破"信息孤岛"。

　　在矩阵式联动监管架构中，"监管链"作为核心，通过完善数字化监管和数据报送系统，确保数据的真实性、完整性和报送的及时性，为实时化监测和穿透性监管提供数据支撑的同时，也为其他四链的建设提供数据基础。"风控链"是以"监管链"数据库为基础，研发市场风险监控模型、完善舆情收集分析体系，形成"监测预警—处置反馈—持续监测"闭环管理。"司法链"是以完善互联网小额信贷市场规则、保障金融消费者权益为出发点，整合相关纠纷化解资源，以科技手段提升司法救济能力和纠纷解决质效。"征信链"是通过建设区块链征信共享平台，完善中小微企业的信用评估体系，打击重复、多头、恶意借贷，缓解中小微企业及个体工商户融资难题，是社会信用体系建设的有益补充。"服务链"是建设底层资产真实性校验系统，并与金融市场资源信息系统融资对接，建设监管存证链平台、融资对接平台、资产处置平台等，从互联网金融风险专项整治、打击利用离岸公司和地下钱庄转移赃款，到非法集资风险排查等终端专项治理，织紧织密风险防控的"安全网"。2020 年，广州市小贷行业先行试点"五链协同"并逐步扩大到"7 + 4"类地方金融组织，有效缓解"监管难、征信难、风控难、催收难、融资难"等问题。

　　3. 探索完善"外部协同"机制

　　广东是粤港澳大湾区国家战略的重要承载区。粤港澳三地金融主体多元、改革试点多样、跨境交易活跃、风险因素相对复杂，防范化解金融风险面临更加严峻的挑战。粤港澳三地金融监管部门专设粤港、粤澳金融专责小组合作应对跨境金融创新风险，深化建立金融沟通联络机制，进一步加强三地监管合作与信息交流互动，协调解决跨境金融业务监管、风险防范处置、资金流动监测、反洗钱、反恐怖融资、反逃税监管合作等问题，研究建立跨境金融创新的监管沙盒，逐步推进金融监管规则的有序衔接。

第三节　广东防范化解金融风险的经验与启示

2019 年 2 月 22 日，习近平总书记在中共中央政治局第十三次集体学习时强调，"我们要深化对金融本质和规律的认识，立足中国实际，走出中国特色金融发展之路"①。在推进金融高质量发展的新征程上，总结党的十八大以来广东防范化解金融风险的历史经验，不难发现：广东近 10 年来，始终以坚持党的集中统一领导为根本保证，在战略统筹上确保发展方向正确；始终坚持立足省情、与时俱进，以底线思维和前瞻务实相统一，确保发展思路正确；始终坚持以实体经济为落脚点，秉承以人民为中心的发展理念，将打造中国金融高水平对外开放的战略平台和融入全球金融体系作为使命任务，以统筹性和开放性相一致，确保发展路径正确；始终坚持全链条金融风险管控与数字赋能，注重稳健性和创新性相统一，通过"顶层设计＋硬件监管＋柔性监督"，提高金融监管的精准度，确保发展支撑有力。

一　始终坚持党对金融工作的集中统一领导，确保发展方向正确

中国共产党领导是中国特色社会主义最本质的特征，也是中国金融事业区别于西方资本主义国家金融事业的最大政治优势。党的十八大以来，以习近平同志为核心的党中央高度重视金融工作，习近平总书记多次指出"做好新形势下金融工作，要坚持党中央对金融工作集中统一领导，确保金融改革发展正确方向，确保国家金融安全"②。在党中央的集中统一领导下，

---

① 《习近平主持中共中央政治局第十三次集体学习》，百度百家号"求是网"，2019 年 2 月 23 日，https：//baijiahao. baidu. com/s？id = 1626254026033367292&wfr = spider&for = pc。

② 《全国金融工作会议在京召开》，中国政府网，2017 年 7 月 15 日，http：//www. gov. cn/xin-wen/2017－07/15/content_5210774. htm。

始终以马克思主义经济金融理论为指导，根据国内外经济形势的发展变化，不断调整金融工作方针政策，通过强化全局观念、底线思维、前瞻意识，在防范化解金融风险的战略统筹上坚持"上下一盘棋"、坚持"渐进性"与"协同性"相适配，为抵御各种风险挑战、维护国家金融安全提供根本保障，这也是中国真正区别于西方资本主义国家"以资本为纲"金融发展道路的重要特征。

（一）以"渐进性"金融管理体制变革，实现战略统筹

中国的金融体制改革总体分为四个阶段，从第一阶段 1978～1992 年中国人民银行"大一统"集中监管体制阶段，到第二阶段 1992～2009 年扁平化"一行三会"分业监管体制形成，以及第三阶段 2009～2018 年机构监管、混业监管体制变革，再发展至党的十八大以来"一委一行两会""两委＋一局一行一会"新一轮金融体制改革施行，中国的金融监管模式演进的背后，无不体现对国情的主动适应和市场经济的动态调整，并带有浓厚的中国特色。

在"全国一盘棋"的统一金融管理架构下，广东金融监管的战略统筹、政策架构与体制变革也是渐进式、分阶段开展的，并伴随着深化经济金融体制改革而动态调整。特别是党的十八大以来，随着金融混业经营不断深化，新金融业态层出不穷，防范化解金融风险更有待长效机制的建立和完善。从 2018 年广东组建地方金融监督管理局，不再保留单设的省政府金融工作办公室，到 2020 年金融委办公室地方协调机制（广东省）建立，广东地方金融监管体制经历了从无到有、从"配合为主"到"联动高效"的发展演化。近 10 年来，通过"央地高度统筹、执行高度协同"，广东在坚持党对金融工作的集中统一领导下，以"上下一盘棋"不断加强制度建设，形成定期研究金融发展战略、审时度势分析金融形势、动态决定金融方针政策的工作机制，防范化解金融风险的属地责任得到进一步压实，金融风险预防、预警、处置、问责制度体系不断健全，切实确保了金融业改革发展始终坚持正确方向，保持了经济社会的长期稳定发展。

（二）以"协同性"金融监管防控部署，实现风险内外平衡

监管制度安排的"协同性"，除了体现在维护中央金融集权主导与地方适当分权的辩证统一上之外，更体现在广东各级政府防范化解金融风险制

度架构的跨区域协同上。一是始终强化省内金融风险防控"内部协同",依托广东协调机制平台,针对辖内金融风险隐患,建立了广东监管局、广东银保监局、省财政厅、央行广州分行等多部门参与的风险研判联席会议和应急处置协作机制,持续加强监管协调、政策沟通和信息共享,凝聚深化区域金融改革、服务实体经济发展、防范化解金融风险的合力,提高风险联合监测、预警与处置效率。特别是建立信息共享平台和常态化共享机制,通过金融机构信息、行业基础数据等的及时、充分共享,为下一步风险形势研判、及时发出预警、做好属地风险防范奠定数据基础。二是始终注重粤港澳金融风险防控"外部协同"。在强化省内金融风险监管协同的同时,广东始终高度重视构建与国际接轨、公开透明、稳定可预期的监管框架。在充分尊重现有粤港澳金融监管沟通协调机制的基础上,持续强化系统思维,推动粤港澳三地在金融监管规则上实现更多突破;持续强化创新思维,搭建风险监测预警平台,对监管沙盒入盒测试的创新项目进行实时风险监测和预警;持续加强底线思维,统筹处理好扩大金融开放与防范金融风险的关系,建立紧密的、常态化的监管协调机制,聚焦关键领域和薄弱环节,推动大湾区金融市场持续健康发展。10 年来,广东通过金融风险防控内外"双向协同",维护了属地金融稳定,守住了不发生系统性金融风险的底线。

二 始终坚持"底线思维、前瞻务实"的理念指引,确保发展思路正确

就广东金融领域而言,习近平总书记多次强调"要把防控金融风险放到更加重要的位置,牢牢守住不发生系统性风险底线"[1],"要坚持底线思维、问题导向,增强忧患意识,把防范化解风险挑战摆在突出位置,把困难估计得更充分一些,把风险思考得更深入一些,下好先手棋,打好主动仗"[2]。10 年

---

[1] 《习近平主持中共中央政治局第四十次集体学习》,中国政府网,2017 年 4 月 26 日,http://www.gov.cn/xinwen/2017-04/26/content_5189103.htm。
[2] 《习近平:坚持底线思维、问题导向,把防范化解风险挑战摆在突出位置》,百度百家号"党建网",2022 年 6 月 21 日,https://baijiahao.baidu.com/s?id=1736247021063557009&wfr=spider&for=pc。

来，广东深刻践行总书记的指示要求，坚持从社会主义初级阶段这个最大现实出发，不唯书、不崇外、只唯实，充分认识防范化解重大风险的重要性和紧迫性，通过坚守底线思维把防控金融风险放到更加重要的位置，构筑"风险为本"的审慎监管框架，在改革开放和创新发展中动态调整和提升防范化解重大风险的能力与本领，有效应对国际国内经济金融形势变化带来的系列影响，体现了经济大省、金融大省的责任担当。

（一）始终坚持"底线思维"，把好风险防控的每一道关口

广东始终坚持居安思危、未雨绸缪的底线思维，以"时时放心不下"的责任感把好风险防控的每一道关口。一是坚持防范为先。按照"稳定大局、统筹协调、分类施策、精准拆弹"的基准方针，广东从平稳有序处置高风险机构、大力整顿金融秩序、有效应对金融市场波动风险、补齐监管制度短板、建立智慧监管闭环系统五个方面发力，立足于早识别、早预警、早发现、早处置"四早定位"，加大力气从源头上防治，在苗头上控制，及早阻断重点领域风险持续积累、传染的路径和势头，综合选用"慢撒气"和"小手术"方式处置非系统性风险，力求把风险和损失控制在最低层级、最窄范围、最低限度，以"下好先手棋，打好主动仗"，防止系统性风险的产生和爆发。二是坚持系统谋划。系统性金融风险是一个风险综合体，广东防范化解工作始终坚持着眼于对国内与国际、经济与金融、政治与社会、当期与预期等维度的统筹，在多重目标中寻求稳增长与防风险的动态平衡，避免因政策调整过快过猛而打击预期，既防止不同领域政策"打架碰头"，又阻断长期目标的短视化、系统目标的碎片化，强化系统性谋划、交互式协同和立体式作战。特别是始终关注政策出台的节奏和力度，根据不同领域、不同市场金融风险情况，在风险可控前提下采取差异化、有针对性的办法稳妥推进政策试点，成熟一项，推广一项，集中力量优先处理可能威胁经济社会稳定和引发系统性风险的问题。

（二）始终立足省情精准施策，与时俱进务实担当

堵金融漏洞、强金融弱项、谋划先手棋、打好反击仗始终贯穿于广东防范化解金融风险的实践。广东始终坚持在改革开放和创新发展中，在强

监管、降杠杆、治乱象的过程中，建立健全防范化解重大风险的制度与机制。一是当科技应用改变金融业态、风险形态、传导路径和安全边界时，广东省积极应对互联网金融业务带来的风险挑战，在保证公平竞争、防止资本无序扩张上加大监管力度，将数据安全、反垄断和金融基础设施稳健运行作为施政重点。二是当经济下行压力加大，区域、行业、企业风险向金融体系传递时，广东适时"地毯式"排查金融风险，加强重点领域风险监测，加快不良资产处置，坚持以法治化、市场化方式精准分类处置堵点，实现监管全链条全领域覆盖，维护金融市场稳健运行。因此，在宏观层面上，广东防范化解金融风险始终与外部发展环境、社会信用环境、市场发育程度、社会主要矛盾、规则机制完善性等相适配，与国家战略部署以及重点领域、重点产业、核心技术整体布局相适配；在微观层面上，始终与监管对象的运营、服务、创新等相适配，与金融科技尤其是监管科技手段相适配，与事前风险排查、事中高效处置、事后强化监管闭环体系相适配。

正是因为广东防范化解金融风险始终坚持全局观念、底线思维、前瞻意识、务实担当，广东金融系统才能不断根据国内外金融经济形势的发展变化，动态调整金融工作方针政策，精准服务经济发展需要，为抵御各种风险挑战、维护区域发展安全提供根本保障。无论是应对混乱的金融秩序、经历严峻的通货膨胀、面对复杂的金融创新，还是面对 1997 年亚洲金融危机、2008 年全球金融危机、2020 年全球新冠疫情影响，广东在实现经济长期快速发展的同时，均保持了金融系统的稳健运行。

三 始终坚持金融为实体经济服务的格局站位，确保发展路径正确

2019 年 2 月，习近平总书记在中共中央政治局第十三次集体学习时精辟指出："金融活，经济活；金融稳，经济稳。经济兴，金融兴；经济强，金融强。经济是肌体，金融是血脉，两者共生共荣。"① 这一论断揭示了金融发展的重要价值取向。金融活，意味着市场化水平高，金融资源配置能

① 《习近平在中共中央政治局第十三次集体学习时强调深化金融供给侧结构性改革 增强金融服务实体经济能力》，《人民日报》2019 年 2 月 24 日。

力强，金融服务实体经济效率高，则经济活；金融稳，意味着金融风险管理得当，服务实体经济发展的金融环境稳定、金融举措稳妥，则经济稳。党的十八大以来，广东金融发展之路，就是不断防范肃清内部风险、降低外部风险冲击、持续提升服务实体经济效率的过程。

（一）始终坚守金融的"人民性"，护航实体经济稳健运行

坚守金融工作的人民性，是人民至上思想的体现。广东始终坚持以人民利益为根本，坚持在实现产业升级、制造业当家和经济高质量发展中稳妥化解存量风险、精准防范增量风险，针对重点领域关键环节精准释放流动性，从"源头"护航实体经济健康可持续发展。一是面对疫情冲击，广东围绕"疫情要防住、经济要稳住、发展要安全"的要求，通过纾困贷款、降费让利，为受疫情严重影响的市场主体提供金融保障，为统筹推进疫情防控和经济社会发展，赢得先机。二是将维护金融投资者和消费者合法权益列入施策考量，坚持以法治化、市场化方式精准分类处置金融风险。截至 2022 年底，全省妥善化解 1.35 万件群众纠纷案件，结案金额近 20 亿元，最大限度地维护了最广大群众的根本利益。三是充分发挥企业、社区、各类社会组织和专业监管机构的"群专合力"，使群众成为防风险的重要参与者、治乱象的生力军。实践证明，10 年来广东人民群众合法金融权益得到更有效保护，与人民利益密切相关的农合机构化险改制、康美药业风险处置经验等得到国家肯定，实现了社会效益与经济效益的统一。

（二）始终坚守金融的"开放性"，实现"有守"与"有为"平衡统一

对金融体系而言，其运行效率在很大程度上取决于开放性和市场化（去管制化）的程度。而金融开放要求资本跨境流动、机构国际经营、人员自由流转并遵守国际规则，这在一定程度上进一步增强了金融的外部关联性和风险感染性。随着粤港澳大湾区经济交流的不断加深，三地之间的金融创新、金融交流愈加活跃，与境外资本市场的密切关系，使广东的金融业更容易遭受各类风险的威胁和冲击。面对疫情冲击下国际环境愈趋复杂、中美贸易争端加剧等不利因素，一方面，广东始终坚持在找准切入点、把握好节奏中有序稳步推进金融开放，秉承既要"跑得快"还要"走得稳"

的开放理念，合理安排开放顺序，对有利于保护消费者权益、有利于增强金融有序竞争、有利于防范金融风险的领域要加快推进，逐步推动大湾区国际金融枢纽建设和粤港澳金融合作进入新阶段。另一方面，广东坚持在高水平对外开放中以更加主动的姿态切实防范跨境金融风险，通过健全与港澳两地金融监管的协调合作机制，加强粤港澳反洗钱、反恐怖融资、反逃税监管合作和信息交流，构建与国际接轨、公开透明、稳定可预期的监管框架，切实维护经济金融安全和社会政治稳定。

四　始终坚持全链条金融风险管控与数字赋能，确保发展支撑有力

近年来，新一代信息技术的广泛应用，使数据安全、反垄断和金融基础设施稳健运行成为新的关注点。为此，广东在严守风险底线的前提下，在金融风险防控领域走出了一条与自身发展需要、科技能力、风险水平相匹配的数字化转型发展之路。一方面，始终坚持金融创新要根植实体经济。注重引导从业机构在服务实体经济和遵从审慎监管的前提下守正创新，在风险可控和范围可控的前提下探索开展应用试点，防止资本无序扩张，杜绝利用金融科技创新进行监管套利。另一方面，不断优化与金融创新保持动态平衡的监管体系。通过"顶层设计＋硬件监管＋柔性监督"，打造包容审慎的风险监管机制，为及时有效识别和化解金融风险提供精准支持。

（一）注重全链条风险管控，形成监管闭环

面对金融业态风险高、防控信息化不足、存在"信息孤岛"等难题，广东金融监管科技应用场景覆盖事前—事中—事后风险管控全链条，具体包含７＋４＋Ｎ类监管对象精准识别、及时有效开展非现场检查、风险预警与化解、协同监管闭环管理四个方面内容。广东通过构建线上线下一体化的数字监管体系，持续完善金融风险图谱，有效监测跨行业、跨市场、跨部门的金融创新活动，实现了对金融风险的"监测预警—处置反馈—持续监测"闭环管理，金融监管的穿透性、适应性和稳健性进一步增强，最终以监管机构（Ｇ端）、被监管机构（Ｂ端）、最终的价值受益者（Ｃ端客户）的有机互联，建立了具有广东特色的金融风险防控监管长效机制。

（二）坚持科技赋能场景应用，实现监管手段与时俱进

当前广东监管科技已经广泛应用于金融科技创新试点、反洗钱、关联交易、监管报送等场景，随着技术应用的日趋成熟，金融业务模式和消费模式将持续变化，量子计算、元宇宙、数字货币等新兴场景的不断涌现，使金融监管的规则愈加复杂①，只有与时俱进地发展监管科技，持续提升风险信息采集分析的实时性、准确性、全面性和可追溯性，才能为解决数字化时代下金融风险早期预警难、穿透识别难、防控覆盖难等问题提供有效支撑。近年来，广东积极应对新兴技术的深度应用带来的技术黑箱、算法共振、第三方依赖、责任主体模糊等新型风险隐患，进一步侧重规则数字化翻译、数据实时化采集、风险智能化分析、结果自动化处置等功能，着力提升宏观审慎监管和微观行为监管的科技应用水平，通过提升金融监管的现代化、综合化水平，真正实现对各类金融创新"看得懂、穿得透、控得住、管得好"。

---

① 《李东荣：积极发展监管科技 保障金融业高质量发展》，百度百家号"中国质量万里行"，2019年7月3日，https://baijiahao.baidu.com/s? id＝1638000793853103867&wfr＝spider&for＝pc。

第四章

广东防范化解金融风险的新形势与战略蕴含

党的十八大以来，"防风险"成为以习近平同志为核心的党中央反复提及的高频词，与"稳增长""促改革""调结构""惠民生"等重大经济社会发展议题相提并论，处于治国理政的重要位置。立足新发展阶段，防范化解重大风险仍是一个全新问题，基于新形势、新要求、新判断，广东防范化解金融风险要在进一步正确把握战略蕴含和施策重点，继续坚持党对金融工作的集中统一领导，始终正确处理好政府与市场的关系、稳增长与防风险的关系、精准拆弹与系统平衡的关系中，着力构建风险防范化解长效机制，坚决守住不发生系统性金融风险的底线。

第一节 正确把握新时代防范化解金融风险的新形势

中央经济工作会议提出，"防范化解重大风险"是"五方面重大理论和实践问题"之一，这深刻体现出党对风险问题发展大势的准确判断和敏锐洞察。立足新发展阶段，防范化解重大风险仍是一个新问题。这个"新"，既体现为发展阶段、条件、目标等发生的新变化，又表现为风险本身演进、传染、蔓延等呈现的新特征新趋势，还源自风险防范、化解、阻断、止损等面临的新要求和新的政策导向[①]。

[①] 《如何着力防范化解重大风险？经济日报重磅调研报告》，南方健康网，2022 年 8 月 24 日，http：//lingnjkw.cn/a/shangyequan/shangye/8557.html。

一 所谓"新",最直接的表现是经济社会发展的外部环境发生了新变化

从国际形势看,在世界百年未有之大变局加速演进的时代背景下,全球治理体系变革也处在新的历史转折点,世界经济进入高利率、高通胀、高债务和低增长的"三高一低"发展阶段,并集中呈现对抗博弈加剧、逆全球化思潮抬头、风险扩散加速等态势,进入新的动荡变革期。加之疫情影响,全球生产贸易和宏观经济治理再次进入未知领域,经济运行中的各种短期问题和长期因素交织叠加,主要发达经济体货币政策收紧的负面溢出效应日益凸显,这也使各国间的竞争,由经济领域延伸至金融、科技、文化、安全等多元领域,经济金融风险也逐步从隐性风险向显性风险过渡。

从中国自身发展看,经济发展面临的"需求收缩、供给冲击、预期转弱"的"三重压力",就是全球性变革和风险加剧在国内经济领域的投射。党的二十大报告指出,中国"经济结构性体制性矛盾突出,发展不平衡、不协调、不可持续,传统发展模式难以为继,一些深层次体制机制问题和利益固化藩篱日益显现"。当前无论是所处的发展阶段、发展动力,还是现实的发展趋势,都已发生深刻变化,中国已进入战略机遇和风险并存、不确定性因素错综复杂的风险易发多发期。从金融系统看,银行不良资产问题、保险机构经营风险问题、资本市场债券违约风险问题等交织累积,由此构成的"灰犀牛"和"黑天鹅"隐患,随时会威胁金融体系的持续稳定。

二 所谓"新",最大的变量是新一轮科技革命正以前所未有的深度和广度影响世界

以人工智能、量子信息、移动通信、大数据、云计算为代表的新一轮科技革命加速演进,以 ChatGPT 为代表的技术应用,将成为"要素资源重组、生产函数重塑、经济结构调整、竞争格局演变"的最大变量。就金融系统而言,金融科技引致了对金融监管规则的调整,金融业务模式、客户服务方式也面临前所未有的创新和变革。与此同时,新科技在金融领域的应用也带来了一系列的风险，主要表现在：算法使金融系统和决策变得复杂，在监管滞后和信息不对称的情况下，金融系统的交互性、容错性、稳健性和可扩展性等面临一定挑战，甚至会引发市场动荡；互联网平台风险变得突出，传统监管规则和评估标准难以适用，需要创新监管方式来加以应对。因此，面对科技革命带来的变革契机，有效防范金融科技形成的新风险是金融系统面临的重大现实问题，亟须以数据为生产要素、以科技为生产工具、以平台场景为生产方式，加快构建适应数字化转型的现代化风控体系，在增强科技服务实体经济能力的同时，避免被科技反噬。

三 所谓"新"，最现实的问题是重点领域金融风险的爬升趋势凸显

金融领域当前的一项重要工作，是密切关注重点领域的金融风险新趋向，并遏制和防范新的风险蔓延，特别是要聚焦新时期地方政府隐性债务风险、房地产市场风险、企业债务风险等领域的危机蔓延，切实做好风险防范。

一是地方政府隐性债务风险持续累积。从全国看，2020 年以来，为应对新冠疫情，地方政府债务有所扩张。相比之下，显性债务的风险尚且可控，而隐性债务的治理与防范还需深化。城投企业作为地方政府的重要融资平台，债务规模大，且即将迎来到期兑付高峰期。从全省看，作为全国首个隐性债务清零的省份，随着隐性债务的化解，广东省政府债务有所推高。2013 ~ 2022 年，广东地方政府债务规模迅速扩大。2022 年末，全省债务余额超过 2.6 万亿元，在全国排名第一。从地方政府债券来看，广东省地方债存量及新发行规模居全国第 1 位，其中 2023 年和 2026 年到期金额呈现小高峰，年到期规模均在 2000 亿元左右，需要密切留意。①

二是房地产市场风险依旧复杂严峻。从全国看，近年来，不少房地产企业通过投资、持股商业银行、保险机构、信托公司等路径，将金融板块作为业务延伸和转型的方向，进行"资本布局""抢占风口"。实体资本陆

---

① 中诚信国际：《走遍城投——广东：广东省地方政府及融资平台分析》，2022 年 9 月 9 日。

续涌入金融行业，由此引致一定规模的"热钱"投资效应。而伴随着经济结构的优化调整，房地产行业进入转型升级的特殊时期，特别是在"房住不炒"的定位下，以及家庭购房观念转变的时代背景下，房地产业又不可避免地出现了缩表、出清。这也使 2021 年下半年以来，中国个别头部房地产企业出现一定程度的债务违约风险，融资市场也相应出现了短期、过度的应激反应，"处置风险的风险"有所抬头。从广东全省看，广东房地产市场一直处于高位运行状态。2021 年，广东房地产行业违约债券数量快速增加、规模迅速扩大，境内、境外债券违约额分别占历史累计违约额的 87%和 96%，其中也不乏财务指标尚在合理区间的房企。2023 年，广东房地产企业（特别是省内大型民营房地产企业）自身的融资风险以及兑付风险、居民购房还本付息的违约风险、金融机构受到房地产行业冲击的风险仍然需要密切关注。

三是企业债务风险日益凸显。疫情后，一些大企业多元化扩张，过度依赖金融杠杆；部分中小企业借助较宽松的融资环境渡过了难关，避免了被市场淘汰，却掩盖了自身存在的一些经营短板问题，甚至错过了转型机会。当外部环境发生变化时，这些企业再次面临经济下行压力，从而不可避免地会出现偿债问题。从企业债券来看，疫情期间的特殊金融救助政策助力广东企业复工复产成效显著；但随着疫情形势好转，金融政策逐步回归常态，逆周期融资后广东企业债券陆续迎来兑付高峰，兑付风险亦在持续累积中。

四　所谓"新"，最显著的特征是开放型经济为风险防范带来新挑战

一是风险问题成为维护全球经济可持续发展的重要考量。随着地缘政治问题对全球经济的外溢影响进一步增大，金融领域"点上风险系统化""局部危机全球化"的态势也越发明显，这也使外部输入型风险成为经济全球化趋势下的重要风险点之一。主要发达经济体快速加息的紧缩政策具有滞后性和累积效应，对全球经济增长的拖累可能超出预期。美国流动性收

紧加剧金融市场的调整，带动资产价格大幅波动，部分财务状况较差的市场主体面临冲击。2023 年 3 月，美国第 16 大商业银行——硅谷银行因资不抵债被金融监管部门关闭。硅谷银行的破产，揭露了激进加息下银行资产负债的严重错配问题，在多重风险因素相互交织下，更多"灰犀牛"和"黑天鹅"事件可能随时发生，防止外部冲击、市场波动传染，坚决守住不发生系统性金融风险底线，成为维护国家安全和发展利益的重中之重。

二是跨境资本流动风险依然严峻。在共建"一带一路"倡议背景下，以沪港通、深港通、债券通、沪伦通等为代表的互联互通创新机制，持续提升了金融市场的对外开放能级。一揽子政策利好，也进一步带动了跨境资本流动的"繁荣"。就广东而言，伴随经济贸易开放度的提高，粤港澳三地跨境资金大进大出的势头也有所增强。根据历史经验，在人民币贬值预期较强时期，企业往往利用贸易渠道，通过低报出口、高报进口，实现资本外逃。根据估算，截至 2022 年底，广东"资本外逃"规模累计已达 0.39 万亿美元。虽然对比全国的"资本外逃"规模，广东目前风险仍总体可控，但仍需持续关注跨境资本流动问题。

三是金融开放对跨境监管合作提出更高要求。当前在境外证券市场上市融资成为国内企业"走出去"的重要渠道，但伴随各国金融市场监管政策的日益严格，合规合法成为各地金融机构保护客户利益和稳定金融市场发展的前提。因此，强化与境外监管当局的对接，通过有效降低投资者在境内外市场运作的交易成本，更好地便利机构与企业高效利用"两个市场、两种资源"，成为监管机构和其他相关部门面临的一项迫切任务。

第二节　广东防范化解金融风险的战略蕴含

党的十九大将"防范化解重大风险"作为三大攻坚战之一，通过出台一系列务实举措有力维护了经济大局稳定，守住了不发生系统性金融风险的底线。但伴随着国内外经济形势的复杂多变，在风险易发、高发期精准预判风险苗头、把握危机走向，成为维护经济发展安全的重中之重。对于广东而言，做好金融风险防控工作，必须从防范化解重大风险的忧患意识出发，在风险处置上既要增强预判风险的本领，也要善于从经验教训中总结应对之策，提高防范化解风险的水平。广东防范化解金融风险的战略蕴含主要体现为，继续坚持党对金融工作的集中统一领导，始终正确处理好政府与市场的关系、稳增长与防风险的关系、"精准拆弹"与"系统平衡"的关系，着力构建风险防范化解长效机制，坚决守住不发生系统性金融风险的底线。

一 坚持党对金融工作的集中统一领导

金融事业关系经济发展与国家安全，影响人民安居乐业与共同富裕，历史和实践证明，党的领导是做好金融工作的最大政治优势。在党对金融工作的集中统一领导下，中国金融业形成了"定期研究金融发展战略—审时度势分析金融形势—动态调整优化金融方针政策"的闭环工作机制，有效地提高了科学决策水平。当前，中国已正式进入"战略机遇和风险挑战并存"的发展时期，新形势下防范化解金融风险工作的关键，仍是将党的领导融入构建全面风险管理体系的全过程中，夯实"党管风险"的责任体系和工作机制，确保金融改革发展方向正确，统筹发展与安全问题。

（一）统筹谋划、科学部署风险防控举措

在现有的制度框架内，要从经济金融工作全局出发开展全面风险排查和治理，对风险隐患逐项制定应对措施与预案，特别是针对系统性重要机构的股权转让、资金救助、资产保全追收等重要事项，要从政治高度集体研究，提高重大决策的科学性以及风险管理的整体性、有效性，为化解重大风险创造良好制度环境。同时，要同步部署风险机构整治与党建工作整顿，探索中小银行保险机构建立临时党支部、"支部建在项目上"等工作法，将管党治党覆盖到监管最前沿，种好风险防范"责任田"。

（二）优化完善央地协同监管机制

一是要压实地方属地责任。在省委省政府的协调领导下，相关金融管理部门的派出机构要积极发挥专业优势和履行行业管理职责，围绕干部管理、国有股权监管、审计监察和司法管辖，建立重大风险处置机制，积极推动实施改革重组，并从资金、税收上予以支持，在资产清收上依法予以援助，共同维护地方金融稳定。二是要健全央地协同的金融风险重大事项、突发事件及时沟通交流工作机制，加快形成金融综合治理的强大合力。如适度延伸建立地级以上市的金融管理协同机制；在更大范围推广资金账户异动监控预警模型，防范非法集资风险；监管部门依法履行监管监督责任，督促高风险金融机构调整负债结构，压实大股东和高管的自救责任。与此同时，还要依法查处和追究重点机构违法违规行为及相关责任人，以更好地服务金融、经济发展大局。

（三）打造忠诚干净担当的监管铁军

一是要加强对金融机构一把手、高管、主要股东的资质审核和行为监管，强化对关键岗位、重要人员的监督；通过建设一支政治过硬、作风优良、业务精通、德才兼备的高素质金融人才队伍，不断夯实广东金融健康发展的微观基础。二是继续加大监管部门的党风廉政建设，及时查处风险乱象背后的监管腐败问题，以坚决纠正"宽松软"为目标，对权力监督制度和执纪执法体系进行系统优化，将惩治金融领域腐败和处置金融风险同频部署、同步推进。

二　准确把握好政府与市场的关系

金融稳定并非一家之事，需要市场主导、社会监督、多方协同配合。对广东而言，把握好政府和市场关系，就是要充分用好"市场之手"，坚持市场导向，发挥市场在金融资源配置中的决定性作用，以完善市场约束机制，进一步提高金融资源配置效率；同时要用好"政府之手"，优化激励约束机制，统筹监管制度的建立健全与政策出台的审时度势，实现协同共治、形成合力。

（一）依照市场化原则开展风险防控工作

近年来，广东省防范化解金融风险效果显著，通过高效处置高风险金融企业，切实降低个别行业风险，有效抑制增量风险，逐步化解存量风险，金融风险整体逐年降低。但在此过程中,市场化的风险处置水平依旧不高,金融机构的"行政依赖强"等问题仍有待解决。因此,进一步提升金融风险防控水平,关键还是要按照市场化原则开展金融风险防控工作,通过强化市场主体风险意识、充分激活市场资源配置功能,以市场自救适度代替行政干预,确保金融市场主体审慎经营、合规管理。一是强化市场主体风险意识。金融机构及其股东作为市场主体,应承担起自主经营、自负盈亏的主体责任。因此,要进一步引导金融机构面对风险积极主动开展"自救",通过及时补充资本、稳定资金来源、控制资产扩张、梳理处置可变现资产、增加头寸等措施压实责任、承担损失。二是健全激励约束机制,减少对金融机构经营活动的行政干预。适度扩大市场化救济的主体范围,将金融资产管理公司等主体纳入考量范畴。推动资不抵债的机构有序市场化退出,通过股权清零、大额债权打折承担损失,降低对政府"他救"的依赖性。最终通过市场化手段,倒逼金融市场主体改善自身经营状况,促进金融和经济的良性循环与健康发展。

(二)强化政府监管,规范引导各类资本健康发展

一是营造对各类金融市场主体一视同仁的市场环境,即无论是国企还是民企,股东要求、资金管理、治理结构、内控制度等都应统一监管规制和适用标准;同时要强化与纪检监察、司法、审计等部门协作,加强对非法金融活动的认定和处置,保护金融消费者权益。二是加大对不同形态金融资本的精准监管,引导金融服务实体经济形成合力。在金融改革的进程中,国有金融资本需要借助市场化进程来逐步释放不断积累的金融压力和金融风险;而在金融市场化改革进程中,国有金融资本也始终与市场化相辅相成、互为条件。因此,要通过设立"红绿灯"提升资本治理效能,规范和引导各类资本激发活力、有序竞争、良性互动、健康发展。一方面,要做好四类国有金融机构的差异化管理,从"管金融资产"转为"管金融资本",发挥国有金融资本在维护金融安全、托底社会保障中的"中流砥柱"作用,释放国有金融资本活力。另一方面,要坚持对国有金融资本政策性业务之外的领域,秉持"商业可持续、普惠可供给、民众可获得"的

三原则，以市场为驱动，持续优化金融资源配置、降低其市场准入门槛，不断激发集体资本、民营资本、外国资本、混合资本等非公有资本的发展活力。通过正确处理不同属性资本之间的关系，规范和引导各类资本既"百花齐放"又有序运行，让金融体系更好地回归服务实体经济的本源。

三　正确处理好稳增长和防风险的关系

发展和安全是辩证统一的，安全是发展的前提，发展就是最大的安全。根据国内外金融发展的历史经验，只有在经济社会发展的动态中，平衡好稳增长与防风险的关系，才能从根本上规避金融风险、维护金融安全、确保经济持续向好平稳运行。因此，广东防范化解金融风险工作也必须坚持在推动高质量发展中推进。

（一）　精准服务实体经济，夯实防范化解金融风险的经济基础

对广东而言，金融服务实体经济的关键，就是要坚持金融与经济共生共荣的理念，进一步增强经济大省勇挑大梁的金融担当，为制造业当家、科技创新强省建设、高质量发展战略部署等提供强有力的金融要素保障。一是加大对重点领域、薄弱环节的支持力度。继续做好"六稳""六保"工作，尤其要进一步优化对民营和小微企业的金融服务，在促进信贷、债券、股权融资方面"三箭发力"，围绕稳重点、稳政策、稳工具等靠前发力，降低融资成本。二是全面提高金融服务制造业当家和科技创新强省建设的能力水平。注重处理好规模与结构的关系，提升制造型、科技型、生态型、数字型、链条型产业贷款的占比；统一围绕产业链、创新链细化配套金融服务，利用多层次资本市场培育更多创新型企业，形成"金融—科技—产业"高质量循环，推动经济进一步回稳向上。三是加强对"百县千镇万村高质量发展工程"和绿美广东生态建设的综合金融保障。深度关注政策资本、金融资本和社会资本的"三农"协同问题以及乡村振兴过程中形成的大量政府债务问题，围绕广东"三农"的"基础性需求"和"发展性需求"，构建金融服务机构的竞争格局，农商行和农信社、政策性银行、商业银行、担保公司和产权交易市场要立足各自职能定位，进一步厘清政府、

金融机构、企业、村集体的乡村振兴资金投入责任，拓展多元化金融服务，鼓励金融产品精准创新，拓宽可贷资金渠道，降低城乡资金流动成本。

（二）推进"防风险"与"促发展"协同共进、有机统一

一是必须防止违背市场规律、违背金融稳健运行要求的"违增长"，避免增加新的风险源、风险点。在经济高质量发展的进程中，既不能一味追求经济增长，也不能以"发展停滞"为代价瞻前顾后解决风险问题，错失发展良机。因此，要用发展的眼光研判风险，把化解金融风险融入经济高质量发展的整体布局，既要对新形势下的新型金融风险早发现、早预警、早介入、早处置，也要对长期积累的风险深入排查、精准拆弹，避免只注重发展速度而无视金融风险集聚的"鸵鸟效应"，切实防止地方财政风险、行业风险、区域经济风险向金融风险转化，用高质量发展化解系统性金融风险。二是根据各地实际情况，差异化推进"防风险"与"促发展"协同共进。要处理好"稳"与"进"的辩证关系，通过提高"防风险"与"促发展"政策的融合程度，建立两者的有机统一和互动反馈机制，发挥政策合力。在金融风险形势严峻的地区和部门，要进一步凸显问题导向，针对风险隐藏或者"变形"应注重"防风险"政策的执行监督与考核，尤其要关注财政风险、金融风险和经济风险的交织共存与相互影响，靶向施策精准高效解决好存量风险问题；在金融风险状况较好的地区，要主动关注风险变形动态，强调"促发展"政策的执行监督与考核，并从整体把握风险的复杂性，提高对风险的综合治理能力。三是处理好市场约束与金融稳定之间的关系，进一步强化市场约束"优胜劣汰"的作用，形成金融机构准入和退出的常态化机制。在准入机制方面，既不能卡得太死，胆子太小，造成金融垄断，影响金融创新，也不能门槛太低，导致金融机构"一哄而上"，影响金融稳定。在市场退出方面，要尊重市场规律，加快建立问题金融机构市场化退出机制，促进金融市场资源的高效配置和金融生态环境内的良性循环，有效防控金融风险。

四 妥善应对"精准拆弹"和"系统平衡"的关系

防范化解重大风险是一个动态过程，也是一个不断谋求再平衡的过程，

要"分类施策、精准拆弹",有序处置重点领域突出风险,实现稳增长和防风险长期均衡;同时,要"系统平衡、统筹协调",将防范化解重大风险作为系统性工程来抓,进一步增强风险处置的规律性认识、全局性认识,实现防范化解举措的"时、效、度"三统一。

（一）以"精准拆弹"适度有序推进风险出清

习近平总书记深刻指出,"对可能发生的各种风险挑战,要做到心中有数、分类施策、精准拆弹,有效掌控局势、化解危机"[①]。2022 年,中央经济工作会议也进一步明确,要继续按照"稳定大局、统筹协调、分类施策、精准拆弹"的方针,抓好风险处置工作。其中,"精准拆弹"就是要使处置风险的每一步都踩在点子上、抓到要害处,对各类存在非法经营问题的资本系、高风险金融机构等威胁金融稳定的安全隐患"定点爆破",将波及面和破坏力降到最小,绝不让风险传染蔓延。对广东而言,就是通过压实地方金融监管部门、行业主管部门及企业责任,高度关注"影子银行"的新形式新变种、不良资产反弹、互联网金融平台风险等新情况,在分类施策中精准拆弹。对于短期化解会有阵痛但不会对全局伤筋动骨的,要牢牢把握防范化解风险的主动权,果断出手;对可能持续存在的潜在风险,要妥善应对各种不确定因素的交织冲击,综合平衡金融微观主体活力和金融体系效率之间的关系,"慢撒气、软着陆",合理地进行风险分散和稳妥处置;对于体制机制方面存在的问题,要健全金融领域法律法规和金融风险预防、预警、处置、问责制度体系,完善事前、事中、事后全面协调联动的动态监管体系,通过补齐监管短板及时扫清风险因素,维护广东经济金融秩序和社会的和谐稳定。

（二）以"系统平衡"统筹把握好风险处置的力度与节奏

当前金融防风险的侧重点,正在从处置点状风险转为维护经济金融稳定大局。这就要求在去杠杆、防风险的同时,根据风险释放的实际情况,

---

适时适度调整金融监管节奏和力度，实现"强化监管"与"风险释放"的动态平衡。一是要妥善处理好长效监管与风险演化的关系。风险的累积是一个缓慢而渐进的过程，因此，面对经济下行压力要综合考虑和妥善应对各种不确定条件和外部因素，在时刻关注市场动向的同时，做好市场预期管理，增强预判，提前做好应对预案。特别是要在完善风险预警预判机制上下功夫，发现苗头果断出手，避免单一风险演化为系统性风险，稳稳托住可能引发系统性风险的"第一张多米诺骨牌"。二是要统筹处理好"堵"与"疏"的关系。树立监管中长期目标的关键，是要谨慎拿捏好"管"的力度和节奏，通过统筹各层级政策、协调多维度举措，根据实际把握好监管的"度"，控制好风险处置波及的范围，处理好金融风险"堵"与"疏"之间的关系，持续将金融体系的流动性高效、精准地疏导进实体经济。三是要系统处理好严监管与金融创新的关系，即采取差异化的监管方式，避免由于"一刀切"而遏制了金融的创新。具体来看，要严厉制裁以金融创新为名掩盖金融风险、规避金融监管、从事非法套利等违规行为，保护金融消费者权益，确保金融市场健康安全发展。但也要谨防监管过度，对当前暂时难以准确定位的金融创新，要加强研究、密切关注，做好预判、预案，营造守正、安全、普惠、开放的金融科技创新发展环境。

第三节　广东防范化解金融风险的重点领域与突破路径

广东防范化解金融风险的重点，就是要围绕精准防控，持续化解重点领域风险，牢牢守住不发生系统性金融风险的底线；围绕制度支撑，健全和完善金融风险的防范、预警和处置机制；围绕监管能力提升，强化金融风险智能化防控和处置应对，完善现代金融监管体系。

一　做好重点领域风险监管，牢牢守住风险底线

（一）积极防范化解地方政府债务风险

在中央层面坚决约束政府债务、严管隐性债务的背景下，面对"十四

五"期间化解地方政府债务风险的新形势、新要求,广东应重点关注政府债务风险的连锁传导问题、债务的区域性和结构性不平衡问题、或有债务风险化解路径的拓展问题等,在合理控制政府性投资及其规模的基础上,充分考虑地方政府举债空间、偿债能力、项目储备、资金配置效能等,在对省内各地政府或有债务、隐性债务进行系统识别的基础上,建立覆盖事前事中事后全链条的债务风险防范长效机制,通过分类处置债务风险、进一步优化债务期限结构、展期置换等路径,持续健全市场化、法治化的债务违约处置机制,提升或有债务、隐性债务等债务的监管能级。

(二) 稳妥处置高风险金融机构与企业债务风险

一是强化区域重要性金融机构监管。根据国家对区域重要性金融机构的监管规定,充分考虑金融机构补充资本压力和信贷合理扩张需求,做好地方法人金融机构、上市公司、金融科技公司等区域重要性金融机构的风险评估与识别、监测和特别处置机制,围绕附加资本、杠杆率、大额风险暴露、公司治理、恢复和处置计划、信息披露和数据报送等方面,严格监管要求,确保其一旦发生重大风险,关键业务和服务不中断、风险处理安全快速及时,有效保障与防范"大而不能倒"风险。二是积极关注与多渠道化解企业债务风险。进一步强化企业主体责任和自我约束,引导其稳健经营和科学管理,切实将"债务风险防控与建立现代企业制度、优化企业治理结构等有机结合",严控负债规模和杠杆水平,坚决防止脱离实际一味追求高速、贪大求全、过度负债、冒进经营,力争使高负债企业资产负债率尽快回归合理水平、保持在同行业同规模企业的平均水平。

(三) 前瞻性防范化解跨境资本流动风险

受益于资本账户尚未完全开放,国际金融风险向中国传导的渠道相对有限。但随着粤港澳三地资本项目的有序开放,跨境资金流转效率日益提升,跨境资本双向波动日益频繁,广东要重点关注和预防"资本外逃"以及灰色渠道资金通过资产价格渠道、资产负债关联等引发的跨境资本异动问题,防止引发外部敞口增大的系统性风险。一是加强跨境资本流动监测。建立多部门共同参与的全口径跨境资金流动监测预警协调机制,着重对股市、债市、汇市跨境资金流动的规模、方式和频率进行及时评估和差异化管理，阻断跨市场、跨区域、跨境风险传染，防范金融市场异常波动和共振。二是提升粤港澳三地跨境金融监管的协同性。广东应继续密切跟踪全球经济金融形势变化，加强对欧美货币政策走向和跨境资金流动的研判，督促各类金融机构及其境外分支机构加强合规和风险管控工作。在此基础上，加强粤港澳三地联合监管机制，研究建立跨境金融监管沙盒，做好交叉点管控，消除监管盲区和政策套利空间，实现前瞻性、无缝隙、多维度风险监测和防控。三是建立与金融开放进程相适应的跨境洗钱监管机制。金融机构要持续全面落实客户尽职调查要求，建立洗钱风险自我评估框架，并利用大数据、人工智能等科技手段加大对可疑资金来源及流转路径的实时监控。监管部门要完善跨境可疑交易的认定标准，加强对可疑资金交易规模、交易频率、来源与去向的跟踪调查，防止非法洗钱资金的频繁跨境流动，并通过加强与公安、税务、海关等其他行政执法部门的信息共享，加快构建全方位、多层次的反洗钱监管体系。

（四）稳步推进互联网平台金融风险处置

由于互联网平台金融既有传统金融的风险特征，又兼具互联网风险的特质属性，所以蕴含着一定系统性金融风险。从战略导向看，广东要从营造有序环境、促进行业健康发展以及全面提升跨界合作三个维度，做好互联网平台金融风险的防范化解工作。一是加大对平台经济的监管力度。针对平台经济，要在严格准入管理的同时坚持分类治理，同步推进事前监管的"防火墙"和事后惩治的"纠错器"建设，采取针对性处置措施，防止派生新的金融风险。要强化资金监测，集中统一管理互联网金融从业机构的资金账户和跨行清算业务，实时监测互联网平台企业的资金账户、股东身份、资金运用等日常情况。在此基础上，继续强化对平台企业政策辅导，支持平台企业在审慎监管前提下守正创新，可借助举报奖惩与黑名单制度，推进失信、投诉和举报信息共享，优化营商环境，维护公众利益和公平竞争的市场秩序。二是营造有序的互联网金融环境。对大型网络交易平台、直播带货平台滥用市场支配地位、强迫"二选一"、烧钱抢占"社区团购"

市场、实施"大数据杀熟"、漠视"假冒伪劣"、"信息泄露"、"消费欺诈"、"虚假宣传"、"网络传销"等问题必须严肃监管与整治,从事前、事中、事后三个维度加强互联网金融消费者权益保护,营造更加公平、有序的金融市场环境。同时,发挥行业协会的自律监管职能,提升互联网金融平台的自律意识,引导其规范经营,实现金融产品提供方、互联网平台与在线客群之间的良性互动。三是重点关注新型非法集资,规范私募基金发展。广东要进一步深化源头治理、系统治理、依法治理,严打金融领域"无照驾驶"行为。通过"打击四个重点"即"非法金融""代理投诉黑产""恶意逃废债""保险欺诈",大力整治非法金融活动,形成市场长效震慑力。同时,要严厉打击和防控内幕交易、非法证券、非法保险、非法期货等非法金融活动,加强对涉嫌非法集资的互联网信息和网站、移动应用程序等互联网应用的监测。在此基础上,常态化运用各类媒介或者载体,以法律政策解读、典型案例剖析、投资风险教育等方式,向社会公众宣传非法集资的违法性、危害性及其表现形式,增强社会公众对非法集资的防范意识和识别能力。

二 做好制度支撑,健全风险防范长效机制

(一) 精准建立"四位一体"监管制度

建议省政府牵头,对各类地方金融机构(组织)监管办法实施细则开展新一轮修订与完善。特别是聚焦市场准入管理,完善非现场监管系统,打击以金融创新为名掩盖金融风险、规避监管和进行制度套利的金融违规行为等方面,不断提升智能监管能级,健全分类评级、分类监管制度,建立健全行政执法、行业自律、舆论监督和群众参与的"四位一体"监管制度,筑牢制度防火墙。同时,要进一步提高市、县两级地方金融监管能力和水平。

(二) 持续加强金融法治建设

一是深入推进金融知识普及和消费者教育工作,引导金融机构建立健全金融消费权益保护机制。构建线上线下一体化的金融宣传网络机制,围

绕"3·15金融消费者权益日""金融知识普及月"等集中性金融知识普及活动，持续做好社会大众的日常金融知识宣传工作。关注"一老一少"重点人群，推进金融知识教育，培养财商素养。以社会大众喜闻乐见的方式在全社会营造学金融、用金融、懂金融的良好氛围。同时，重点围绕非法集资、网络传销、洗钱、操纵证券、假币等社会公众关注度高、影响力大的金融犯罪，通过剖析典型案例、讲授防骗知识，在全社会树立理性投资理念，增强群众对各类金融犯罪的防范意识。

二是稳步推进金融纠纷多元化解决机制和现代化诉讼服务体系建设，探索建立粤港澳大湾区金融纠纷调解合作机制。贯彻落实《粤澳地区金融纠纷调解合作框架协议》以及广东、香港、澳门、深圳四地《粤港澳深地区保险纠纷调解工作合作备忘录》等纠纷解决合作共识。深化监管部门与法院、仲裁机构、金融机构的合作机制，建立银行、保险等领域的纠纷调解工作联席会议制度，定期交流化解金融消费纠纷的制度及政策。同时研究建立联合调解工作机制，推动调解员资格的相互认可，建立粤澳金融消费纠纷调解员数据库。约定粤澳金融消费者在两地购买金融产品或接受金融服务发生纠纷时，可按照双方当事人统一意愿，选择粤澳地区的调解员和调解依据、规则、程序进行调解。此外，要建立四地纠纷投诉调解一体化在线服务平台，为金融消费者提供跨境线上服务，促进金融纠纷一站式化解。

（三）挖掘内需潜力抵御金融风险挑战

以内需为主导挖掘经济潜力，增强经济发展韧性，拓展经济回旋空间，是在当前国际形势充满不确定性的背景下，有效应对风险冲击的重要路径。广东经济规模大、门类体系齐全、配套生产能力强，因此有能力也有条件通过持续释放内需潜力，为各类产品和服务提供"消化时间"和"循环空间"，并在此过程中形成"产品创新—产业升级—技术迭代"逻辑闭环。这不仅是在短期内有效应对金融风险和外部冲击的有力支撑，更是将市场资源优势转化为内涵式增长优势，在任何风险挑战面前都牢牢把握发展的主动权的必由之路。因此，以内需为主导挖掘经济潜力，"做好自己的事情"，是抵御一切可以预料和难以预料的风险挑战、防范化解重大风险的根本举措。

三　强化科技赋能，为经济高质量发展保驾护航

提升金融风险监测防控能力的关键，是充分利用大数据、区块链等技术，勾勒出跨行业、跨市场、跨部门金融创新活动的"风险图谱"，提升金融风险早发现、早预警、早处置能力和交叉金融风险判断能力，落实风险线索闭环管理机制，切实维护广东金融秩序和经济社会的和谐稳定。

（一）进一步创新搭建闭环监管平台

继续通过区块链、人工智能、大数据、互联网等金融科技手段，升级建设广东省地方金融风险防控平台，并将其下沉到市县，整合互联网舆情信息、政府行政资源数据、银行资金数据，结合地方金融风险特征，将各类地方金融组织纳入日常监测，针对风险行为特征建立风险主动识别模型，通过大数据收集、深度研判、案例剖析、同案对比等方法不断迭代升级，提升"监测预警—处置反馈—持续监测"闭环管理效果。

（二）分类排查强化行业监管

进一步拓展广州私募基金"瞭望塔"平台系统应用范围，加强对股票配资、退保黑产、助贷、投资公司、私募基金、商业保理、融资租赁等重点领域的专项排查，开展重点行业领域专项整治，通过对以"虚拟货币""拼团返利""带货教学"等为名的新型非法金融活动的精密监测，限制有关风险的分散蔓延，有效防范和化解风险隐患。

（三）精准研判服务科学决策

进一步加大"金融监管科技联合实验室""金融科技风控实验室""非法金融活动联合实验室"等建设力度，借助高校、国家金融监管部门、公安机关等智力资源，推动数据融合共享，深入研究地方金融各业态特征，提高地方金融风险精准识别能力，形成行业调查分析、舆情分析和企业专项风险排查等"高清眼"报告，进一步加大对扰乱金融市场秩序的非法金融活动的精准打击。

第五章
地方政府债务风险防范与应对

　　债务风险与金融风险息息相关，其最直接的表现就是政府债务存在于金融部门的资产负债表中。特别是地方政府隐性债务，其资金也主要来源于金融部门，导致金融风险与债务风险交织，尤其是在信息技术和互联网技术的支持下，财政金融风险更具隐蔽性、突发性和传染性。债务风险及其化解问题研究对于让现实的不确定性中蕴含着一个确定性的未来，具有非常重要的作用和意义。受疫情超预期冲击和楼市低迷等多重因素影响，地方财政收支两端持续承压，地方偿债压力增大，潜在的地方财政金融风险不容忽视。正确认识和妥善化解地方政府债务风险，也是党中央、国务院做出的重大决策部署，更是防范化解重大风险的重要内容，以及"统筹发展与安全"的战略所向。

　　近年来，广东按照党中央、国务院关于加强地方政府债务管理的决策部署，逐步推进政府债务风险防范制度的完善和机制建设，以此全面规范地方政府融资行为，实现政府支出效益不断提升与控制政府债务双重目标。2021年10月9日，广东省在全国率先启动无隐性债务试点工作。2022年1月20日，广东省政府工作报告宣布率先实现"清零"目标，并提出财政领域风险防控的方向，仍旧是突出财政风险防控的"稳"。虽然广东省防范化解政府债务风险，特别是隐性债务风险为全国其他地区债务清零提供了有益的探索，但在"稳增长"政策导向下扩大有效投资、对冲疫情等突发事件风险的同时，合理适度控制债务规模、不突破新增隐性债务"红线"、谨防"处置风险的风险"仍然任重道远。

第一节 地方政府债务与金融风险关联的理论逻辑

从理论上来说，政府的债务应该保持在适当的限度之内，例如《马斯特里赫特条约》规定债务率上限标准为 60%。然而，在现实中，受政府干预理论的影响，各国财政支出占 GDP 的比重不断提升，人们往往更倾向于利用对未来的预期设置债务的规模和限度，而预期本身就有很强的不确定性，所以公共债务通常具有较高的不确定性。当前，实体经济中的高债务（包括政府债务）与金融系统的高风险并存，已经成为金融监管和经济高质量发展需要解决的重大问题。金融体系的本质是整个经济体系中金融资源配置的中介部门，不管何种实体经济负债，包括政府负债，实际上最终都会通过金融市场转化成金融体系信用的扩张。实体经济的过度举债会通过各种形式反映在金融体系中，尽管有时这种风险是隐性的。故而中国包括政府在内的实体经济的债务问题已经成为中国金融体系脆弱性的本源（周小川，2017）。通俗来讲，当政府部门举债过高时，特别是存在隐性债务和或有债务时，财政收支压力较大，由于其实际反映在金融部门收支账目中，所以财政风险金融化的可能性或将因此而增大。当前，中国部分地区的地方政府债务的规范性仍有待进一步提升，特别是地方政府的隐性债务问题。实际上，无论是显性债务还是隐性债务，其债权人都大多是银行，所以债务风险与金融风险是息息相关的。

一 债务风险与金融风险关联的理论假说

（一） 金融不稳定性理论

在经济学理论中，对危机产生的源泉的分析向来是众说纷纭、莫衷一是。海曼·明斯基在对金融危机的分析理论中提出"金融不稳定假说"，开创了对金融脆弱性问题的研究先河。海曼·明斯基认为，金融体系本身具有内在的、天然的不稳定性，这种不稳定性来源于经济波动带来的实际和预期落差。具体来说，人们之所以融资是由于对利润的预期，未来的利润也恰好是融资的偿还保障，但是当未来实际利润低于预期利润的时候，会产生融资压力和风险，可能会带来投资资产的抛售，引起债务的通货紧缩，恶化投资者的财务状况，情况严重时就会产生金融危机。其反对凯恩斯主义经济学家主张的政府干预经济，他认为政府干预可能会暂时抑制不稳定性，但之后也可能带来潜在的、更严重的危机。

海曼·明斯基的理论主要从市场债务角度分析了债务与金融之间的相关性，实际上政府债务也有同样的逻辑。政府举债终须偿还，未来的经济增长带来的财政收入的提升是偿还的根本保证，但当未来实际增长速度低于预期的时候就会带来债务的偿还风险问题。为了防止这一问题产生，各国都对债务规模有不同程度的约束，例如《马斯特里赫特条约》规定的60%上限标准被大多数国家作为参考。然而，根据前文的分析可知，显性债务能够被清晰统计，隐性债务、或有债务等形式的债务都很难被有效统计，特别是地方政府的隐性债务隐蔽性强、或有债务不确定性强，若是显性债务已接近了"明斯基"时刻，隐性债务和或有债务或将成为"压死骆驼的最后一根稻草"。

（二）债务通货紧缩理论

费雪（2014）在其著作《繁荣与萧条》中，提出债务通货紧缩理论，以及过度负债会导致经济萧条和金融危机的观点。在此研究基础上，又进一步在《大萧条的债务通货紧缩理论》中系统分析了过度负债带来通货紧缩的基本原理和逻辑链条（Fisher，1933）。其认为经济的发展和繁荣，会导致过度负债，此时债务人和债权人考虑到债务安全问题，通常会进行债务清偿，债务清偿会导致资产廉价出售，引起存款货币的收缩和货币流通速度的下降，进而导致价格水平的降低和利润的下降，企业会因此减少产出和劳动需求，引发信心的丧失，暴露金融风险。

费雪对于债务和金融风险之间逻辑关系的分析，可以总结为：新技术的发明或乐观的预期—产出增长—投资增加—债务扩张—收益增加—过度负债—价格上涨、负向冲击、信贷收紧—投资减少—经济下滑—收益减少、债务实际价值增加—持续的不健康循环导致通货紧缩—金融风险凸显。虽然表面看这一逻辑并不适用于政府债务，因为在经济繁荣时期，政府过度举债的可能性并不高，但若存在违规举债而导致债务惯性增长，特别是地方政府为了尽快消除这一问题，也可能会因举借新债还旧债或以其他隐性方式举债等形成过量债务，进而产生费雪提出的恶性循环，导致债务通货紧缩和金融系统风险。

（三）金融加速器理论

诺贝尔经济学奖获得者伯南克在经济学理论研究中，有两个主要的贡献：一是对于萧条经济史的研究，特别是较为全面地研究了1929～1933年大萧条的经济史；二是探讨并形成了"金融加速器"理论。这二者看似并无直接关联，但实际上，正是由于对大萧条的深入分析，伯南克才看到了金融因素在整个经济发展中的地位和作用，从而才形成了"金融加速器"理论。伯南克等在《金融加速器与安全投资转移》中充分讨论了这一理论中的核心思想，即金融可以放大和强化经济的各种冲击，并构建了 BGG 模型（Bernanke et al. , 1996）。

根据伯南克等人的理论可知，在经济运行下行阶段，去杠杆的政策容易使企业的资金链断裂进而带来风险，单个企业逐渐波及相关企业，甚至可能会发生大量的企业倒闭和失业问题。财政需要对此有所作为，必然会增加政府债务，但逆向选择、道德风险等问题在政府举债问题上同样存在，银行考虑到风险问题也会减少包括政府在内的所有借债主体的信贷供给，政府因此可能会增加诸如国有土地使用权等抵押物，加重对土地的依赖，形成土地财政。

（四）关联逻辑：无限期债务理论

债务风险与金融系统的风险是息息相关的，金融系统的风险防范和债务问题的解决具有内在的统一性。不管是政府债务还是私人和企业债务，去杠杆的根本都在于提效，即要不断提高债务资金的使用效果和产出水平，否则债务只会累积或转换成其他形式，而不会消失。债务风险爆发，很可能会倒灌金融体系，仅仅从金融系统本身出发，并不能有效实现去杠杆和防风险的最终目的。特别是政府债务周期长，且政府可以通过举借新债还旧债的方式继续延长债务周期，由此会带来金融风险的持续累积。因此，本书认为，是否存在无限期债务是债务风险与金融风险有无交织的关键。如果存在无限期债务，那么债务本身就可以通过无限期的借新还旧的方式来解决自身偿还问题，债务就不存在偿还风险问题，自然也不会向金融风险转化。但是，如果无限期债务不存在，那么债务终要偿还，特别是借新还旧不断累积可能会产生更大的债务规模，而这种债务同样大多表现在金融部门的资产负债表中，就有了债务风险向金融风险转化的可能。

那么，是否存在无限期债务？对于无限期债务是否存在，虽然在理论上曾有争论，但大多数学者认为无限期债务的存在需要很多前提条件。如Domar（1994）认为，债务的可持续性与债务利率和经济增长率大小相关。Abel 和 Bernheim（1991）认为，只有在不影响经济的动态效率的条件下，满足债务稳定条件才是可能的。Feldstein（1976）认为，如果经济增长率超过利率，无限借新债还旧债是可能的。由此可以看到，无限期债务的存在需要很多限制条件，如经济增长率超过利率等。从实践情况来看，阿根廷、希腊等发生债务危机的国家都曾尝试用这一原理举借政府债务，特别是举借了大量的外债，希望以此支持本国经济的发展。尽管这一举措从理论上来讲具有可行性，但是这些国家并没有形成自我循环、自我造血的发展机制，还因此形成了严重的债务依赖。在经济形势较好的时候，由于债务的助力，经济进一步增长，然而，一旦经济形势逆转，外资就会因规避风险而撤资，从而会引发金融危机。由此可见，无限期债务存在于理论当中，现实中无限期债务的形成受到很多条件的制约，如经济增长率、利率水平，以及可能产生的突发事件等。债务风险一旦产生，由于债务大多最终表现在金融领域的资产负债中，债务风险向金融风险的转化也将是必然的。

二　公共债务风险与金融风险的现实表现

当今经济社会，同为资金配置手段的财政和金融两个领域已密切相关，金融机构已成为地方政府债务（包括债券、非标资产和相关贷款等）的主要债权人。上述格局导致金融和财政风险存在互溢的可能（张璇等，

2022）。如果政府举债过度、财政收支失衡，财政风险或将转移为金融风险，出现财政风险金融化。此时若金融风险产生，政府势必需要介入，无论是注入资本还是剥离银行不良资产，或是提供担保等都需要大量的财政资金，若地方政府资金匮乏，中央政府势必需要增加杠杆进行融资，带来更加广泛的风险扩散。具体来说，其现实表现主要包括以下几个方面。

（一）政府债务以各种形式存在于金融部门资产负债表中

各类金融机构，特别是商业银行，是政府债务的主要持有者，非金融机构持有的比重相对较低。地方政府融资需求和影子银行部门的扩张之间存在较强的相关关系（Chen et al.，2017），使政府债务风险和金融风险相互关联构成了风险的"双螺旋"结构（熊琛、金昊，2018）。特别是在投资者预期下降时，越发会导致政府债券市场合作失效进而带来金融风险。这是由于政府债券常被用作金融服务的抵押产品，诸如回购等，一旦其价格下滑，融资市场的抵押折扣率就会上升，此时市场通过资产抵押获取流动性的能力受到影响，由此产生的流动性压力和抛售压力会加大，从而可能会引发金融风险。除此之外，如果政府偿债能力有弱化的预期，投资者可能会由于预期其他市场参与者抛售债券而选择不继续持有债券。如果抛售政府债券成为大多数债券持有者的选择，那么政府融资成本和违约概率都将提升。在这种情形下，负反馈循环的形成会增加金融风险产生的可能性。除此之外，由于历史数据是金融机构决策的重要依据，如果政府债券价格发生波动，那么有可能会引发金融机构出于风险控制目的的仓位调整行为。

（二）财政与金融两个钱袋子息息相关

财政与金融息息相关，二者中一方缺位可能会引起另一方越位。通常来说，当债务可得性较高时，财政越位的情况多于其缺位的情况，会因此导致债务规模的膨胀。从公共部门风险角度出发，系统性金融风险的社会代价远超出私人部门承受的范围（刘尚希，2018）。当风险集中爆发时，如果中央银行选择无视，就会导致金融部门的过度自我保护，引起信贷服务以及金融流动性不足（Keister，2016）；如果中央银行支援政府债券市场，可能会导致货币贬值，产生金融风险。

（三） 土地财政与政府举债的软性约束

土地的介入，使政府可以用自身可以掌控价格的抵押物进行举债，如果政府资金大量投放，会引起金融市场资金的跟随与无序扩张，一旦失控就会形成金融风险。1994 年分税制改革以后，转移支付前的地方政府财政收入下降，地方政府为了解决这一问题，一方面积极发展经济提升税收收入；另一方面则大量增加预算外收入，其中一项重要内容就是围绕土地出让和开发而产生的。地方政府发展经济的方式：一是抓工业化进程，二是抓城市化进程。商品房时代的到来，意味着建设用地于地方政府来说具有垄断的特征，在限制商住用地供给方面可以获得较高的垄断利润，为工业化进程和城市化进程提供支撑的同时，也着实带来了债务风险和金融风险。

由此可见，债务问题不仅涉及自身风险，还可能会蔓延至金融领域甚至整个经济体系，导致金融危机、经济危机，因此有效治理和防范债务风险，特别是地方政府债务风险，是打赢防范化解重大风险攻坚战的重要举措。下文将从广东政府债务的规模、结构等现实表现出发，研究其风险表现，以期为有效风险防控政策制定提供借鉴和指导。

第二节　地方政府债务发展历程回顾

一　地方政府债务及其分类

关于政府债务的概念可追溯到 1992 年，哈维·罗森将其定义为"政府承诺未来支付一定数额而产生的债务"，此后 Polackova（1998）又对其进行了进一步的分类。关于债务的界定，最常用的做法是通过重构债务分类矩阵，区分地方债务的主要形态，但从已有的研究成果来看，如何重构债务分类矩阵，目前尚未有统一的观点。《公共部门债务统计：编制者与使用者指南》（International Monetary Fund，2011）是国际范围内公认的债务统计准则，也是全球准确识别政府债务、系统预警债务风险的重要参考。本书通过总结国际准则的相关标准，梳理现有文献中的通用方法，同时结合全国、全省地方债务发行实际，依据地方政府债务的主要形态、责任划分以及发生的可能性构建债务分类矩阵（见表5-1）。

表5-1 地方政府债务的分类矩阵

债务类型	直接债务	或有债务
显性债务	1. 主权债务（中央政府的国内外贷款和发行的债券） 2. 预算支出（包括长期稳定支出和短期临时支出的不可任意支配部分）	1. 国家为相关主体做出的各类债务或贷款类担保 2. 国家保险制度（存款保险、私人养老基金收益保险、农作物保险、洪水保险、战争保险）
隐性债务	1. 未来非法定公共养老金 2. 非法定社会保障制度 3. 未来非法定卫生筹资 4. 未来公益项目的经常性费用 5. 未进入预算的政府购买项目，包括PPP项目等	1. 地方政府或公共/私人实体的隐性担保 2. 超过金融机构承受范围的不良资产 3. 私有化实体债务的清理（如国企债务） 4. 政府对社会保障和就业支出的担保 5. 可能的净价值或中央银行债务违约（包括国外的外汇契约、货币防御、国际收支平衡） 6. 其他变相举债（如融资平台、债务监管以外的信托等） 7. 其他突发事件的支出（如应急性的灾难救援、环境恢复性投资、军事融资、公共服务应急支出）

表5-1的2×2维矩阵构建了四个不同的债务类型：直接显性债务、或有显性债务、直接隐性债务、或有隐性债务。其中特别需要关注的是或有债务以及隐性债务。

何为隐性债务？所有法律法规界定之外的、出于公众压力或社会道义需要提供援助、政府以任何形式承诺优惠和补偿或提供担保的举债行为，都将构成隐性债务。因此，未来非法定公共养老金、非法定社会保障制度、未来非法定卫生筹资、未来公益项目的经常性费用等，都是为了缓解社会矛盾、维护社会稳定而产生的援助性财政支出，是在任何时候都会形成的直接隐性债务。未进入预算的政府购买项目（如PPP项目）等存在一部分政府购买性支出，但由于未纳入预算，成为直接隐性债务。

何为或有债务？债务分类矩阵中还存在一些特殊情况导致的可能会发生的债务，被称为或有债务，但同样由于没有被列入财政预算，因而成为或有隐性债务，主要包括地方政府或公共/私人实体的隐性担保、超过金融机构承受范围的不良资产、私有化实体债务的清理（如国企债务）、政府对社会保障和就业支出的担保、可能的净价值或中央银行债务违约（包括国外的外汇契约、货币防御和国际收支平衡等）、其他变相举债（如融资平台、债务监管以外的信托等）、其他突发事件的支出（如应急性的灾难救援、环境恢复性投资、军事融资、公共服务应急支出等）。

二　政府债务的发行和处置概况

（一）计划经济时期：地方政府债券尝试阶段

计划经济时期，中国财政管理实行中央集权的"统收统支"体制，地方政府没有独立的财政收支权限，也没有独立的举债权限，财政收支以执行中央财政安排和决定为主。而且，当时对于债务的态度是否定的，认为"既无内债又无外债是社会主义优越性的体现"。因此，当时地方上的债务由中央统借统还，地方仅负责执行中央的指令，完成中央赋予的职责，地方政府的负债形式主要有两种：地方借款和经济建设公债。在 20 世纪 50 年代末到 60 年代初，中央政府批准部分地方政府发行"地方经济建设公债"。此阶段实施高度集中的计划经济，虽然地方政府举债备受限制，但由于地方政府本身发展经济的积极性不高，所以地方隐性债务较少。

（二）改革开放初期：地方政府没有独立举债权力

改革开放初期，为了促进经济发展，恢复经济活力，调动地方政府积极性，在分配关系上，中央向地方倾斜，实行以包干制为主的财政体制。地方财政支出比重不断提升，地方对财政资金的支配能力有所提高。但是，这一时期的政府举债仍处于严控的状态。1979 年，"拨改贷"出现，为提升财政资金使用效率，预算内的基本建设投资由拨款改为贷款，并先后在北京、广东、上海三个省市及纺织、轻工、旅游等行业进行试点。1980 年，"拨改贷"改革，规定凡是实行独立核算、有还贷能力的建设项目，都要进行"拨改贷"改革。整体来看，这一时期地方政府债务发行仍受到较多限制，但由于实施"包干制"的财政体制，地方政府财力相对充裕，隐性债务规模较小，风险并不突出。

（三） 1994年分税制确立：禁止地方举债，地方政府融资平台崛起

1994年开始，为了调动地方政府积极性，同时增强政府的宏观调控能力，中国进行了"分税制"改革，并取得了较好的效果，政府间关系逐渐明确。但改革后财权相对上移而事权相对下移，基础设施建设、教育、社会保障等公共产品的提供大多由地方政府承担，使地方政府有加大举债力度的动机。但是，1995年开始施行的《预算法》规定，"地方各级预算按照量入为出、收支平衡的原则编制，不列赤字。除法律和国务院另有规定外，地方政府不得发行地方政府债券"。同年颁布《担保法》，明确规定地方政府及其职能部门无权对经济合同进行担保。融资动机比较强，同时又限制举债，在这样一个矛盾的背景中，在地方发展经济动力十足的情况下，通过融资平台间接举债、变相融资等现象十分普遍。特别是在亚洲金融危机后，融资平台数量不断增多，风险逐渐凸显，这一时期是隐性债务规模扩张最快的时期。

（四） 2009～2018年：逐步放开地方政府独立发债的权力

为了应对全球金融危机，积极的财政政策成为必然的选择，地方政府需要为经济发展和城市建设筹措大量资金。然而，在法律上，地方政府还不能通过发行债券的方式进行融资。为了解决矛盾，地方政府债券发行进入快速探索阶段。一系列文件的颁发——《2009年地方政府债券预算管理办法》、《2011年地方政府自行发债试点办法》、2014年修订后的《预算法》、国务院43号文《国务院关于加强地方政府性债务管理的意见》、《2014年地方政府债券自发自还试点办法》、《地方政府存量债务纳入预算管理清理甄别办法》等——使地方债务管理逐渐趋向规范化、系统化。至此开始出现了置换债，2015～2018年全国共发行地方政府置换债12.1万亿元。从广东省情况来看，实施限额管理后，广东省的一般债、专项债和显性债务总额均控制在债务限额之内。地方政府债券实现了从"代发代还"到"自发代还"再到"自发自还"的转变，地方政府的财政主体地位明显提升，隐性债务显性化过程逐渐开展，但由于事权与支出责任的不匹配以

及经济增长压力依然存在，地方政府举债动机仍较强，新型隐性债务风险也逐渐显露。

（五）2018年至今："开前门"与"堵后门"并举，全面防范化解地方政府隐性债务风险

自党的十八大以来，党中央、国务院高度关注政府债务尤其是地方政府债务的管理和风险防控，"十三五"时期政府债务管理基本实现规范化、法治化。2015年10月，中共十八届五中全会第二次全体会议指出，要将防风险摆在今后工作的突出位置。在此期间，化解地方隐性债务取得显著成效，但隐性债务潜在风险尚未完全消除，隐蔽性、传导性甚至更强。为了全面防范化解地方政府隐性债务风险，2018年9月，中共中央、国务院下发给地方《关于防范化解地方政府隐性债务风险的意见》，首次统一隐性债务口径，即地方政府在法定政府债务限额外，不得以任何形式违法违规或变相举借债务，要求各地防范化解地方政府隐性债务风险。2019年，国务院发布《关于防范化解融资平台公司到期存量地方政府隐性债务风险的意见》，开始清理隐性债务。2021年，银保监会发布《银行保险机构进一步做好地方政府隐性债务风险防范化解工作的指导意见》，再次强调禁止新增地方隐性债务，银保监会也加入了地方隐性债务防范和化解的队伍。

在这一背景下，广东省积极作为，并于2021年率先实现隐性债务账面清零。主要举措包括：健全政府债务管理制度机制以促进管理水平的提升；优化新增债券额度分配，重视解决重点项目和重点地区的迫切需求；推动发行管理创新，不断促进债券发行的市场化；提高专项债券等的使用效率。一是在制度机制建设方面，率先印发《关于严格执行地方政府和融资平台融资行为规定的通知》《关于进一步加强政府性债务和隐性债务管理的意见》，加强融资平台、政府性债务和隐性债务管理。二是在优化新增债券额度分配方面，"十三五"时期，财政部共下达广东新增债券额度8736.4亿元，年均增长54.3%，支持合理的债务使用，将债务摆在明处，对遏制隐性债务的潜在增长有明显成效。三是在提高债券使用效率方面，及时跟进财政部额度下达工作安排，做细项目分阶段用款需求，做深做细债券项目

储备，支出使用进度居全国前列。坚持制度先行，2021年印发实施《广东省地方政府专项债券项目管理办法（试行）》，推动项目储备常态化和全流程管理。四是在管理创新方面，2019年广东省财政厅发行粤港澳大湾区专项债券，2020年在全国首发新基建专项债券、水资源领域绿色政府专项债券等，不断探索、对接和满足市场需求。通过以上举措，广东实现"开前门"与"堵后门"并举，对隐性债务风险的防范化解起到积极的作用。

三 政府债务背后的市场推动力

（一）经济下行压力衍生政府债券需求

首先，从全国范围来看，经济下行压力增强，财政收支压力增大，对广东省中央财政净上缴贡献有更高要求。在全球经济下滑压力增大背景下，由图5－1可以看到，2019～2021年，全国一般公共预算收支差额占一般公共预算支出的比重明显偏高。从财政自给率这一数据来看，地区财政自给率普遍较低，收支压力大引发的负面问题逐渐增多。2022年，国务院强调粤苏浙鲁豫川6个经济强省发挥中国经济"顶梁柱"的保障作用，6省里4个沿海省（广东、江苏、浙江、山东）在地方对中央财政净上缴中贡献超过六成。

其次，刺激经济增长的财政政策造成的财政赤字在较长时间内难以消除，对债务的依赖性有潜在需求。2022年，广东全省一般公共预算收入13279.73亿元，扣除留抵退税因素后同口径增长0.6%，自然口径下降5.8%。其中，税收收入9285.22亿元，同口径下降5.4%，自然口径下降13.9%。全省一般公共预算支出18509.93亿元，完成汇总调整预算的98.54%，在教育、社会保障、就业和卫生健康支出等方面有较高水平。[①]

最后，强化收支端发力，导致债务的需求明显提升。面对复杂多变的财政经济形势，广东省制定贯彻落实国务院稳经济一揽子政策的实施方案，出台131项工作措施，其中对财政政策做出"加大增值税留抵退税政策落

[①] 《广东省2022年预算执行情况和2023年预算草案的报告》，广东省人民政府网站，2023年2月9日，https://www.gd.gov.cn/attachment/0/512/512984/4092210.pdf。

☐ 2019年　☐ 2020年　■ 2021年

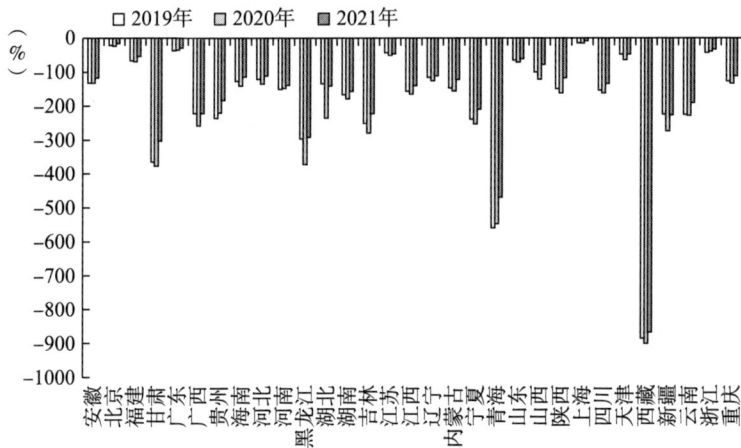

图 5 - 1　2019 ~ 2021 年全国各省区市一般公共预算收支差额占一般公共预算支出比重

资料来源：根据历年统计年鉴绘制。

实力度、加快财政支出进度、加快地方政府专项债券发行使用并扩大支持范围、用好政府性融资担保等政策、加大政府采购支持中小企业力度、落实社保费缓缴政策与加大稳岗支持力度”等 7 个方面共 26 项具体部署，收支两端同时发力，强化兜底保障与逆周期调节特征，由此也增加了财政收支压力，对债务的需求有明显提升。

（二）社会融资规模与 M2 增速背离以及风险偏好降低推高政府债券供给

一是货币供需差额的存在为政府债券发行提供了可能空间。如果将社会融资规模理解成货币需求，M2 理解为货币供给，各种因素叠加导致目前货币需求明显低于货币供给。如 2022 年 7 月，社会融资规模增量比上年同期减少 3191 亿元，比上月减少 44139 亿元，增量明显下降，而 M2 却保持了 12% 的较高增速。[①] 从结构来看，由于实体经济融资需求偏弱，消费和投资意愿偏弱，居民、企业新增贷款同比明显减少，存款增长明显，贷款对存款比率下降带来的可投资资金差额为政府债券供给提供了更多空间。

二是市场主体风险偏好降低、预期转弱，使传统概念中的安全资

———————

[①]《2022 年 7 月社会融资规模增量统计数据报告》，中国政府网，2022 年 8 月 13 日，https://www.gov.cn/xinwen/2022 - 08/13/content_5705231.htm。

产——政府债券变得更加有吸引力。通常来说，当市场主体风险偏好上升时，市场波动性会提升，资产的总体估值水平也会因此上升。而当风险偏好降低时，政府债券这种避险型资产会更受欢迎，而风险型资产价格就会下跌。从股票指数估值情况来看，A 股市场整体估值水平不断下降，风险偏好降低和预期转弱，或都是重要原因。从数据上看，2010 年以后，沪深 300 指数（以地产、金融为最大行业权重）的 PE 下降到与香港恒生指数、韩国 KOSPI200 指数大致相当的水平。

三是国际中央银行最初的主要任务是向政府融资，之后才转为专门管理货币，不利于财政金融风险的防范。中国人民银行较早关注了金融稳定和国际收支平衡的目标，立足国情并对国际中央银行制度的演变进行科学分析和借鉴，加快建立现代中央银行制度，以防范和化解风险。党的十九届五中全会提出"建设现代中央银行制度"，即建立有助于完成币值稳定、充分就业、金融稳定、国际收支平衡四大任务的中央银行体制机制，管好货币总闸门。

第三节 防范地方政府债务风险的实践路径

一 广东省地方政府债务概况

（一）债务规模

自 2014 年地方政府债务清理以及 2015 年新《预算法》实施以后，地方政府可通过债券形式借债，且随着《关于对地方政府债务实行限额管理的实施意见》发布，地方政府债务按照专项债和一般债进行限额管理。实施限额管理后，广东省的一般债、专项债及显性债务总额均控制在债务限额之内。从地方政府债务发行规模地域分布情况来看，2023 年 4 月，广东省仍然是地方债发行主力，发行总额远高于其他省区市（见图 5 - 2），政府债务余额主要在佛山、东莞、惠州、珠海等地区。但从债务率水平来看，由于整体财政实力较强，广东省整体债务余额占 GDP 的比重较低，偿债能力居于全国前列。需要指出的是，2020 年以来，受新冠疫情影响，广东省的经济增长速度和固定资产投资规模呈现明显的下降态势，经济下行压力较大，由此带来的财政收支压力或不断强化对债务的依赖。

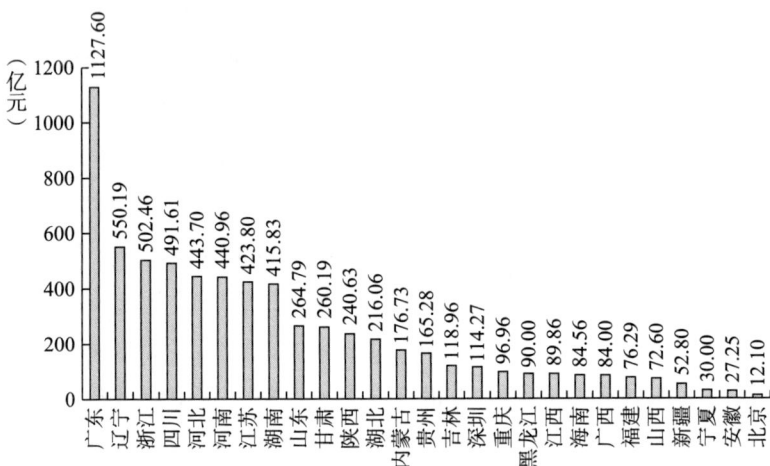

图 5-2 2023 年 4 月地方政府债券发行情况（分地区）

资料来源：《地方政府债券市场报告（2023 年 4 月）》，财政部网站，2033 年 6 月 6 日，https：//kjhx. mof. gov. cn/yjbg/202306/W020230608352922438379. pdf。

（二）债务结构

从债务结构上来看，根据中国地方政府债券信息公开平台发布的相关数据，广东省地方政府债务限额增长速度较快，特别是专项债务限额从 2015 年的 3248 亿元增长到 2021 年的 12591 亿元，6 年间增长了近 3 倍。其中，新增专项债务限额从 2015 年的 58 亿元增长到 2021 年的 3244 亿元，6 年间增长了近 55 倍。新增债券发行额从 2015 年的 333 亿元增长到 2021 年的 3540 亿元，6 年间增长了近 10 倍。其中新增专项债券发行额从 2015 年的 58 亿元增长到 2021 年的 3189 亿元，6 年间增长了近 54 倍。

（三）隐性债务和城投债

长期以来，地方政府的隐性债务因规模大、家底不清、监管困难等，潜在风险较高。2020 年，广东省各市开始开展隐性债务清理和化解工作。2021 年，广东、上海、北京率先开展全域无隐性债务试点工作，广东省通过发行再融资债券置换隐性债务等举措，率先实现存量隐性债务清零。《广东省 2021 年预算执行情况和 2022 年预算草案的报告》显示，广东省如期实现隐性债务清零目标，并建立了长效监管机制。2016~2022 年预算执行报告中关于债务风险防范和化债相关表述见表 5-2。

表 5-2　2016~2022 年预算执行报告中关于债务风险防范和化债相关表述

年份	相关表述
2016	强化地方政府债务管理，规避和防范财政运行风险
2017	加强政府债务管控，打好防范化解债务风险攻坚战。严格落实地方政府债务预算管理和限额管理要求，用足用好债券额度，优先保障重点项目合理融资需求，省级切实履行全省债务管理指导督查责任，加强政府债务风险监测和分析预判，切实摸清底数，坚决遏制通过违法违规举债融资上新项目、铺新摊子，建立健全政府债务和项目资产、收益相对应的制度，坚持资产管理和预算管理相结合，按照财政部统一部署综合评估各地政府偿债能力
2018	支持打好防范化解重大风险攻坚战。坚决遏制隐性债务增量，妥善化解债务存量，严肃查处违法违规举债融资行为。探索建立与风险管理相适应的资金周转制度，深入推进融资平台市场化转型，防止出现"处置风险的风险"
2019	聚焦财政主责主业，保持财政收支平稳运行。切实防控政府债务风险，坚决遏制隐性债务增量，稳妥化解隐性债务存量，牢牢守住不发生区域性风险的底线。用好用足债券资金，完善新增专项债券项目库管理，探索推进发行管理创新，加快新增债券支出使用进度
2020	加强财政收支管理，保持财政收支平稳运行。坚持党政机关过"紧日子"，优化财政支出结构，保障重点领域支出，兜牢"三保"底线。加强政府债务管理，化解政府债务风险，稳妥有序推进债券发行管理创新。加强财政可承受能力评估，推动建立民生支出清单管理制度，促进财政可持续发展
2021	加强地方政府债务管理，全面完成全域无隐性债务试点任务。在防风险方面，统筹发展和安全，促进财政可持续发展。高质高效完成全域无隐性债务试点任务，及时向省人大常委会做专题报告。严格实施政府债务限额管理，坚决遏制新增隐性债务。落实省政府向省人大报告地方政府债务管理情况制度，配合省人大加强政府债务审查监督
2022	如期高质量完成中央赋予的全域无隐性债务试点任务，实现存量隐性债务全部化解目标。坚持党政机关过紧日子，把财政资源更好用在刀刃上、关键处

城投债与地方政府债务存在本质差异，前者通常用于城市基础设施建设等。通常认为，城投公司与政府关系密切，在区域中通常处于较为重要的地位，但未完全实现经济独立，一旦城投平台出现财务风险，地方政府具有代为偿还债务的可能，故而带来了一定的政府或有债务风险。根据国泰君安证券股份有限公司对广东城投平台的梳理分析数据可知，截至 2022

年 7 月，广东省内有存量债券的城投平台共有 79 家，除潮州和云浮外，其他地级市均有城投发债主体，债务规模 6000 余亿元，其中省级平台 8 家，存量规模合计 815 亿元。①

二　广东省地方政府债务风险表现

（一）政府债务规模风险

1. 地方政府负有偿还责任的债务增长来源集中

从全国范围来看，广东省是地方债发行的主力，发行总额远高于其他省份，且增长速度较快。2022 年，广东省地方政府债务余额为 22988 亿元，2015 年这一数据为 8037 亿元。② 此外，地方政府债务投资者持有结构有偏，约八成的政府债券集中在商业银行，一旦地方政府债券偿还存在问题可能会导致较大金融风险。除此之外，珠三角与粤东西北地区政府负债率存在分化，区域偿债风险差异较大。珠三角城市的地方政府债务规模普遍较大，但负债率较低；粤东西北城市债务规模相对较小，但负债率水平普遍偏高，偿债压力大，债务风险相对较大。

2. 部分地区还存在一定程度的土地依赖

《广东经济分析报告——宏观经济专题报告》（2022 年）相关数据显示，广东仍存在对土地的依赖，土地依赖程度（土地出让收入占一般公共预算收入比例）与全国平均水平的变化趋势趋同，但其绝对值始终高于全国水平，易产生坏债连锁反应。2021 年，广东省土地依赖程度为 55.7%，而全国平均水平为 43%（见图 5 - 3）。一般公共预算方面，2022 年，广东省一般公共预算收入自然口径下降 5.8%，其中税收收入自然口径下降 13.9%。因此，在应对经济下行和财政紧收压力的同时，要实现"稳增长"预期目标，合理适度控制债务规模、不突破新增隐性债务"红线"、谨防"处置风险的风险"仍然任重道远。过高的土地依赖程度不仅会影响财政的

---

① 《广东城投平台梳理：走进南粤》，新浪财经网，2022 年 7 月 30 日，http：//stock. finance. si-na. com. cn/stock/view/paper. php？reportid = 712526117808&autocallup = no&isfromsina = no。

② 中国地方政府债券信息公开平台，https：//www. celma. org. cn/。

可持续性，还可能会引发金融风险。这种风险主要表现为，如果土地出让不顺利，或者出让价格低于预期，那么地方政府财政收入规模可能会低于以政府信用为依托的贷款规模，从而引发金融风险。特别是目前中国房地产企业资产负债率普遍超八成，居民房贷规模也越来越大，房地产市场预期不佳，产生坏债连锁反应的压力增大，金融风险增强。

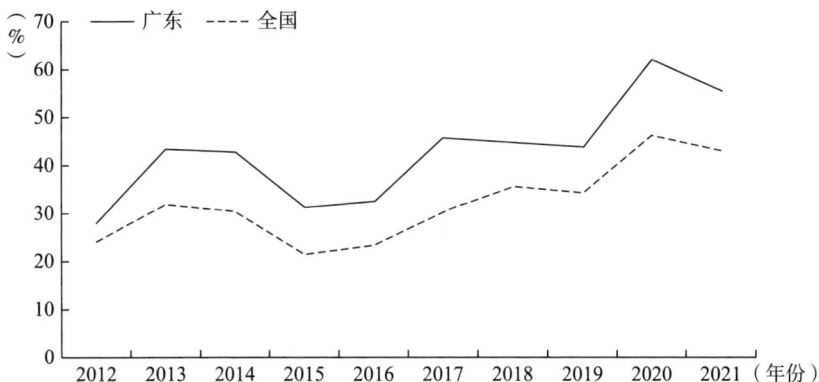

图 5 - 3　2012～2021 年广东和全国土地依赖程度指标

资料来源：《广东经济分析报告——宏观经济专题报告》，长城证券股份有限公司，2022 年 8 月 5 日，http：//www. cgws. com/cczq/ggdt/ccyj/202208/P020220808315607611674. pdf。

3. 防范违规融资以及提升资金使用效率问题仍有进一步改进的空间

从源头上防范违规融资以及提高资金使用效率需要加强融资管理，合理界定和调整政府投资的边界范围，强调政府投资项目的可行性研究，强化政府投资年度计划的约束作用等。而强调资金的使用方向的把关和监管，有助于从源头上为地方政府减负，进而有效防范地方财政风险。提升资金使用效率以及防范可能发生的违规融资问题仍有不断改进的空间，以进一步提升政府债务管理的科学性和效率。

（二）政府债务结构风险

1. 隐性债务风险管理长效机制建立仍有待加强

广东省隐性债务已清零，但是长效监管机制的建立还有待进一步加强。"曲线"新增隐性债务的风险仍未完全杜绝。诸如城投公司运营政府非经营性项目、基础设施建设代建项目、城投企业将银行贷款交由政府部门开展公益性项目建设，政府承诺以财政资金偿债；城投企业通过质押政府购买服务协议约定的应收账款方式违法违规向银行借款等形式依然可能造成新的隐性债务出现，并且其隐蔽性更强。即便无违规操作问题，城投平台债券融资规模也呈上升趋势。城投债发行量整体呈现上升的势头并呈现剧烈震荡特征，且城投债发行量的年均增速最高，达到 224.30%，存在一定的风险。

2. 或有债务风险依然存在

诸如新冠疫情等突发事件是可能带来政府债务风险的一个因素。主要证据表现如下：一是许多研究证明政府债务风险的波动并不能通过理性预期框架给出合理解释（庞晓波、李丹，2016）；二是尽管政府会通过出台诸如《地方政府性债务风险应急处置预案》等应急预案，以及建立财政应急预案储备金等具有前瞻性的管理制度，降低突发事件带来的财政调整引起的政府债务风险，但并未从根本上消除突发事件带来的或有债务风险。从目前情况来看，中国经济进入结构调整、增速放缓的新常态，国际局势异常复杂，突发情况似乎随时都有可能发生，越发增加了潜在风险存在的可能性。

3. 一般债券和专项债券比重失衡风险

相比一般债券，广东省专项债券所占比例较高，这是一个普遍存在的问题。但实际上，专项债优质项目占比不足，存在一定程度的资金闲置问题，在一定程度上反映出专项债相比一般债券供给过剩的问题。特别是专项债券在统计上不列入赤字核算，可能会掩盖地方政府债务风险的真实情况。总之，维持高位的专项债券若不能从根本上提升其项目的优质性，则会给地方政府债务的可持续性带来挑战。

第四节 防范化解地方政府债务风险的思路与对策建议

近年来，中国政府对地方政府债务，特别是隐性债务的化解和风险防范的政策支持力度持续加大。国家"十四五"规划从实施金融安全战略的高度，提出"要稳妥化解地方政府隐性债务"。2022 年，中国政府工作报告对地方政府债务化解的管控措施进一步细化，明确了地方、部门和企业各主体的责任，提出要加强风险预警防控、设立稳定保障基金。财政部也对地方政府债务的管控提出更加细化、严格的要求，强化持续性监管，实施强有力的问责，强调风险处置过程中对新风险的防范，着眼于隐性债务风险防范化解的长效机制建设。党的二十大报告着眼于构建高水平社会主义市场经济体制，提出加强和完善现代金融监管，进一步强化金融稳定保障体系，依法将各类金融活动全部纳入监管，守住不发生系统性风险底线。在中央层面坚决约束政府债务、严管隐性债务的背景下，面对化解地方政府债务风险的新形势、新要求，广东应重点关注政府债务风险的连锁传导问题、债务的区域性和结构性不平衡问题、或有债务风险化解路径的拓展问题等，充分考虑地方政府举债空间、偿债能力、项目储备、资金配置效能等重要方面，在对省内各地政府或有债务、隐性债务进行系统识别的基础上，建立覆盖事前事中事后全链条的债务风险防范长效机制，健全市场化、法治化的债务违约处置机制，提升包括或有债务、隐性债务的债务监管能级，坚决防止风险累积形成金融风险进而导致系统性风险。

一 系统性角度风险防范对策建议

债务的风险问题会转化成金融风险进而形成系统风险，因此对债务的治理也不能仅仅从债务本身出发，而是首先应从财政金融系统乃至整个宏观经济出发，解决债务风险发生的根本原因，防范和化解风险。

（一）在高质量发展中防范化解债务风险

一方面，财政风险的发生及其向金融风险的转化根源在于未来经济增长实际低于预期，偿债压力增大。因此，提升经济增长水平，特别是追求高质量发展仍是解决债务风险的关键。习近平总书记在党的二十大报告中强调，高质量发展是全面建设社会主义现代化国家的首要任务。就广东省来说，广东是改革开放的排头兵、先行地、实验区，在不同时间、不同场合传达总书记对广东发展的最新指示，"引领""带动""支撑""贡献"

"勇挑大梁"等关键词反复出现，率先实现高质量发展是广东的使命和责任。对于高质量发展的实施路径，广东省委经济工作会议上做出的 8 个方面的系统部署，从以实体经济为本、坚持制造业当家、"百县千镇万村高质量发展工程"等重点任务中把好高质量发展方向，抓住新一轮科技革命和产业变革深入发展的重要机遇，持续推进制造强省、科技创新强省建设，让经济、社会、文化、生态等各方面都体现高质量发展的要求。按照"超前部署、适度匹配"原则突出投向重点，引导政府债券等精准聚焦全省重大战略、区域发展规划、产业规划、交通规划等，支持深圳等地赴境外发行离岸人民币地方政府债券。通过以上举措，广东省经济发展水平提升，经济快速增长，为债务的可持续性发展提供了坚实的经济基础和物质保障。

另一方面，债务负担的衡量有绝对量和相对量两种方式，通常来说，只要债务规模占 GDP 的比重不高，即使债务规模比较大，债务风险也是在可控范围内的。《马斯特里赫特条约》中将这一风险临界值定为 60%，各国都参考这一标准制定自己的债务规模水平。由此可知，经济的快速增长也是防范债务风险的重要手段之一，如果经济增速下降较快，也就是分母相对变小，则债务负担会因此加大。也就是说，经济的下滑会引起债务问题的恶化。当前，中国正处于新冠疫情冲击后的恢复阶段，促进经济的恢复对于化解可能产生的债务风险具有十分重要的作用。从长期来看，要在加快供给侧结构性改革、促进创新体制机制形成的过程中形成地方举债长效机制，促进地方收支的高质量发展。从短期来看，保持适当积极的宏观经济政策，加强对经济复苏的促进作用是十分必要的。财政要在"加力"上下足功夫，用好用活各类政策工具，打好财政支出增长、专项债支持、下沉财力保障等系列"组合拳"；要在"提效"上做好文章，对每项政策、每笔资金的投入方向、支持效率、使用效益都认真考虑，凡是涉及高质量发展的工作能早则早、能快则快，以财政的高效率为经济社会高质量发展注入强大动力。

（二）在提升政府债券资金使用效益中防范化解债务风险

债务规模与债务风险不是简单的相关关系，影响地方政府债务风险的核心因素是政府债券资金的使用效益。在提高效益方面，首先，应进一步贯彻落实《地方政府专项债券项目资金绩效管理办法》《国务院办公厅关于印发地方政府性债务风险应急处置预案的通知》《广东省地方政府专项债券项目管理办法（试行）》等文件精神要求，加强地方政府债券管理，加快债券资金支出使用，尽早尽多拉动有效投资。全面提高债券资金转贷拨付效率，实现市县债券资金在省级国库"零留存、不过夜"。其次，要坚持管好用好新增债券资金，加强债券项目跟踪调度，严格执行"每月通报、一周一报"制度，及时向省、地市相关部门通报，督促各地及时协调解决影响资金支出使用的问题。再次，要有力推进全省各级债券资金早拨付、早使用、早见效。强调资金下达后，第一时间落实分配相关资金到具体责任单位或项目，并形成实物工作量。充分发挥债券资金在积极财政政策实施中的助力作用，实现扩内需、惠民生、扩投资、补短板等积极作用。同时，加强债券资金使用的绩效评价，及时发现问题并督促整改，确保债券资金合规、高效使用。最后，探索与国际金融组织和外国政府开展技术援助、知识交流的贷款赠款项目等，依法在政府债务限额内举借政府债务；依法依规推进政府与社会资本合作，采用不动产信托投资基金（REITs）等创新投融资模式，充分调动社会资本投入全省重点项目建设。

二 债务自身角度风险防范对策建议

从债务自身来说，为有效防范和化解风险，应着力从事前、事中、事后全方位出发，全面防范和化解债务风险，降低其向金融风险转化的可能性。特别是要注重隐性债务和或有债务的风险防范，其隐蔽性强、可规划性弱，产生风险的可能性更高。

（一）注重事前风险防范

有效的地方政府债务风险防范应从事前的角度出发，通过摸清底细、合理确立举债规则、建立完备的信息披露和信用评级体系，全面系统地掌握地方政府债务分布并测算其风险水平，最大限度地控制地方政府债务危机的发生。

一是清晰梳理和掌握债务规模和结构数据，摸清家底。统一债务度量口径，对各地市地方政府债务（特别是隐性债务和或有债务）情况进行动态甄别核实和摸底排查，确保数据完整、准确、可比。在此基础上，对广东省全域政府性债务进行全口径梳理，精准确认各地区、城市及区县级存量债务规模和到期偿付安排，以摸清债务底细，提前做好风险防范缓释工作。

二是坚持"先定事项再议经费、先有项目后有预算、先有预算再有执行、没有预算不得执行"的改革理念，合理控制政府债务规模。不能将防范地方政府债务风险简单地等同于降低地方政府债务余额，而是要建立公开透明的举债规则来合理控制风险外溢。"十四五"时期，在安排支出方面，应践行"先谋事、再排钱"的理念，构筑"项目谋划储备—评估和遴选—科学举债"滚动安排举债机制。一方面，加强债前审核，做深做细动态项目储备库，科学把握举债力度和节奏，从源头上遏制新增隐性债务。另一方面，各市县应综合实际经济运行情况、建设盘子规模、财政承受力，围绕支持"双区"建设、"两个合作区"和南沙新区开放发展、建设更高水平科技创新强省、推进乡村振兴等重大战略规划的落地，精准做好财政保障，全省"一盘棋"提升债务资金使用效益。

三是积极推动构建地方政府信用评级体系，完善信息披露机制。信用评级对减少投资者信息不对称风险、监督企业良好运行、降低政府举债成本等有着重要作用。全省要进一步完善政府信用评级机制，积极优化信用评级机构评级模式，提高其评估能力和评估质量，加强信用评级跟踪。同时，进一步健全政府债务信息公开机制，继续发挥全省债务信息平台作用，提高国有资本收益、收费基金、政府投资基金、政府采购意向等相关信息的公开程度和详细程度，以提升债务管理方面的公开性和透明度。同时，要加强社会监督、人大监督，以推进法治化、市场化的融资自律约束机制形成和不断完善。

（二）深化事中监管防控

构筑债务风险预警和防范体系是规范地方政府举债行为的重要手段。

建立地方政府债务动态监控预警体系，制定不同区域、不同类型债务风险防范预案，从"事中严管"的角度充分化解存量、遏制增量、防范隐性债务风险，能有效避免债务风险在某一地区或某一时点聚集造成效率损失。因此，在事中阶段，要建立穿透式债务风险预警和防范化解体系，打造"债务风险数据库"，建立各市区包括隐性债务在内的债务风险管控统筹协同机制，大力实施债务区域化、结构化、差异化管控，坚决防止地方政府隐性债务衍生泛化。

一是建立穿透式债务风险预警和防范化解体系，打造"债务风险数据库"。在广东省现有的"借、用、管、还"全流程债务闭环管理体制的基础上，积极构筑覆盖限额管理、预算管理、债券管理、风险管理、信息公开等环节的"穿透式"债务管理制度体系，进一步强化对债务资金投向、进度、效能等相关风险的监管。一方面，建立政府偿债能力评估机制，纵深推进大数据、物联网等金融科技手段在债务风险监测中的应用，加强对珠三角和粤东西北不同城市的财政承受能力的智能评测和论证，针对各地经济发展实际和财力情况，科学区分风险类型，精准定标到期债务的风险等级。另一方面，建立政府债务风险预警和处置机制。进一步完善债务风险捕捉与评估的指标体系，对于这一方面，可以结合地方政府信用评级相关情况进行综合分析。对政府信用评级进行合适的加权，以测算地方政府债务整体的风险情况，以此设定警示区间以及风险较高的红灯警示区等。同时，对各地政府债务风险的总体水平、新增债务率、地方财政转移支付依存度、地方财政债务依存度等指标进行分类监测和风险研判预警，并根据风险等级提示审计部门开展相关审计。在此基础上指导各地差异化建立分级响应和应急处置机制，及时处置潜在风险，防范金融风险与财政债务风险相互传导。

二是进一步完善全省债务风险管控的统筹协同机制。首先是分区域实施差异化债务风险管理策略。按照"一地一策、分类指导"的原则，重点考虑隐性债务、或有债务，建立债务风险预警信号制度，并严格把控高风险地区债务规模，坚决防止新增隐性债务。尤其要重点关注财力基础薄弱、隐性债务规模大的县区的财政运行和可偿债财力情况，引导其合理统筹财力，优化支出结构，落实债务偿还计划，确保到期债务偿付不出现任何风险。同时，要建立债务通报制度，各地要按季度向省领导和各地级以上市党委、政府通报政府债务情况。省级层面要及时核实核清隐性债务变动情况，及时向各地市反馈核查结果明细，精准督导指导问题整改。其次是加强跨部门联动协同，统筹提升政府债务管理效能。坚持系统性思维，一方面，深化跨部门横向沟通、纵向联动的协同配合机制。在压实各地方政府主体责任的同时，建立横向联通相关职能部门与金融机构，纵向联通省级、地市级、县级政府和各预算单位的信息共享系统，建立跨部门联席工作机制，实现政策共同研究、信息共同使用、要求共同部署、监督共同实施、处理协商，精准配置资金与项目。另一方面，加强与相关金融机构的协同配合。鼓励金融机构按照《关于做好地方政府专项债券发行及项目配套融资工作的通知》要求，主动关注隐性债务的摸排整改，以地方债的发行承销为纽带，配合做好债券发行及配套融资，创新债券品种，拓宽发行渠道，探索评级和限额管理模型，实现各类资金合规、高效、协同投入。同时，加强金融审计和对金融机构执行政策的监管，提高地方财政抵御风险的综合能力。

三是化解存量的同时坚决遏制增量，规范与创新政府投融资模式。建议进一步强化地方政府债务管理，用好新增地方政府债券政策，依法依规运用投融资模式，在坚决堵住违法违规举债"后门"的同时，开好"前门"。重点要进一步完善地方政府债券管理制度，进一步加强对"城投债"的监管。在城投债发行环节要谨慎合规开展资产类担保，对平台企业的发行规模、政府注入资产和发行主体净资产比例做出明确规定；发行后要引导其规范财务管理制度，加强对城投债的信用评级，及时做出市场风险提示，降低城投债的偿债风险。在经济下行压力较大的情况下，对平台公司隐性债务监管可适度增加弹性，清零时限可适度推后。同时做好政府地方债（以地方政府为发债主体的市政债券和地方债券）的深化管理。继续用好置换隐性债务的再融资债券工具，对其资金拨付、使用进行全流程跟踪，确保资金全部用于化解隐性债务。同时也要依法依规创新政府举债投融资模式。进一步在管理规范、责任清晰、公开透明、风险可控的地方政府举债融资机制上持续发力，规范土地财政。

（三） 强化事后管理问责

建立与债务风险管控质量挂钩的监督问责和考核评价制度，压实市县责任，约束各类违规违法举债融资行为，切实把债务化解好、风险防控好。

一是完善债务管理主体的绩效评价机制。将地方政府债务风险管控情况纳入部门和政府年度重点督查事项和预算绩效评价体系中，审计部门、各级人大要依职责建立督导工作协调机制，加强对政府债务的审查与督导，实现政府债务风险管控效能与绩效评价等级挂钩。同时，强化地方国有企事业单位融资管控，严禁违规为地方政府变相举债。

二是不断完善考核问责制度，特别是要明确债务主体和相关负责人员。在地方政府政绩考核方面，强调债务风险管控等相关指标，在党政领导干部经济责任审计时，考虑债务审计等相关指标。特别是要强化对各级主要责任人任期内债务的举借、使用和管理情况的考核、审计和责任追究，对脱离实际过度举债、违法违规举债或担保、违规使用债务资金、恶意逃废债务等行为，要严格依法实施问责。推动出台终身问责、倒查责任制度办法，坚决制止资金挤占挪用、违规拨付、长期闲置，减少不合理的地方政府举债行为。

三是强化政府财政支出预算管理制度建设。尝试建立包括隐性债务在内的地方政府债务资金统一预算管理制度，合理规划债务资金的使用。同时，利用大数据等相关技术对地方政府债务总量、债务结构和风险评级等的变化进行密切跟踪，在出现较大变化的时候及时预警，并据此动态调整债务的规模、结构等，以提高政府资金使用的安全性和有效性。此外，进一步加强地方政府债券资金的使用管理责任意识，建立低效项目退出机制，优化地方债务风险控制的制度环境。

综上所述，政府举债的根本目的在于筹集资金，特别是在高质量发展的道路上，财政要统筹资源办大事。政府债务可有效拉动投资、促进经济增长和税收增加，进而保障债务风险在安全可控范围内。降低债务风险的关键在于统筹好、谋划好债券资金的使用，提高资金使用效率。债券资金使用存在风险和效益的矛盾关系，既需要统一规范的制度加以约束，也需要市县和部门因地制宜高效使用债券资金。广东债务管理通过统筹好一致性和差异性的关系，实现了规范和效率的有机统一。首先通过制度先行为债务资金管理提供明确清晰的规范，再以强化监督、透明公开为抓手，确保项目实施单位依法依规使用资金。在此基础上，指导督促各地推进存量隐性债务化解工作和新增债务资金的风险防范工作，确保各地在规范的轨道上高效地申请和使用债务资金。但在未来经济增长压力大、高质量发展背景下，财政要"加力提效"，这对财政资金提出了更高的要求，举债压力增强。特别是省内债务风险水平不均衡的情况依然存在，或有债务等风险仍然存在，若累积传导或有引致系统性金融风险的可能。因此，建立健全防控长效机制，防范债务风险依旧任重道远。

第六章
跨境资本流动风险识别与预警监控

  跨境资本流动是金融风险跨区域传染的重要途径及影响金融安全稳定的关键因素，资本异常波动会加剧金融体系的脆弱性甚至引发金融危机，需要通过加强对外部不确定性因素的监测来达到管理跨境资本风险的目的。2022 年以来，新冠疫情冲击、美联储加息缩表、俄乌冲突等因素导致投资者避险情绪升温，令全球金融市场大幅波动，全球资本流动规模大幅扩张，新兴经济体面临较大资金外流压力。随着中国金融开放水平的不断提高，"沪港通"、"深港通"、"沪伦通"、"债券通"及粤港澳大湾区"跨境理财通"等机制为资本跨境交易开辟了新渠道，跨境资本流动带来的影响日益增加。广东毗邻港澳，随着粤港澳三地金融市场互联互通的加速推进，各类"金融通"的投资范围不断扩大，在极大促进资本跨境流动的同时，提升了境外风险输入的概率，短期跨境资本异常流动特征逐步显现。事实上，跨境资本的大幅波动在给大湾区带来外部冲击和风险溢出的同时，导致了跨境资本流动渠道识别难、异常跨境资本识别成本提高、跨境资本流动管理政策工具组合及出台时机把握难等问题，并严重影响区内金融系统的稳定，对大湾区完善金融监管体系与高水平推进双向开放提出较大挑战。在此背景下，研判跨境资本流动的新变化新趋势，加强对大湾区跨境资本流动的规模识别与风险监测，是防范与化解系统性金融风险亟待突破的问题。为此，本章从结构、时序和空间三个维度系统识别粤港澳三地的跨境资本流动情况，剖析跨境资本流动的多维特征，在此基础上构建风险预警模型，并探索防范跨境资本流动风险的协调监管机制，以期为粤港澳大湾区加强跨境资本流动监测分析以及建立和完善系统性风险预警、防范和化解体系提供参考借鉴。

第一节　跨境资本流动风险防范的理论逻辑

一　跨境资本流动的理论内涵及影响因素

（一）　跨境资本流动的概念界定

目前，国内外学者主要从四个方面界定跨境资本流动。一是按照时间长短定义。根据国际货币基金组织（IMF）发布的《国际收支手册》，一年以上的投资或贷款为长期跨境资本，一年及以下的借贷或投资为短期跨境资本。二是按照资本流动的目的定义。以投机为目的的资本为短期跨境资本，而以投资为目的的资本为长期跨境资本（Chuhan et al.，1996；宋文兵，1999）。三是按照流动性定义，易变性强的跨国流动资本是短期跨境资本，易变性弱的是长期跨境资本。四是按照资本流动的合法性定义，部分学者认为，对外贸易中的进出口伪报、"地下钱庄"的资本转移（Schneider，2003）、"资本外逃"等可被视为短期跨境资本的一部分。

短期跨境资本流动的波动性更强，流动规模变化更大、流动方向更易逆转，对一国实体经济与金融市场可能会造成显著的负面冲击，因而现有研究均主要聚焦于短期跨境资本流动。因此，本书研究的跨境资本指，期限在一年或者一年以内，以获取高额投机收益为目的，承担较高市场风险，在国际金融市场间迅速流动并有可能对一国经济金融稳定造成显著负面冲击的资本。

（二）　跨境资本流动相关理论概述

要素均等化理论与卢卡斯悖论是跨境资本流动的经典理论。前者认为，在 HOS（Heckscher-Ohlin-Samuelson）理论框架下，随着国际贸易的进行，贸易国间的生产要素价格将实现相对和绝对意义上的均等（赵大平，2011）。后者指出，从跨境资本流动下国与国之间的关系看，在单部门模型下，尽管发展中国家的人均资本水平较低，但资本并非必然从发达国家流向发展中国家（Lucas，1990）。然而，卢卡斯悖论和要素均等化理论等没有考虑金融因素在跨境资本流动分析中的重要作用。对于国际短期跨境资本流动，需要基于金融全球化再进行思考。

从深层次来看，在马克思主义政治经济学分析视角下，可以把跨境资本流动置于世界市场理论基础上进一步加以说明。借鉴马克思利用世界市场考察金属货币在各国间的流动，利用国际信用考察汇率决定和世界货币流通，利用对通货理论的评论展开金属货币国际流通分析，利用资本循环对货币流通和经济危机进行分析，关注生息资本所具有的不同于产业资本的运动特性，并且将国际短期跨境资本流动与国际收支和汇率以及危机分析相互关联、统筹考虑，能够在对外贸易和国际支付的货币金融层面上，更好地厘清财富和货币收益全球分配，从而应对国际短期跨境资本流动下发达国家对发展中国家的"剪羊毛"（林楠，2019）。

（三）跨境资本流动的测算

学术界针对如何识别与监测跨境资本流动展开了系列探索，并主要集中在两个方面：一是采用统计核算法直接测算跨境资本流动规模，主要包括直接测算法（Cuddington，1985；Kant，1996；刘莉亚，2018）、间接测算法（World Bank，1985；张明、徐以升，2008；钱晓霞，2018）和混合测算法（Dooley，1986；花秋玲等，2021）；二是采用计量回归法间接估计跨境资本流动规模，包括投资－储蓄相关性检验法、实际利率差异法、消费相关性检验法、Edwards法、Haque-Montiel法等（Feldstein and Horioka，1980；Edwards and Khan，1985；Haque and Montiel，1991；刘柏等，2019；李艳丽等，2022）。

国际上测度跨境资本流动的规模和变化情况，主要基于国际收支平衡表的资本和金融项目，包括直接投资、证券投资、金融衍生工具和雇员认股权、其他投资以及储备资产。国际收支平衡表为季度数据，且在数据发布上存在迟滞，而监管当局对更高频率的短期跨境资本流动监测需求不断上升。有鉴于此，越来越多的国内文献扩展跨境资本流动数据来源渠道，不再局限于国际收支平衡表数据，而是参照银行系统内更高频率的代客涉外收付和代客结售汇月度数据来分析中国的跨境资本流动情况。

（四） 跨境资本流动的驱动因素

现有研究指出，跨境资本流动的驱动因素可分为推动因素与拉动因素两大类，二者分别指引导跨境资本流向特定国家的全球性和国内因素。IMF研究发现，推动因素往往影响资本流动、流向及整体的风险程度，拉动因素则决定剧烈的跨境资本流动是否会形成"激增"以及"激增"的幅度。同时，IMF进一步区分了驱动跨境资本流动的周期性与结构性因素，其中，前者与全球经济和国家经济的周期性变动有关，而后者则与制度性或中长期因素有关（见表6-1）。

表6-1 跨境资本流动的驱动因素

要素特征		拉动因素	推动因素
周期性	短期	利率差异，即期汇率，股票价格	美国利率/全球利率，国际风险超额收益率，全球流动性（TED）和杠杆率
	中期	本币升值预期，通货膨胀率，房地产价格，风险超额收益率、债务/GDP、贸易差额、股票市场换手率、大宗商品指数同比增长率、信贷增量	全球金融市场风险（VIX指数），美元有效汇率，美国资本回报率
结构性	长期	经济增长，人口老龄化，新兴经济体与发达经济体资本流失关联，融资需求（资产负债表的改善）、财政和债务风险、贸易开放度	全球投资者风险偏好（技术冲击或灾害），全球经济增长率（生产率冲击），国际资产组合多元化
	制度性因素和冲击	汇率制度和汇率质量，汇率干预程度，金融开放度/资本管制程度，金融机构和政治机构风险，金融深化（股市价值/GDP）、金融市场的规模和脆弱性	美国经济冲击及其他因素，经济危机及其传染效应，量化宽松政策，中心国货币政策

资料来源：根据相关资料自行整理。

二 跨境资本流动风险的成因与应对

（一） 跨境资本流动风险的概念界定

跨境资本流动能否诱发金融风险，学术界基本上给出一致的肯定性结论（金德尔伯格、阿利伯，2014；林玉婷等，2021），并认为跨境资本流动引发金融风险存在两条主要渠道：一是外部渠道，包括共同基本面冲击、共同债权人传染以及流动性冲击和风险溢价等（Kaminsky and Reinhart，2000；王桂虎，2021）；二是内部渠道，包括经济周期性变化、外汇市场、股票市场和信贷市场（Rapih，2021；关筱谨等，2021）等对跨境资本流动"激增"的影响。

本书试图对跨境资本流动风险的内涵进行界定。本书讨论和界定的跨境资本流动风险是站在某一具体国家的立场上的，指的是该国跨境资本流动的大幅波动对其金融市场可能产生的冲击，从而可能导致本国金融体系的脆弱性加剧或者危机爆发。跨境资本流动的大幅波动主要有两个原因：一是全球范围内国际资本流动的关联性会导致一国的跨境资本流动受到其他国家的影响而发生大幅波动；二是对每个国家来说，其自身经济金融特征引致的跨境资本的大进大出或者大幅波动。

（二）跨境资本流动风险产生的原因及作用机理

跨境资本流动风险主要来源于国际资本流动的关联性、资本大进和资本急停（见图 6 - 1）。首先，不同国家之间的国际资本流动具有较强的关联性，一国国际资本流动的大幅波动会传导至其他国家，容易发生多米诺骨牌效应，导致风险在不同国家之间传导。不同国家之间的国际资本流动主要通过以下三个渠道发生关联：一是全球经济金融环境的变化和主要经济体的宏观政策变化会导致不同国家（尤其是新兴市场国家）之间的国际资本流动呈现联动性特征；二是发生于国家 A 的经济金融风险通过贸易关联、信贷关联、区域关联和资产组合调整等渠道传导至国家 B，从而使国际投资者同时撤出对两国的投资，两国的资本流动呈现同向波动的趋势；三是投资者的羊群行为和恐慌行为使不同类型的投资者在投资决策的过程中相互影响，当一国国际资本流动出现异常波动时，投资者在观察其他投资者行为的同时，也会调整自身的资产组合，并对其他国家的情况进行重估，导致不同国家和市场之间资本流动波动加剧。

其次，资本大进是跨境资本流动风险的重要来源，跨境资本的大量涌入会导致一国资产价格大幅上升、银行信贷扩张、汇率升值和经常账户恶

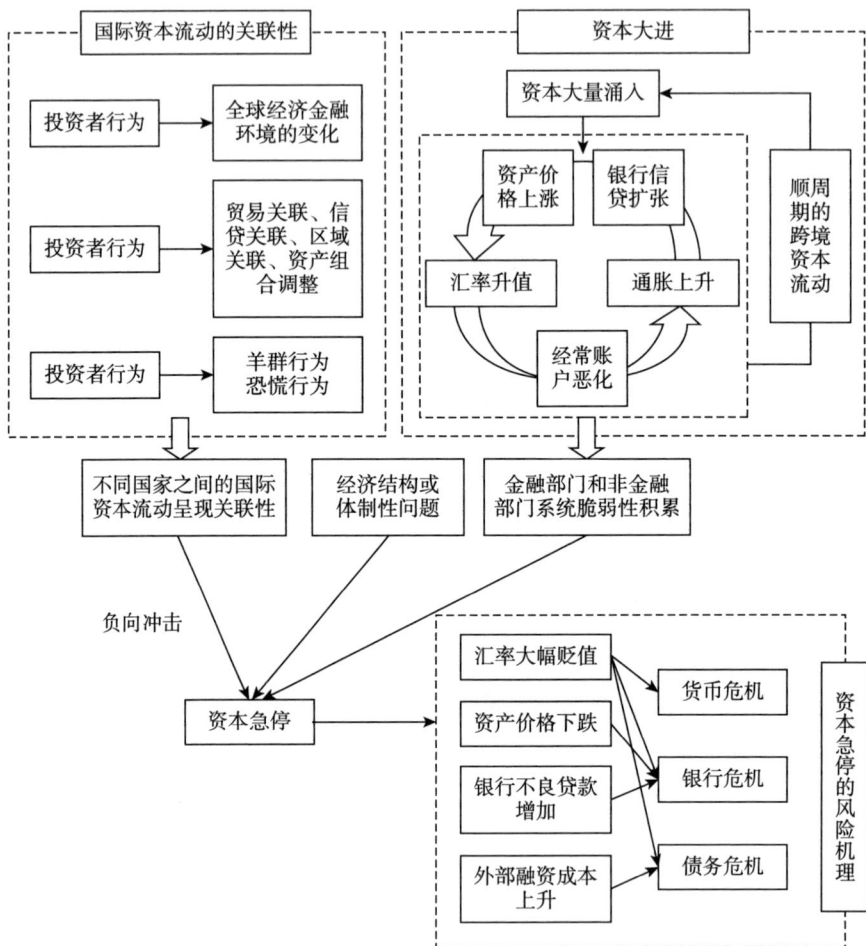

图 6-1 跨境资本流动风险形成及作用机理

化，对于实施固定汇率制度的国家而言，跨境资本的大量涌入会影响其货币政策的独立性，导致货币供应增加、通货膨胀率上升，这些现象都是经济过热的表现。此外，顺周期的跨境资本流动会加剧经济过热现象，导致一国金融体系和非金融体系的系统脆弱性持续累积，为投机者冲击埋下了伏笔。

最后，资本大进往往伴随着资本急停的发生，而资本急停是一国发生金融危机的直接原因之一。资本急停导致的本币大幅贬值会直接引发货币危机；汇率贬值、资产价格下跌、银行不良贷款增加会使银行的资产负债表恶化，引发银行危机；而汇率贬值和资本外逃导致的外部融资成本上升使一国发生债务危机的可能性增大。

此外，本国经济结构或体制性问题也是引发跨境资本流动风险的原因，大多数转型经济体由于国内宏观经济恶化、金融体系不健全或市场过度开放等原因，不能实现对国际资本的有效配置，容易受到投机型资本流动的冲击，其抵御跨境资本流动大幅波动的能力较弱。

（三）跨境资本流动管理的国内外实践

对跨境资本流动进行监测、分析和预警是进行跨境资本流动宏观审慎管理、保持国际收支平衡、防范跨境资本异常流动风险和维护金融稳定的重要手段。总的来看，现有的预警方法主要是根据先行指标的预测结果对风险进行预警，仍为单指标、单目标预警。然而，跨境资本流动风险的表现形式是多维度的，其对经济金融系统产生综合影响。因此，对跨境资本流动风险进行监测预警，也应当采取多维度的风险考量及对其综合度量的预警方法。鉴于此，杨海珍等（2019）构建了跨境资本流动风险立体预警体系，以跨境资本极端波动为中心，对包括外汇市场压力指数、货币市场压力指数和资产价格压力指数在内的金融细分市场的极端波动进行监测，并基于多维信号分析法对上述细分市场指标进行综合预警，同时配合空间向量法测算的偏离距离和偏离夹角来判断跨境资本流动风险的趋势和水平。此外，部分研究还从借鉴国际经验、缩小内外压力差、完善监测指标体系等方面进行了广泛而深入的探讨（巴曙松、巴晴，2020；顾海峰、卞雨晨，2021），并由此提出跨境资本流动的风险防范对策。

1. 国际通用的跨境资本流动管理工具

2008 年全球金融危机前，关于如何应对或管理短期跨境资本流动，学术界的认识都以资本管制为主。而在全球金融危机后，宏观审慎措施（MPMs）和资本流动管理措施（CFMs）被广泛应用（Korinek and Sandri，2016）。2012 年，IMF 发布《资本流动的自由化和管理：机构观点》，提出管理跨境资本流动的四大类政策（见表 6 - 2）。

表 6 - 2   IMF 跨境资本流动管理的四大类政策

	宏观经济政策	结构性政策	宏观审慎措施	资本流动管理措施
工具性质	中短期措施	长期性措施	中短期措施	中短期措施
实施目标	实现宏观政策目标	挖掘经济发展潜力	防范系统性风险	直接管理资本流动
实施环境	跨境资本流动引起宏观经济风险时优先使用	各国根据自身发展目标有选择性地持续推进	跨境资本流动引起金融稳定风险时优先使用	宏观经济政策和宏观审慎措施调整空间有限，或者必要的政策措施和宏观经济调整均需要一定时间起效时使用，并作为一揽子政策的一部分
具体工具	汇率政策、储备政策、货币政策、财政政策等	产业政策、微观政策	广泛适用工具、部门工具、流动性工具、结构性工具	税收、限制、持有期、准备金、强制结汇/汇回、禁止等

2. 中国跨境资本流动管理实践

2005 年汇率形成机制改革以来，中国综合运用价格和数量工具维护外汇市场平衡。2008 年全球金融危机前，主要运用外汇市场干预方式调节外汇市场供求，同时稳妥有序推进人民币资本项目可兑换，有序拓宽对外投资渠道，对冲资本流出压力。2015 年 "8·11" 汇改之后，面对资本持续外流压力，中国人民银行、外汇管理部门综合运用汇率、利率和外汇市场干预等数量和价格工具对跨境资本流动进行逆周期调节，同时加强真实性合规性管理，打击虚假贸易等违法违规行为，维护外汇市场稳定。

总结 2015 年底以来应对外汇市场几次高强度冲击的经验，外汇管理部门提出跨境资本流动 "宏观审慎 + 微观监管" 两位一体管理框架。这个框架的核心包括三点，一是明确 "打开的窗户不会再关上"。2017 年 2 月，外汇管理部门表示，中国经济深度融入全球化的趋势不可更改，外汇管理政策不会后退，更不会走回资本管制的老路，将继续推动中国金融市场的改革开放。二是引入以宏观审慎为核心的跨境资本流动管理工具。以市场化方式逆周期调节跨境资本的顺周期波动，防范国际金融风险跨市场、跨机构、跨币种、跨国境传染。2016 年 5 月，外汇管理部门实行全口径跨境融资宏观审慎管理，包括"逆周期因子"等带有宏观审慎特征的跨境资本流动管理工具启用。三是推进外汇市场微观监管方式转变。改变用微观政策逆周期调节跨境资本流动的做法，保持政策和执行标准跨周期的稳定性、一致性和可预测性，依法依规维护外汇市场秩序。

3. 广东跨境资本流动管理相关举措

近年来，在推进自贸试验区金融改革开放创新的过程中，广东在自由贸易账户、分账核算境外融资等领域先行先试，初步建立了跨境资本流动宏观审慎管理政策框架。特别是横琴的"一线"放开、"二线"管住，为广东跨境金融创新发展提供了防范跨境金融风险的重要保障。广东自由贸易试验区跨境金融管理相关政策汇总见表6－3。

表6－3　广东自由贸易试验区跨境金融管理相关政策汇总

政策类型		政策内容
投资管理政策		对外商投资准入特别管理措施（负面清单）之外的外商投资项目实行备案制，由广东省负责办理
金融政策	企业跨境借款	1. 允许在自贸试验区注册的机构在宏观审慎框架下从境外融入本外币资金和在境外发行本外币债券 2. 支持区内港澳资企业的境外母公司按规定在境内资本市场发行人民币债券，募集资金用于集团内设立在自贸区内全资子公司和集团内成员企业借款的，不纳入现行外债管理 3. 放宽区内企业在境外发行本外币债券的审批和规模限制，所筹资金根据需要可调回区内使用
	外债比例自律管理	逐步统一区内机构外债政策。区内机构借用外债采取比例自律管理，允许区内机构在净资产的一定倍数内借用外债，企业外债资金实行意愿结汇
	限额内自主跨境投融资	实行限额内资本项目可兑换。在区内注册的、负面清单外的境内机构，按照每个机构每自然年度跨境收入和跨境支出均不超过规定限额，自主开展跨境投融资活动；限额内实行自由结售汇
	同业跨境拆借及合作	在宏观审慎管理框架下，应用于与国家宏观调控方向相符的领域，暂不得用于投资有价证券（包括理财等资产管理类产品）、衍生产品
	跨境外汇资金池业务	放宽跨国公司外汇资金集中运营管理准入条件

政策类型		政策内容
金融政策	区内企业/个人跨境投资	1. 区内企业可以开展多种形式的境外投资 2. 研究区个人以人民币开展直接投资、证券投资、集合投资等境外投资 3. 支持港澳地区个人在区内购买人民币理财产品
	贸易投资便利化	在真实合法交易基础上，进一步简化流程，允许选择不同银行办理经常项目提前购汇和付汇。简化直接投资外汇登记手续，直接投资外汇登记下放银行办理。放宽区内机构对外放款管理，进一步提高对外放款比例。允许区内符合条件的融资租赁收取外币租金
	支持 QDLP、QFLP 双向跨境投融资	支持港澳地区机构投资者在自贸试验区内开展 QDLP 业务，募集区内人民币资金投资香港资本市场。支持港澳地区机构投资者在自贸试验区内开展 QFLP 业务，参与境内私募股权投资基金和创业投资基金的投资

资料来源：根据相关资料自行整理。

同时，为防范化解跨境资本流动风险，粤港澳三地不断深化金融监管合作，共同协调解决跨境监管面临的新问题，包括研究建设适合横琴粤澳深度合作区发展要求的电子围网账户体系，便利合作区资金自由划转和使用；不断深化粤澳反洗钱监管合作，探索建立跨境洗钱风险监测合作机制；加强粤港跨境金融科技创新监管合作，推动人民银行金融科技创新监管工具与香港金融科技监管沙盒的联网对接；等等。

第二节　跨境资本流动的现状与趋势

一　全球跨境资本流动的动态演进

（一）国际资本流动规模及结构演化

随着 20 世纪 90 年代以来多个国家经济金融自由化相关政策的实施以及新兴市场国家经济发展步伐的加快，全球国际资本流动的规模持续扩大，并呈现以下新特征。第一，短期国际资本流动总规模脱离实体经济发展并不断扩大，表现出过度虚拟化的特点。尤其是近些年来，短期国际资本的波动越发频繁，流动多受利益驱动，哪里风险低、利润高，便流向哪里，很难通过把握其运动规律进行预测，大大增加了跨境资本流动给一国或地区经济带来的风险。第二，投资形式多样化。在 20 世纪 90 年代以前，外商直接投资、银行借贷、政府借贷等均是跨境资本流动的主要形式，但随着世界经济发展和全球化浪潮的迅猛推进，跨境资本流动的形式和内容也逐步走向多元化，一些具有创新性和灵活性、效率较高且时代性特征明显的国际融资方式受到广大国际投资者的青睐，如国际证券融资和跨国并购等。第三，私人资本流动成为国际资本流动的主角。私人资本流动即非官方资本流动，以新兴市场和发展中国家为例，21 世纪以来，受本国的经济增长形势和资本账户开放进程加快的影响，这些国家的私人资本流动规模总体上呈现上升趋势。虽然受 2008 年国际金融危机、2012 年欧洲危机深化的影响，新兴市场和发展中国家总体私人资本流动规模出现大幅下跌，但 2013 年其规模远远超过 21 世纪初的水平。其中，亚洲新兴市场和发展中国家私人资本流入规模增长最快，其次是拉丁美洲和欧洲。第四，国际资本流动具有明显的"趋利避害"性，但其"避害"性更加明显。2008 年以前，国际资本大量流入经济高速增长的新兴市场国家，随着 2008 年国际金融危机的爆发和逐步蔓延，全球风险增大，虽然新兴经济体国家经济基本面并未出现恶化，但国际资本出现"安全投资转移"（Flight to Quality）现象，从新兴市场国家大量撤出，并主要流向美国等发达国家。1997 年亚洲金融危机爆发时也出现过类似情形，这说明相比于利益，国际资本流动对风险更敏感。

21 世纪以来，全球跨境资本流动主要经历了两个阶段。第一个阶段是 2000～2013 年，国际资本高强度流入新兴经济体。2008 年国际金融危机前，资本流入主要是因为新兴经济体经济增长速度较快，资本回报率较高；国际金融危机后，资本流入则是因为主要发达经济体实施量化宽松货币政策，国际市场流动性泛滥。第二个阶段是 2014 年至今，国际资本开始从新兴经济体流出。主要是随着新兴经济体经济增长放缓，发达国家货币政策分化，特别是随着美联储量化宽松货币政策的退出和启动加息，跨境资本流动开始转向。2020 年以来，在发生新冠疫情的大背景下，全球跨境资本流动急剧波动，外商直接投资整体萎靡，由于新兴经济体与发达国家的利差增大，大量债券发行带动了短期资本流入。

（二）中国跨境资本流动演变历程

受全球资本流动格局变化的影响，21世纪以来，中国跨境资本流动呈现四个阶段的特征。第一阶段是 2000～2007 年，中国相对低廉的劳动力成本优势吸引了大量国际资本流入，加之成功入世、高储蓄率与实施资本外流管制的背景特征，中国经常账户与非储备性质的金融账户持续双顺差；第二阶段是 2008～2013 年，2008 年国际金融危机之后，在全球各大经济体持续量化宽松政策和中国资本账户进一步开放的双重影响下，外资净流入规模明显扩大；第三阶段是 2014～2016 年，2015 年"8·11"汇改之后人民币汇率的大幅贬值导致资本净流出压力不断加大，非储备性质的金融账户连续出现大规模逆差，虽然汇率贬值刺激扩大了贸易顺差规模，但最终仍未能避免国际收支差额在这一阶段由正转负；第四阶段是 2017 年至今，人民币汇率持续大幅走强，贸易顺差规模逐步扩张，国际收支差额由负转正。

2020 年以来，中国经济基本面良好，跨境资本呈现净流入态势，外商直接投资规模持续增长，人民币债券备受境外投资者青睐；跨境资本流动呈现规模加大、双向流动的特点（见图 6 - 2）。2020 年，总资本流入为5250.7 亿美元，高于 2018 年的总资本流入规模 5171.7 亿美元，是近 7 年规模最大的资本内流；总资本流出为 6028.3 亿美元，接近 2014～2016 年跨境资本集中流出时的水平。[①] 2021 年，在全球供应链受阻的情况下，得益于中国疫情防控政策和国内供应链稳定优势，国内企业生产经营活动有序开展，中国出口超预期增长导致贸易出现大顺差，外资继续流入。2022 年，中国经常账户顺差 4175 亿美元，顺差规模占同期国内生产总值（GDP）的2.3%，处于合理区间；直接投资延续净流入，短期资本外流快速收敛，跨境资本流动总体理性有序。鉴于全球经济和金融走势不确定性加大，中国应在加快对外开放稳健步伐的基础上，防范跨境资本流动的潜在风险。

---

① 根据国家外汇管理局发布的相关数据自行整理。

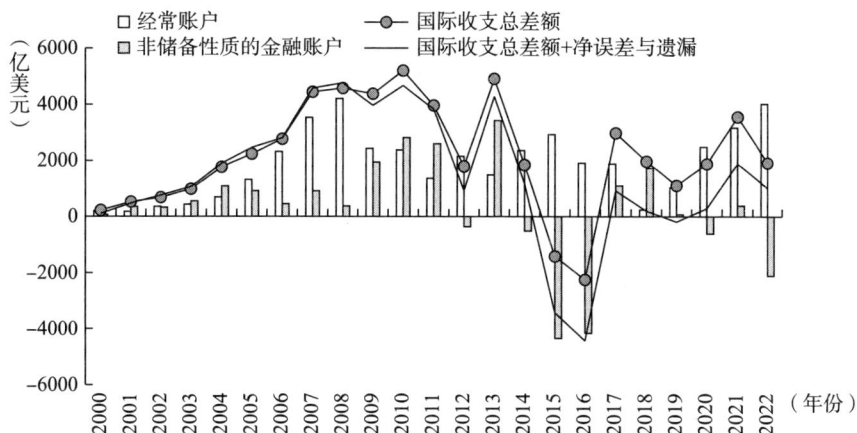

图 6 - 2　中国国际收支及其细分项变化情况

注：为了更为清楚地显示国际资本流动的类型并简化分析，事实上可将国际收支平衡表的资本与金融账户中的资本账户和非储备性质金融账户视为一体，以凸显储备资产科目，从而变为以下四个主要部分："经常账户""非储备性资本与金融账户""储备资产""净误差与遗漏账户"。其中"经常账户"与"非储备性资本与金融账户"的差额变动之和即是国际收支差额（资本净流入），而国际收支差额和净误差与遗漏账户之和则代表着最终的储备资产的增加。

资料来源：根据国家外汇管理局发布的相关数据自行整理。

二　粤港澳大湾区跨境资本流动的主要特征

广东毗邻港澳，随着粤港澳三地金融市场互联互通的加速推进，以"债券通""深港通""跨境理财通""互换通"等为代表的"金融通"的投资范围不断扩大，在很大程度上促进了资本跨境流动。2022 年，债券通"北向通"全年共达成 82981 笔交易，交易量超过 8 万亿元。[①]"深港通"交易保持活跃，其中北向交易金额为 12.51 万亿元；南向交易金额为 3.60 万亿元港币，南向资金净买入 1.93 万亿元港币，为香港市场繁荣发展注入强劲动能。[②]"跨境理财通"试点落地以来保持较高热度，2022 年，跨境理财

---

① 《2022 年债券通"北向通"全年交易量突破 8 万亿元》，中国金融新闻网，2023 年 1 月 18 日，https://www.financialnews.com.cn/sc/zq/202301/t20230118_263557.html。

② 数据源自深圳证券交易所公布的"深股通"及"港股通"交易年报。

汇划金额达 17.4 亿元。① 从整体上看，随着大湾区资本项目的有序开放，大湾区跨境资金流转效率日益提升，跨境资本流动规模日益增长，资本双向波动日益频繁，但在粤港澳跨境贸易和投融资便利化程度不断加深的同时，仍需警惕灰色渠道资金通过资产价格渠道、资产负债关联等引发的跨境资本异动问题，前瞻性防范化解跨境金融风险。

（一）广东跨境资本流动现状

近年来，广东外贸增长强劲，带动跨境收支快速增长，跨境资本净流入大幅增加。2022 年，广东跨境收支保持稳健，银行结售汇顺差 1774.48 亿美元，银行代客涉外收支顺差 2396.92 亿美元。② 整体上看，广东跨境资本流动呈现如下特点：一是跨境交易规模不断扩张，跨境资本流量呈上升趋势；二是跨境资本流动以经常项目为主，资本与金融项目跨境资本流出压力明显；三是货物贸易和证券投资在细分项跨境资本流向波动中占据主导地位；四是涉外收入结汇比和涉外支出售汇比小幅波动，市场参与者的跨境融资意愿趋稳。

1. 跨境资本流动规模分析

目前，跨境资本流动的统计口径主要包括三类：一是国际收支数据③（涉外交易环节），二是银行结售汇数据④（本外币兑换环节），三是跨境收支数据或涉外收付款数据⑤（资金跨境环节）。国际收支数据尽管更为全面翔实，但央行目前只发布季度数据，而银行层面的两套月度数据（结售汇与代客涉外收支数据）既可分析更高频率的跨境资本流动现状，又可观察

---

① 《人民币连续 3 年成大湾区第一大跨境结算货币》，南方网，2023 年 1 月 21 日，https://news.southcn.com/node_b6acdc8047/cfa1f78a96.shtml。
② 根据国家外汇管理局发布的银行结售汇和代客涉外收付数据自行整理。
③ 按照国际货币基金组织的统一标准编制国际收支平衡表和国际投资头寸表，反映一段时间内中国发生的对外贸易投资等所有交易，以及某一时期末的对外金融资产和负债余额。
④ 银行结售汇是指，银行为客户及其自身办理的结汇和售汇业务，包括远期结售汇履约和期权行权数据，不包括银行间外汇市场交易数据。通过境内银行统计银行为自身或客户办理的外汇买卖情况，反映境内外汇供求总体状况。
⑤ 银行代客涉外收付款是指，境内非银行居民机构和个人通过境内银行与非居民机构和个人之间发生的收付款，通过境内银行采集企业、个人等在银行办理的所有本外币跨境资金收入和支出的逐笔信息，反映非银行部门的跨境资本流动情况。

到居民、非金融企业与银行等不同部门的资产或负债调整行为，故本书将从银行结售汇及代客涉外收付视角出发，具体分析 2019～2022 年广东的跨境资本流动变化情况。①

一是跨境资本流动的活跃度持续提高。随着中国金融对外开放步伐不断加快，贸易投融资便利化政策不断落地，跨境资本流动活跃度持续提高。2019～2021 年，广东银行结汇和售汇总量以及代客涉外收入和支出规模呈波动上升趋势（见图 6-3 和图 6-4）。2022 年，受国内外经济金融形势影响有所回落。一方面，银行结售汇交易保持活跃，外汇形势总体平稳。2021年，银行结汇和售汇交易合计 8117.42 亿美元，较 2019 年增长 42.1%，主要得益于中国疫情防控和经济恢复保持全球领先，货物贸易和各类投融资活动总体保持较高活跃度。另一方面，境内主体涉外经济活动总体保持活跃，跨境收支规模总体扩张。银行代客涉外收入从 2019 年的 7409.09 亿美元增加到 2022 年的 11136.93 亿美元，规模扩大了 0.50 倍；银行代客涉外

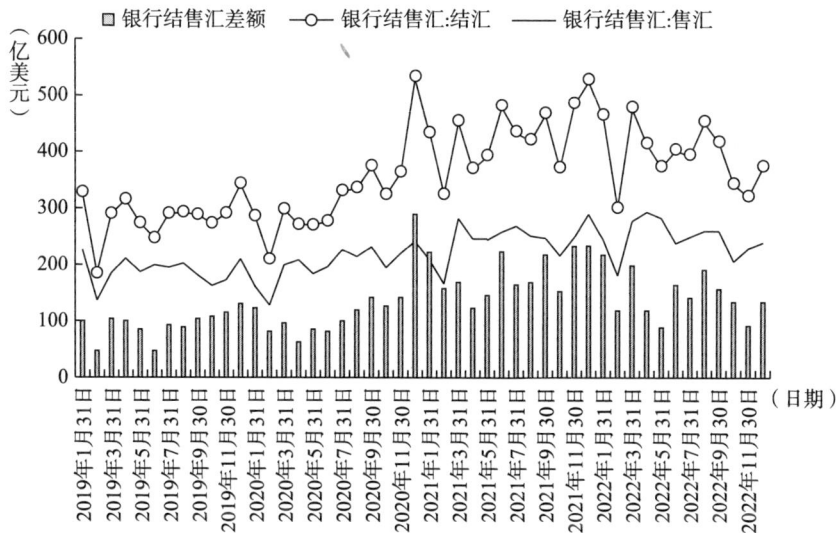

图 6-3 广东银行结售汇及其差额变化情况

资料来源：根据国家外汇管理局发布的相关数据自行整理。

① 鉴于数据的可获得性，本书仅分析 2019～2022 年广东的跨境资本流动变化情况。

支出从 2019 年的 6293.24 亿美元增加到 2022 年的 8740.01 亿美元，规模扩大了 0.39 倍。

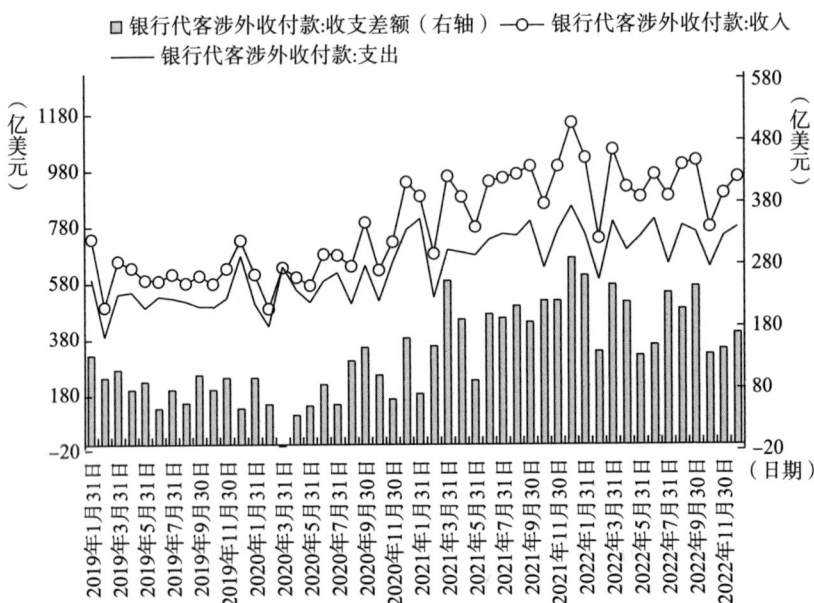

图 6 - 4　广东银行代客涉外收付款及其收支差额变化情况

资料来源：根据国家外汇管理局发布的相关数据自行整理。

二是跨境资本继续保持净流入态势。作为衡量跨境资本流动的总量指标，2019~2022 年银行结售汇和银行代客涉外收付款均延续顺差格局（见图 6 - 3 和图 6 - 4）。一方面，银行结售汇总体保持合理规模顺差。借鉴现行跨境资本流动应对预案（见表 6 - 4）的划分标准，除个别月份结售汇顺差规模处于需要"关注"的水平之外，其余大多数结售汇顺差均处于"合理"波动范畴。另一方面，银行代客涉外收支顺差规模持续扩大。2022 年，涉外收支顺差规模达 2396.92 亿美元，比 2019 年增长 114.80%。2020 年 3 月，受季节性因素和外部环境变化影响，涉外收支呈现小幅逆差（ - 3.06 亿美元），4 月立即恢复顺差 45.24 亿美元；其他月份涉外收支顺差均保持较高水平。

表6-4　银行无息准备金渐进式征收标准

资本流入程度（全国跨境资本流入水平判断标准）	征收方式
正常（月度结售汇顺差 < 200 亿美元）	不征收
关注（200 亿美元 ≤ 月度结售汇顺差 < 350 亿美元）	$E \times 20\%$
轻度异常（350 亿美元 ≤ 月度结售汇顺差 < 550 亿美元）	$E \times 50\%$
中度异常（550 亿美元 ≤ 月度结售汇顺差 < 750 亿美元）	$E \times 80\%$
重度异常（月度结售汇顺差 ≥ 750 亿美元）	E

注：E 为无息准备金的缴存比率，即对银行在外汇市场中净卖出外汇超过起征点的部分按 E 的比例征缴准备金。针对不同的资本流入程度，按累进原则征收不同费率的无息准备金，但最高为 E。

2. 跨境资本流动结构分析

一是经常项目继续发挥稳定跨境资本流动的基本盘作用。在中国跨境资本流动中，经常项目跨境收支规模占整体跨境收支的比重明显高于资本与金融项目，长期保持在八成以上。广东的情况类似，从 2019～2022 年的年度平均值来看，银行经常项目代客结售汇规模和银行经常账户代客涉外收支规模分别占整体跨境资本流动规模的 86.39% 和 84.94%。因此，经常项目资本的波动可以在很大程度上决定跨境资本的流向。具体来看，结售汇方面，2019～2022 年银行结售汇差额的波动主要源自银行代客结售汇差额的变动，且经常项目顺差的波动显著影响银行代客结售汇顺差的走势（见图 6-5），资本与金融项目走势则比较平稳，对结售汇顺差的影响较小。涉外收支方面，2019～2022 年经常账户顺差与银行代客涉外收支顺差变动趋势高度一致（见图 6-6），当资本和金融账户出现逆差时，经常账户将涉外收支稳定在顺差水平。

二是经常账户跨境资本流入规模日益提升，货物贸易占据主导地位。一方面，经常账户顺差呈扩大趋势。银行经常项目代客结售汇差额由 2019 年的 1117.42 亿美元上升至 2022 年的 1829.1 亿美元，顺差规模增长63.69%；银行经常账户代客涉外收支差额由 2019 年的 1055.61 亿美元上升至 2022 年的 3038.49 亿美元，顺差规模扩大了 1.88 倍。另一方面，贸易跨境资本流动或呈双向波动趋势。其中，货物贸易顺差是银行代客结售汇和代客涉外收支顺差最主要的影响因素（见图 6-7 和图 6-8），货物贸易顺

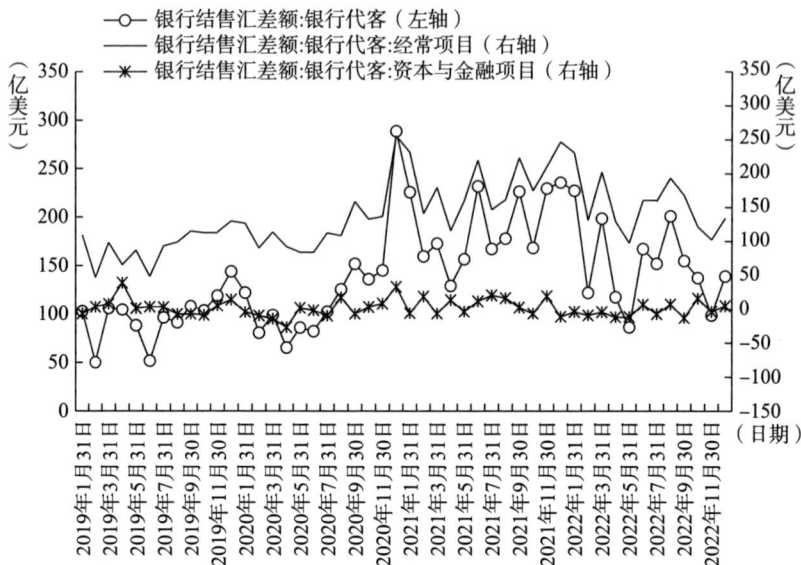

图 6-5　广东银行代客结售汇差额及其细分项变化情况

资料来源：根据国家外汇管理局发布的相关数据自行整理。

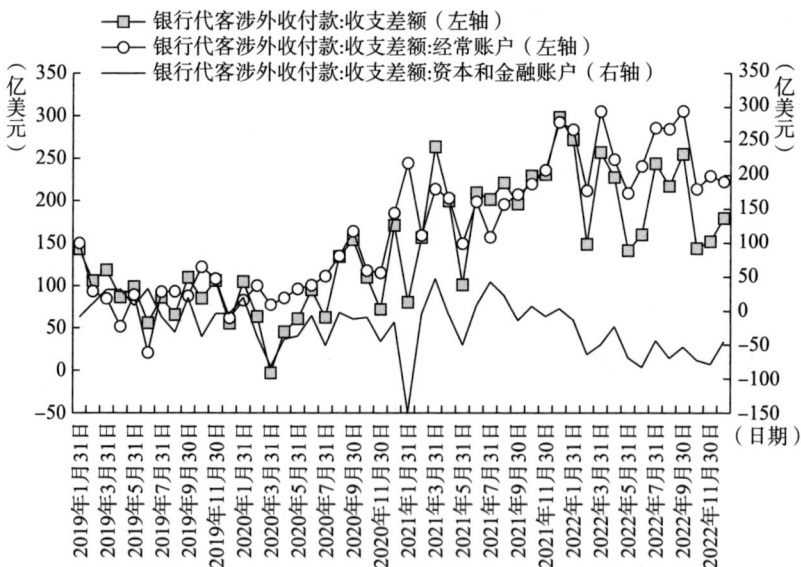

图 6-6　广东银行代客涉外收支差额及其细分项变化情况

资料来源：根据国家外汇管理局发布的相关数据自行整理。

差的扩大可显著改善跨境资本流出情况。2019～2022年，货物贸易表现出较强的韧性，货物贸易结售汇和涉外收支顺差规模整体呈上升趋势，体现了广东产业链供应链的相对优势以及近年来转型升级取得的显著成效。然而，受新冠疫情影响，近两年跨境人员往来受阻，出境观光、留学等支出大幅减少，广东服务贸易跨境收支逆差仍存在但持续收窄。2022年，银行代客服务贸易结售汇逆差为16.36亿美元，同比降低66.06%；银行代客服务贸易涉外收支由2021年的逆差44.29亿美元转为顺差58.64亿美元。

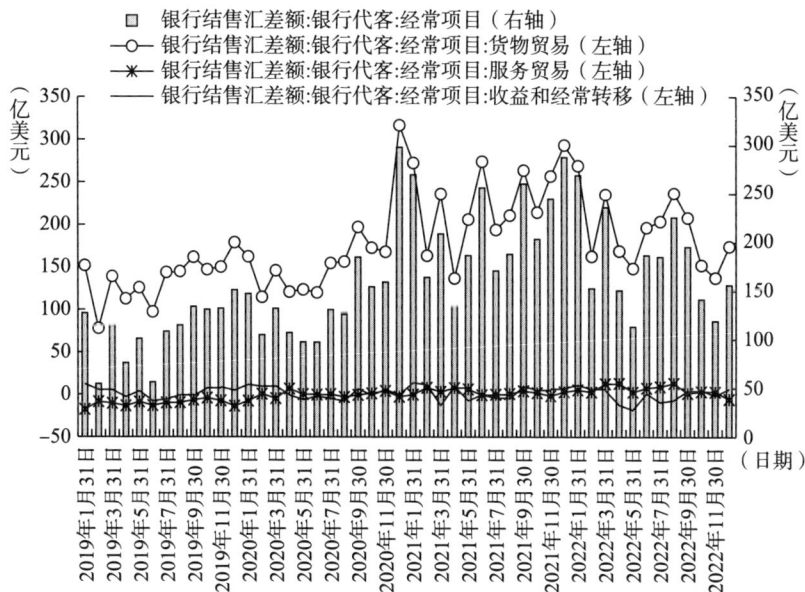

图6-7 广东银行经常项目结售汇差额及其细分项变化情况

资料来源：根据国家外汇管理局发布的相关数据自行整理。

三是资本和金融项目跨境资本流动呈双向波动格局，跨境资本流出压力明显。一方面，资本和金融项目中的直接投资分项主要呈净流入状态（见图6-9和图6-10），表明外资继续保持长期投资广东市场的意愿。其中，2019～2022年，银行直接投资代客结售汇和涉外收付款分别累计净流入327.11亿美元和374.6亿美元。另一方面，受外部环境变化影响，境内投资境外股票和债券的资金波动有所增加，资本与金融项目中的证券投资

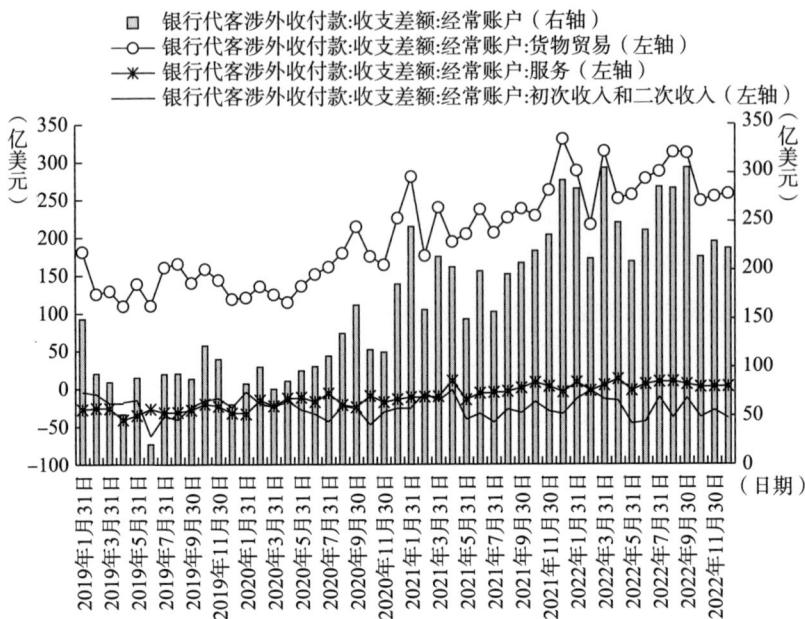

图6-8　广东银行经常账户代客涉外收支差额及其细分项变化情况

资料来源：根据国家外汇管理局发布的相关数据自行整理。

分项主要呈现净流出状态（见图6-9和图6-10）。其中，2019~2022年，银行证券投资代客结售汇和代客涉外收付款分别累计净流出90.72亿美元和1439.7亿美元。总体而言，银行代客结售汇方面，受直接投资跨境资本影响，2019~2022年资本与金融项目跨境资本累计净流入81.76亿美元；银行涉外收支方面，证券投资起主导作用，2019~2022年资本和金融项目跨境资本累计净流出1063.61亿美元。跨境资本净流出的主要原因：一是周期性资本流出，即随着美国经济恢复增长，人民币对美元汇率触顶，大量套利资金开始回流美国等发达国家；二是趋势性资本流出，一方面，广东积极实施企业"走出去"战略，鼓励企业对外进行投资兼并，另一方面，随着广东自贸区建设和"一带一路"倡议的实施，沿线国家在基建投资上的资金缺口也需要中国对外投资补足。

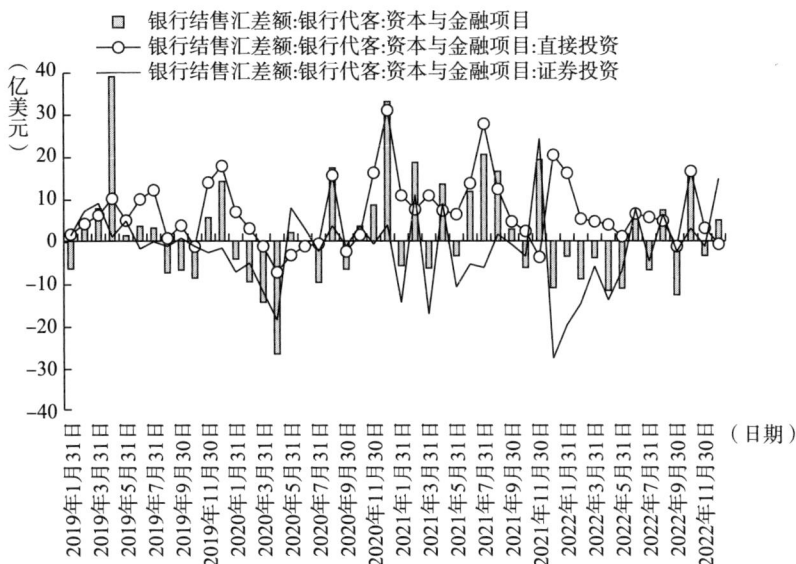

图 6-9　广东银行资本与金融项目结售汇差额及其细分项变化情况

资料来源：根据国家外汇管理局发布的相关数据自行整理。

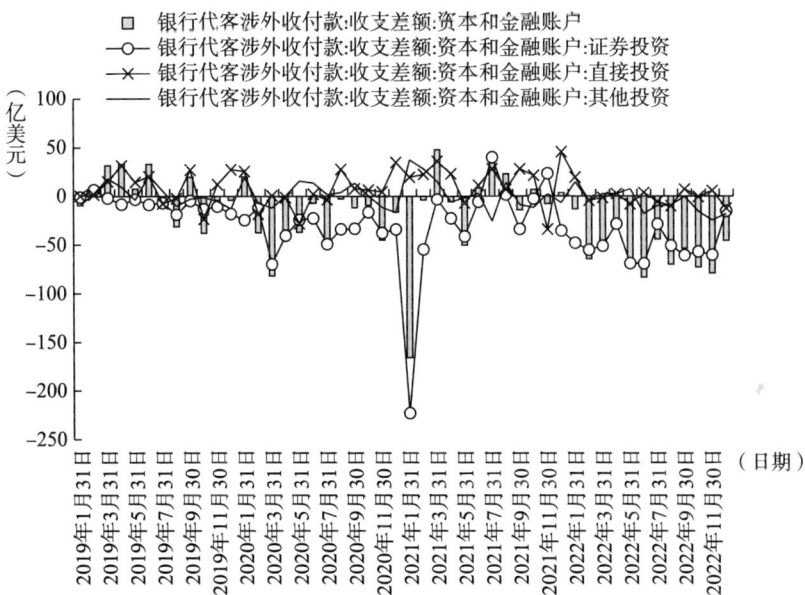

图 6-10　广东银行资本和金融账户代客涉外收支差额及其细分项变化情况

资料来源：根据国家外汇管理局发布的相关数据自行整理。

3. 市场参与者的结售汇意愿分析

总体而言,目前广东外汇市场交易理性有序,结售汇意愿保持稳定。一方面,市场参与者的结售汇意愿会受到人民币汇率预期和境内外利差的影响。通常在人民币升值预期下,市场参与者倾向于净出售外汇;相反则倾向于净购买外汇。研究表明,涉外收入结汇比和涉外支出售汇比可以用来判断市场参与者的结售汇意愿。[①] 2019~2022 年,衡量结汇意愿的涉外收入结汇比平均为 45.05%,衡量售汇意愿的涉外支出售汇比平均为 33.46%,二者走势总体稳定 (见图 6-11)。而且,涉外支出售汇比的变动趋势大致与涉外收入结汇比相反,说明在人民币升值预期逐渐淡化的背景下,市场参与者的购汇意愿趋于上升。

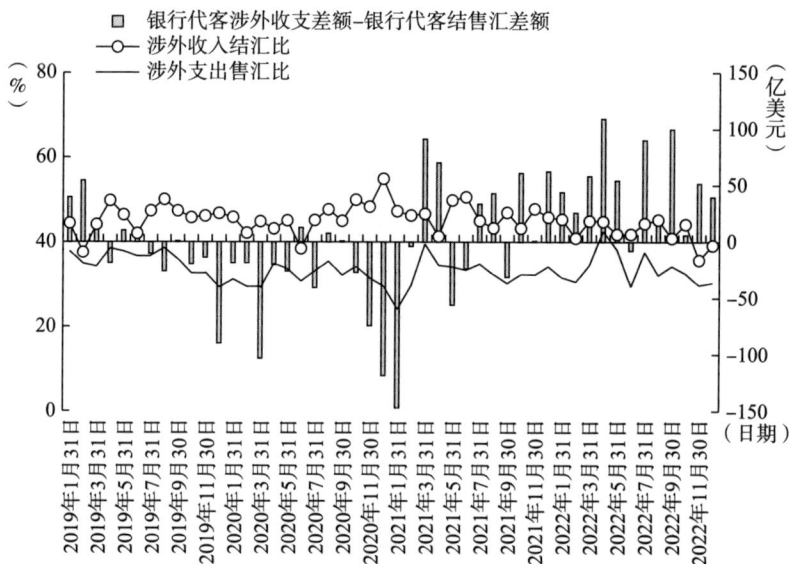

图 6-11 市场参与者的结售汇意愿变化情况

资料来源:根据国家外汇管理局发布的相关数据自行整理。

另一方面,我们可以通过银行代客结售汇差额与银行代客涉外收支差额的差来分析人民币汇率变动预期对市场参与者买卖外汇行为的影响。从

---

① 涉外收入结汇比反映企业结汇意愿,计算公式为银行代客结汇额/银行代客涉外收入;涉外支出售汇比反映企业售汇意愿,计算公式为银行代客售汇额/银行代客涉外支出额。

2019 年 4 月到 2021 年上半年的大部分时期内，银行代客结售汇差额均大于银行代客涉外收支差额（见图 6-11），这意味着市场参与者净出售的外汇资产超过了同期内其通过跨境交易收到的外汇资产；而从 2021 年下半年开始，局势发生逆转并持续，这说明随着人民币升值预期转变为贬值预期，市场参与者更加倾向于持有外汇资产。

（二）香港跨境资本流动现状①

1. 跨境资本流动规模分析

作为国际金融中心及全球最自由的经济体之一，香港实行高度开放的金融政策，其成熟的金融市场和监管机制、规范健全的市场法律体系，受到国内外投资者的信赖，跨境资本流动十分活跃。总体来看，2000～2022 年香港的国际收支变化可以分成三个阶段（见图 6-12）。①2000～2009 年，国际收支顺差呈上升趋势，资本大量流入并实现质的飞跃。国际收支总差额由 2000 年的 783.21 亿港元跃升至 2009 年的 6124.98 亿港元，储备资产（国际收支总差额和净误差与遗漏之和）也由 2000 年的 816.9 亿港元

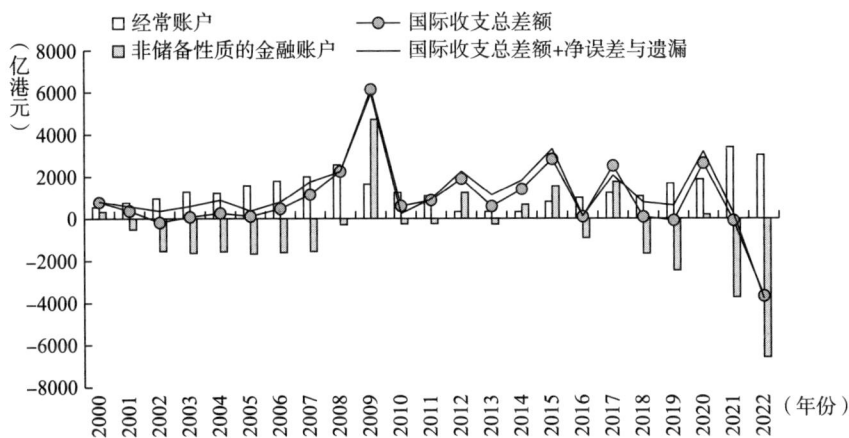

图 6-12　香港国际收支及其细分项变化情况

资料来源：根据香港政府统计处发布的相关数据自行整理。

---

① 由于香港并未公开银行结售汇和涉外收支相关数据，故本书主要通过香港政府统计处发布的国际收支平衡表数据来测度香港的跨境资本流动规模。澳门类似。

增长至 2009 年的 5930.28 亿港元。②2010～2020 年，国际收支快速回落至平稳阶段，其间呈现波动但仍位于合理区间。受 2008 年国际金融危机影响，国际资本大举撤出，2010 年，国际收支顺差断崖式回落至 591.45 亿港元，储备资产也下降至 236.15 亿港元。③2021 年至今，国际收支连续两年逆差，跨境资本呈现从中国等新兴市场流出、回流至美欧等发达市场的特征。2022 年，受国内新冠疫情反复、国际政治经济格局动荡和美联储持续大幅加息等复杂因素影响，香港国际收支逆差创历史新高，高达 3672.12 亿港元，储备资产下降至 −3796.91 亿港元。

从短期跨境资本流动①角度看，2015 年以来，跨境资本持续大幅净流出。2022 年，短期资本净流出 7815.16 亿港元，同比增长 15.21%，与国际收支总差额之比降至 212.82%（见图 6-13），资本外流压力仍不能小觑。

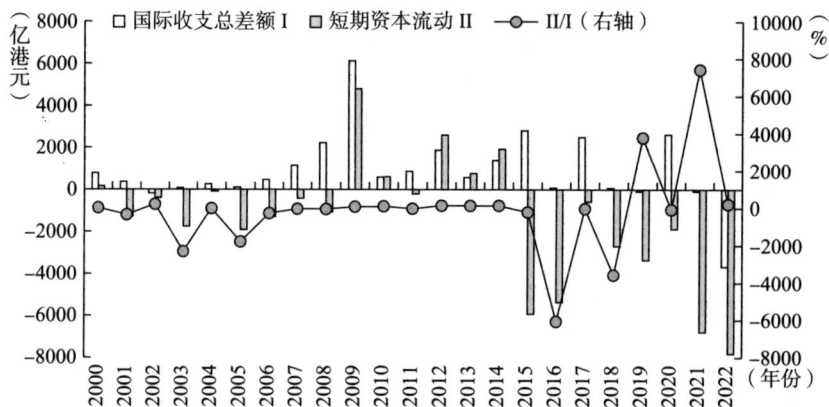

图 6-13 香港短期资本流动与基础国际收支之比

资料来源：根据香港政府统计处发布的相关数据自行整理。

2. 跨境资本流动结构分析

（1）经常账户

2000～2022 年，香港经常账户均表现为净流入，于 2021 年达到最大值

---

① 理论上，通常用国际收支口径的证券投资、金融衍生工具、其他投资以及净误差与遗漏四项合计来衡量短期跨境资本流动，即非直接投资形式的资本流动（Non-FDI Capital Flows）。

3394.29 亿港元。一方面，经常账户的波动主要受货物和服务账户的资本流动影响，且与广东经常账户项下的货物和服务贸易账户变动不一样的是，香港货物贸易项下的资本主要呈现净流出态势，服务贸易项下的资本主要呈现净流入态势。这主要是因为香港作为全世界服务业主导程度最高的经济体，金融、咨询、法律服务等知识密集型服务业发展成熟，通过提供各类服务吸引全球资本。另一方面，初次收入对经常账户的影响逐渐增强，初次收入净流入由 2000 年的 87.54 亿港元增加至 2022 年的 1995.26 亿港元（见图 6 – 14）。

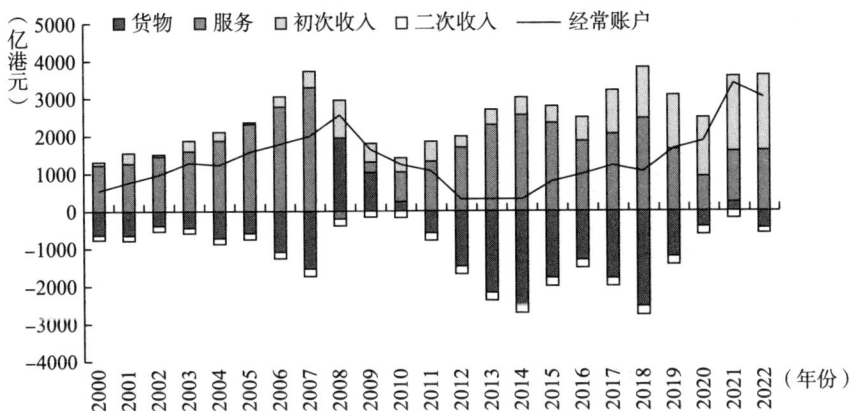

图 6 – 14　香港经常账户细分项变化情况

资料来源：根据香港政府统计处发布的相关数据自行整理。

（2）非储备性质的金融账户

总体来看，2000～2022 年香港金融账户的资本流动可以分为三个阶段（见图 6 – 15）：①2000～2007 年，非储备性质的金融账户基本呈现净流出态势，最大净流出为 2005 年的 1668.12 亿港元；②2008～2018 年，非储备性质的金融账户逆势转为净流入，并在合理区间内波动，最高净流入达到 4709.87 亿港元；③2019 年至今，非储备性质的金融账户大致呈净流出态势，除 2020 年净流入外，其他年份净流出规模持续扩大，2022 年净流出规模创历史新高，达到 6583.25 亿港元。从细分项看，证券投资和其他投资是影响非储备性质的金融账户变动的两个主要因素，其中，证券投资账户主要表现为资金净流出。与广东非储备性质的金融账户波动影响因素不同的是，直接投资对香港非储备性质的金融账户的影响较小。

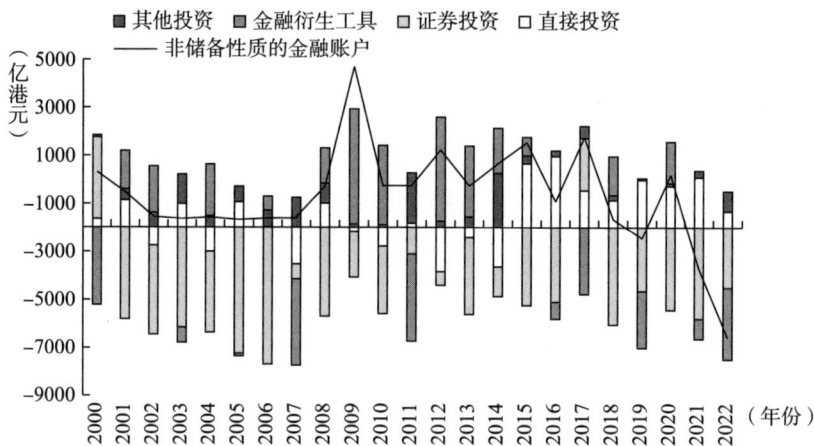

图 6 - 15　香港非储备性质的金融账户细分项变化情况

资料来源：根据香港政府统计处发布的相关数据自行整理。

（三）澳门跨境资本流动现状

1. 跨境资本流动规模分析

澳门奉行自由市场的经济政策，是全球最开放的贸易和投资经济体之一，没有外汇管制，市场主体的国际化程度高。总体来看，2002～2021 年①澳门的国际收支变化可以分成两个阶段（见图 6 - 16）：①2002～2011 年，国际收支差额呈上升趋势，顺差规模由 2002 年的 23.50 亿澳门元提升至 2011 年的 816.15 亿澳门元，储备资产也由 2002 年的 - 96.95 亿澳门元增长至 2011 年的 504.10 亿澳门元；②2012～2021 年，国际收支差额呈下降趋势，累计资金净流入 920.42 亿澳门元，相对而言储备资产波动幅度较大，但均处于合理波动区间。

从短期跨境资本流动角度看，2002～2019 年，澳门跨境资本整体呈净流出态势（见图 6 - 17），且流出规模波动较大。其中，2013 年和 2019 年，

---

①　鉴于目前澳门金融管理局仅公布 2002～2021 年的国际收支平衡表数据，本书仅分析该时间段澳门的跨境资本流动情况。

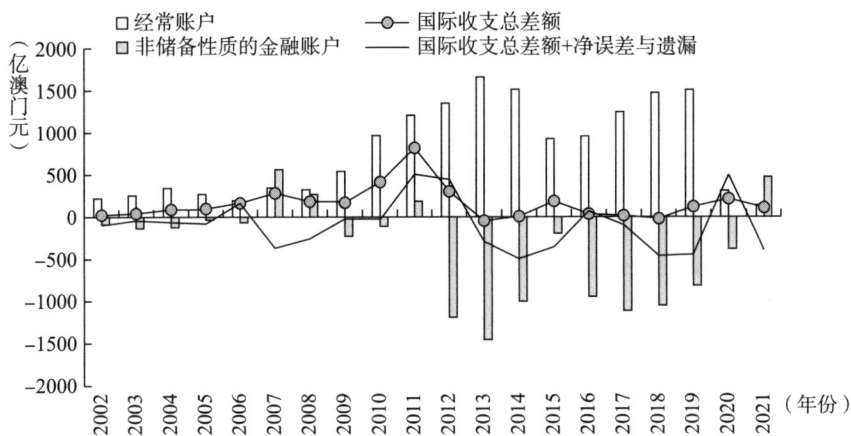

图 6-16　澳门国际收支及其细分项变化情况

资料来源：根据澳门金融管理局发布的相关数据自行整理。

短期资本净流出规模分别达到 1825.22 亿澳门元和 1803.04 亿澳门元。2020 年，资金外流状况得到缓解，短期资本净流入 649.32 亿澳门元。总体来看，资本外流压力仍存在，需密切关注。

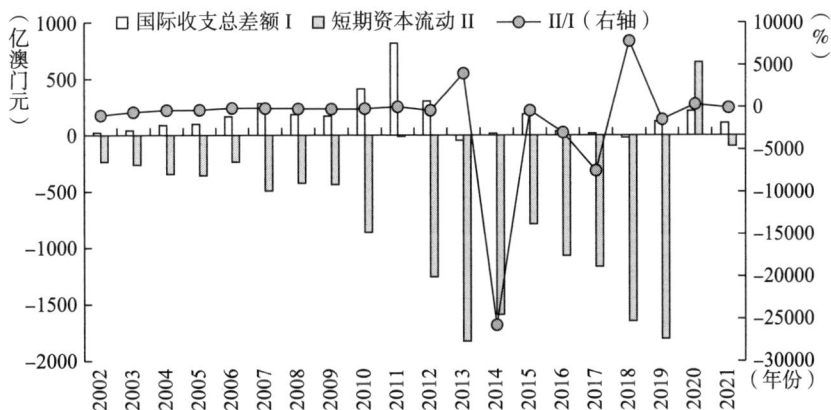

图 6-17　澳门短期资本流动与基础国际收支之比

资料来源：根据澳门金融管理局发布的相关数据自行整理。

2. 跨境资本流动结构分析

（1）经常账户

2002～2013 年，澳门经常账户盈余持续上升，资金净流入规模由 2002 年的 220.04 亿澳门元上升至 2013 年的 1657.28 亿澳门元，主要原因为服务出口大幅度增长带来的服务账户盈余扩大抵销了货物账户的赤字和初次、二次收入账户的净流出。2014 年开始，经常账户净流入规模有所回落，直到 2019 年，整体账户盈余仍维持高位小幅波动。2020～2021 年，澳门服务贸易深受新冠疫情等外部冲击影响，服务账户资金净流入规模迅速缩小，导致经常账户盈余规模由 2019 年的 1507.62 亿澳门元直线下降至 2021 年的 140.50 亿澳门元（见图 6－18）。

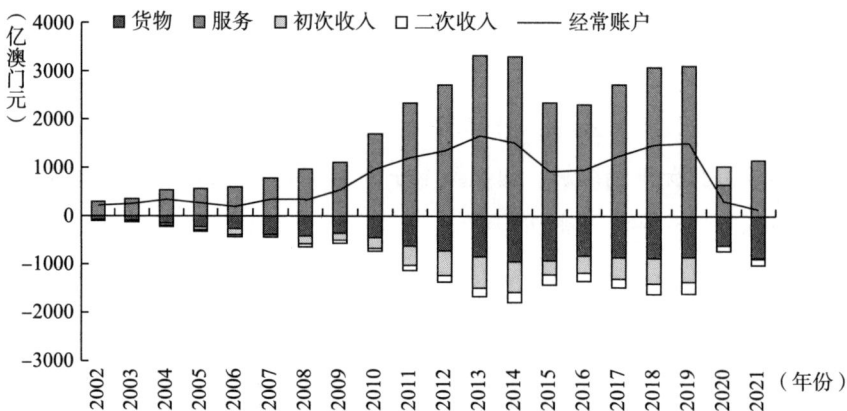

图 6－18　澳门经常账户细分项变化情况

资料来源：根据澳门金融管理局发布的相关数据自行整理。

（2）非储备性质的金融账户

整体来看，澳门非储备性质的金融账户的变化可以分成两个阶段（见图 6－19）：①2002～2011 年，澳门非储备性质的金融账户呈现小幅波动，资金由 2002 年的净流出 87.24 亿澳门元波动上升至 2011 年的 184.89 亿澳门元，累计流入 231.35 亿澳门元；②2012～2021 年，非储备性质的金融账户呈现大幅波动态势，最大资金净流出规模高达 1457.14 亿澳门元。波动主要来自证券投资和其他投资两个细分项，其中，证券投资项下资金累计净流出 5602.38 亿澳门元，其他投资项下资金累计净流出 2767.09 亿澳门元。

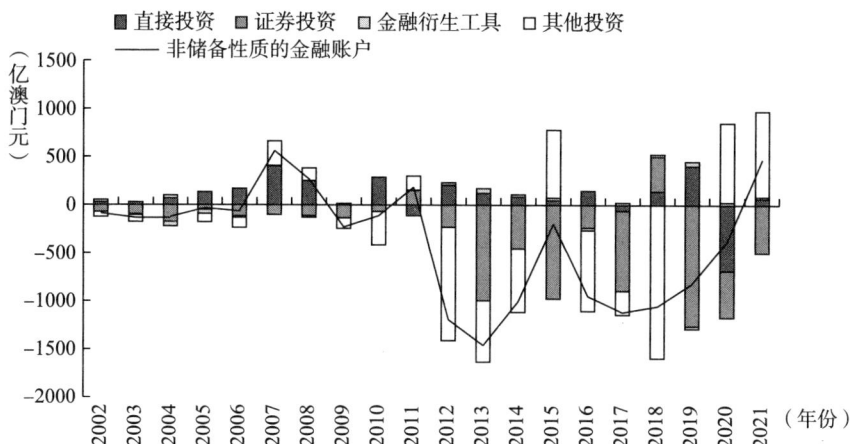

图 6 - 19　澳门非储备性质的金融账户细分项变化情况

资料来源：根据澳门金融管理局发布的相关数据自行整理。

（四）　大湾区跨境资本流动的潜在问题

随着中国加快开放资本账户（包括提高 QFII 与 QDII 的额度、QDII2 的推出、"沪港通"与"深港通"的推出、内地与香港基金互认的实施、自贸区开放力度的加大等），跨境资本流动面临的约束明显减少，大湾区跨境资本大进大出的概率显著上升。通过分析广东银行代客涉外收付款差额与贸易差额的缺口、银行结售汇和代客涉外收支波动情况及"深港通"南向通资金流动趋势，发现大湾区跨境资本流动存在以下潜在问题，亟须重点关注，警惕由短期资本异常流动导致的外部敞口增大的系统性风险。

1. "资本外逃"问题

研究发现，触发跨境资本流入或流出的重要因素还包括纳税负担加重、债务违约风险上升、政治风险显现、资本管制变严、地缘政治风险等。2014年下半年到 2016 年中国资本大幅流出不仅是因为美元指数的持续走强，还有反腐、资本管制等其他因素带来的"资本外逃"。根据历史经验，在人民币贬值预期较强时期，企业往往利用贸易渠道，通过低报出口、高报进口，实现资本外逃，导致 2015～2016 年中国境内银行代客涉外收付款差额与贸易差额的缺口达到历史极值。因此，本书用广东境内银行代客涉外收付款差额与贸易差额的缺口作为代理变量，研究广东 2019～2022 年的"资本外逃"问题。值得注意的是，这里的"资本外逃"指的是非正常性的资本流出，与前文所述的跨境资本流出并非一个概念。

由图 6-20 可知，2019～2022 年广东"资本外逃"现象持续存在，银行代客涉外收付款差额与贸易差额的缺口最大达到 250.83 亿美元，且根据估算，截至 2022 年底"资本外逃"规模累计达到 0.39 万亿美元。然而，对比全国的"资本外逃"规模（2019～2022 年，中国累计"资本外逃"1.92 万亿美元），目前广东风险仍总体可控。

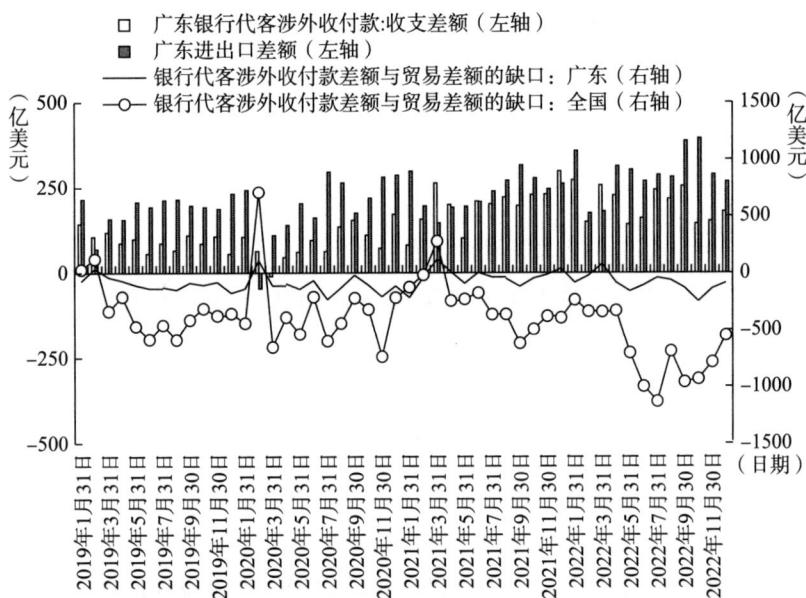

图 6-20　广东"资本外逃"情况

资料来源：根据 iFinD 数据库相关数据自行整理。

2. 跨境资本异动问题

IMF（2012）利用"门槛法"和"聚类法"两种方法来定义跨境资本流动的"激增"。依据所选指标数据的特征，本书选取"聚类法"来研究广东跨境资本的异动问题。具体方法如下：首先，令下限 $L=$ 滚动 4 年净流入均值 - 滚动 4 年标准差，上限 $U=$ 滚动 4 年净流入均值 + 滚动 4 年标准差；

其次，对数据进行标准化处理，即求分位数 = （样本数据 – L）/（U – L），分位数 > 1 代表资本流入"激增"，分位数 < 0 代表资本流出"激增"。其中，"净流入"用银行代客涉外收支差额和结售汇差额表示。

由图 6 – 21 可知，2019 ~ 2022 年广东银行代客涉外收支方面有 10 个月出现资本流入"激增"，9 个月出现资本流出"激增"；银行结售汇方面有 9 个月出现资本流入"激增"，5 个月出现资本流出"激增"。值得注意的是，虽然存在部分资本流动"激增"现象，但总体风险可控。通过对比广东与全国银行结售汇及代客涉外收支的变异系数（见图 6 – 22），不难发现，广东跨境资本净流动的波动情况远小于全国。因此，总体上看，虽然广东跨境资本存在短期波动加大现象，但跨境资本并未形成异动风险。

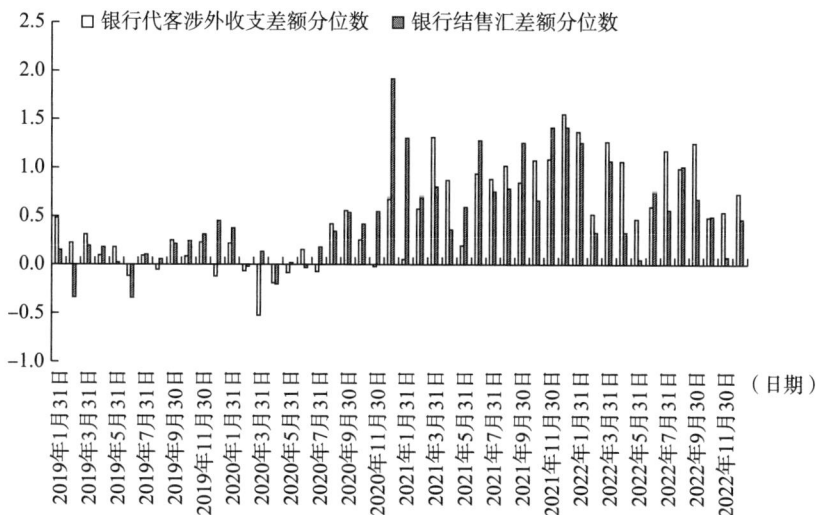

图 6 – 21　广东银行代客涉外收支及结售汇差额分位数变化情况

资料来源：根据国家外汇管理局发布的相关数据自行整理。

3. 资本市场"资金外流"问题

2021 年以来，美联储加息步伐不止，中国面临供给不足、需求收缩与预期转弱等三重压力，加之俄乌冲突、美联储紧缩政策和疫情反复等因素的综合影响，导致部分"资金外流"。以"深港通"为例，2022 年 10 月，深股通项下（北上）累计成交额由上月净卖出 100.20 亿元上升至 167.54 亿

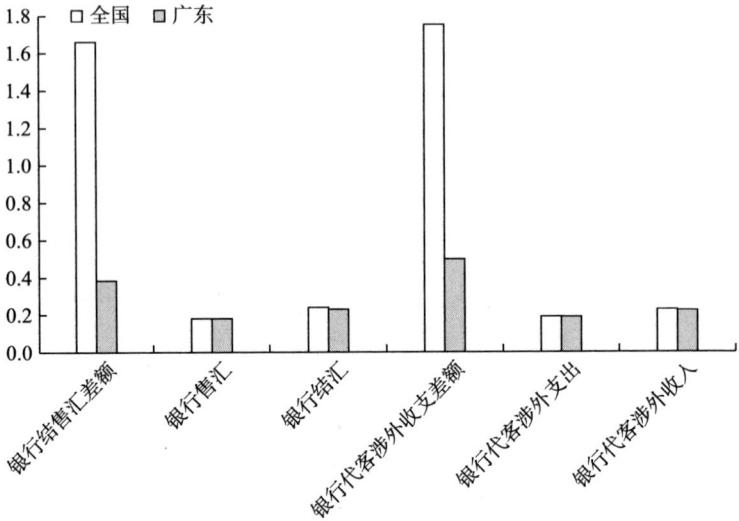

图 6 - 22　广东与全国银行结售汇及代客涉外收支变异系数对比

资料来源：根据国家外汇管理局发布的相关数据自行整理。

元，全月 16 个交易日中只有 5 个交易日为净买入；港股通项下（南下）累计净买入成交额延续上月升势，由 132.51 亿元上升至 345.70 亿元，全月 16 个交易日均为净买入。深股通与港股通累计净买入成交额轧差后，股票通项下由上月净流出 232.71 亿元升至 513.24 亿元，小于 3 月 529.88 亿元的净流出规模，为年内次高。截至 2022 年底，股票通项下累计净流出 2355.09 亿元（见图 6 - 23）。

同时，受国内外多重因素影响，在中国外汇供求趋向基本平衡的大格局下，广东资本和金融项目跨境资本短期波动有所加大。根据广东银行代客涉外收付款数据，2022 年 8 月，直接投资项下和证券投资项下涉外收付款逆差分别为 23.37 亿美元和 23.91 亿美元，均为历史最高。直接投资项下和证券投资项下跨境资本净流出压力不容忽视。然而，跨境证券投资短期波动是全球市场的普遍特征，广东跨境资本短期调整并不会改变中国跨境资本流动总体均衡的格局，也不会影响外资的长期投资意愿。

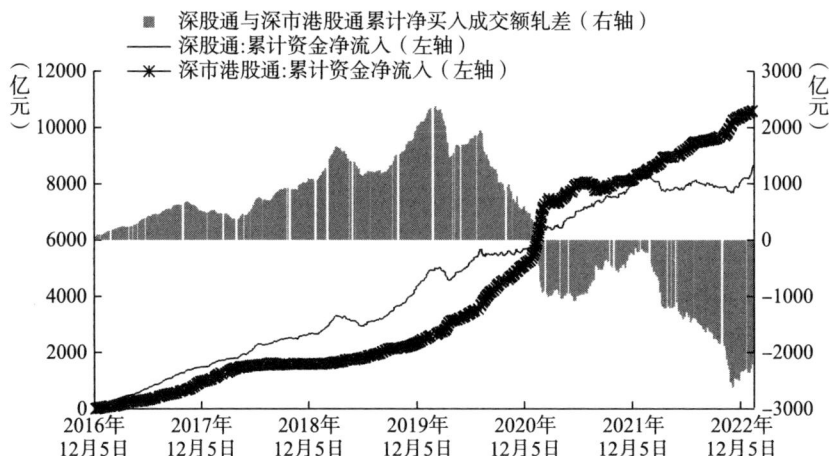

图 6 - 23　深股通和深市港股通累计买入成交净额变动情况

资料来源：根据 Wind 相关数据自行整理。

第三节　跨境资本流动风险防范的预警机制构建

金融开放背景下，跨境资本流动所产生的溢出效应会释放出较大红利，但也会使跨境资本流入国面临难以规避的金融风险问题。因此，需要客观审视跨境资本流动的利与弊，通过对跨境资本流动所导致的潜在风险进行全面预警，来降低跨境资本的潜在威胁，提高金融系统的稳健性。

一　设计风险预警原则

全球经济一体化的不断推进，使国际资本跨境流动成为不可阻挡的趋势。改革开放以来，尤其是加入世贸组织以来，中国对外开放交流的脚步不断加快，金融资本双向跨境流动的规模也呈逐年攀升的趋势。跨境资本流动是系统性金融风险的重要诱发因素，加强对其的规模监管与风险预警是当前的重要研究课题。因此，金融高水平开放背景下，有效监管跨境资本流动，切实防范跨境资本异动风险，是当前迫切需要解决的难题，而其中对跨境资本流动展开风险预警研究成为至关重要的一环。然而搭建跨境资本流动风险预警体系是一个庞大的工程，必须设计基本原则来指导实际行动，以提高跨境资本流动风险预警的效率与精准度。

（一）指导性原则

风险预警的基本前提是所设计的预警指标对于跨境资本流动具有指导性，能够提前发现潜在威胁，在跨境资本流动的规模和波动超出标准范围之前发出预警信号，以便指导金融监管部门开展实际管制行动。因此，指导性原则是要确保识别跨境资本风险异动的预警指标具有先验属性，预警指标与跨境资本流动在经济关联上存在因果特征，可以通过预警指标这一"因"发现跨境资本流动异常这一"果"，也能针对跨境资本流动异常的任一"果"，敏锐发现具体预警指标这一"因"，从而准确找到预警和监管的着力点。

（二）系统性原则

跨境资本的构成要素来源于不同领域，表现为不同的形式，这意味着对跨境资本流动风险预警需要从不同维度展开系统性分析，这使得有效监管跨境资本流动风险需要建立在系统性原则的基础上，面面俱到。具体来说，系统性原则不仅要求基于横向维度对跨境资本分布的各个领域进行风险预警，还需要从纵向视角对跨境资本流动的各个环节进行风险预警，既要做到"点—线—面"的预警网络全覆盖，也要确保时空维度上的全面预警体系更畅通、更有效。

（三）可操作性原则

基于指导性原则和系统性原则可知，风险预警指标体系必然包含大量的指标，以全面监管跨境资本流动的各个风险点。而对风险预警的分析又必然需要一个确切的结果，如此才能灵敏地发现风险诱因、识别风险等级。因此，需要关注跨境资本流动风险预警指标的可操作性，确保数据来源权威、数据信息真实，从而为量化跨境资本流动风险预警结果奠定基础，也为金融监管部门适时调整监管手段与监管力度提供依据。

二 定位风险预警目标

本书认为，跨境资本流动风险预警工作的直接目标是寻找有效的风险预警指标，借助合理的工具和手段，通过准确识别风险的早期信号来分析风险发生的可能性，以及确定潜在风险的级别，借此为防范和化解粤港澳大湾区跨境资本流动风险提供依据。而最终目标是实现打好三大攻坚战的战略目标，确保经济金融系统的稳定。

具体目标包括三个层面。第一，建立风险预警体系，包括确定建立风险预警体系的思路、明确风险预警的基本原则、甄选多维预警指标、设计风险预警方法、尝试界定临界标准、寻找风险发生的敏感性诱因。第二，提供风险警示信息，包括识别风险发生的原因、给出风险发生的概率、评估风险发生后的潜在损失等。第三，提出风险防范对策，包括短期对策、中期对策和长期对策，独立对策和协调对策，等等。

三　剖析风险预警机制

跨境资本流动的影响因素来源于多个方面，这使设计跨境资本流动风险预警体系需要全方位剖析不同影响因素，因而有必要从不同维度剖析潜在的风险预警机制，从而为设计粤港澳大湾区短期跨境资本异动的风险预警体系奠定基础。

结合已有学者的研究观点与粤港澳大湾区跨境资本流动的现实特征，本书认为可以从国际环境、区域开放、国内发展和内外差异等四个方面探索跨境资本流动的风险预警机制。

（一）国际环境

国际环境动荡将引发大量国际资本的高频流动，资本趋利避害的属性迫使投资者不断寻找资金安全的避风港。尤其是当前俄乌冲突等地缘政治冲突不断加剧，进一步加剧了国际资本家对于资金存放和投资安全的担忧，迫切需要寻找信誉度更高的市场，这使粤港澳大湾区成为潜在的投资考虑对象。因此，时刻关注复杂多变的国际环境可为准确预警跨境资本流动风险提供极具价值的信息，尤其是全球大宗商品价格指数、全球风险指数等指标可以发挥积极的作用。

（二）区域开放

资金的有序流动必然需要开放的金融市场，经验发现，金融市场开放度越高，货币资金流通速度越快，因而适度降低国际金融监管的标准，有助于提升区域金融开放水平，从而通过降低跨境资本流动的门槛和成本，加速跨境资本在区域间有序流动。基于此，贸易进出口规模、实际利用外资规模和外汇储备增量等都有助于衡量地区金融开放水平，而对这些指标进行细致观察，可以更早地发现跨境资本的流动方向。

（三）国内发展

近年来，中国经济发展水平和综合实力的提升受到全球投资者的瞩目，经济增长率、新增信贷和 M2 增长率等指标的上扬预示着中国较大的经济增长潜力和投资空间，将为国际投资者带来更高的收益预期，从而使国际资本有更大的投资动力。此外，股价收益率、债券收益率、房价指数和不良贷款率的乐观估值，也会稳住国内闲散资金。与之相反，经济指标相对于其他国家的消极变化，会加速资本的外逃，导致跨境资本呈现净流出的特征。因此，国内综合发展水平可以对跨境资本形成良好的流动预期，主要宏观经济指标的波动可为跨境资本流动提供良好的预警信号。

（四）内外差异

除了单方面的国际环境和国内发展情况，国内外在众多经济指标方面的差异也在影响跨境资本流动。尤其是作为世界金融中心和国际经济霸主的美国所推行的货币政策成为大多数经济体关注的焦点，也是各国制定和调整货币政策的重要参考。美国推行既定货币政策以及中国实施货币政策所形成的金融环境差异，是社会闲散资金投资的重要参考因素。一般而言，国内较为宽松的金融政策对于国际资本具有较强的吸引力，也会引发资本的跨境流入。此外，国内外信贷利差和汇率波动也值得关注。通常而言，信贷利差的缺口可以较好地衡量国内外投资收益的差异，这会显著影响投资者的投资意愿，从而改变国内外资金的跨境流动倾向，尤其是当金融市场不断趋于有效状态时，资本出清特征将更为明显。与此同时，当汇率出现波动时，处于原始均衡状态的资本流动方向和规模也会发生改变，国际资本通过跨境交易进入高汇率经济体，以获得更高的价格收益。因此，国内外的信贷利差和汇率差异将在不同程度上为跨境资本流动提供预警信号，应当成为本部分考查的重要内容。

四 搭建风险预警模型

（一） 风险预警指标的考虑

根据对风险预警机制的剖析结果，本书认为可以考虑从国际环境、区域开放、国内发展、内外差异等领域出发，构建大湾区短期跨境资本异动风险预警的一级指标。其中，国际环境方面，可以考虑大宗商品市场和全球风险水平等二级指标；区域开放方面，可以考虑进出口规模、外汇储备和利用外资等二级指标；国内发展方面，可以考虑经济发展、货币市场、资本市场和外债风险等二级指标；内外差异方面，可以考虑汇率和利率等二级指标。整个指标体系的实际预警分析将基于 25 个三级指标的实际波动情况展开，具体指标信息如表 6 - 5 所示。

表 6 - 5　跨境资本异动风险预警指标体系

一级指标	二级指标	三级指标
国际环境	大宗商品市场	全球黄金指数月收益率
		全球原油指数月收益率
	全球风险水平	VIX 恐慌指数
		地缘政治冲突程度
区域开放	进出口规模	进口增长率
		出口增长率
	外汇储备	外汇储备增长率
		外汇储备充足率
	利用外资	实际利用外资增长率
国内发展	经济发展	GDP 增长率
		规模以上工业增加值占 GDP 比重
		PMI 指数
	货币市场	M2 增长率
		新增信贷增长率
		不良贷款率

续表

一级指标	二级指标	三级指标
国内发展	资本市场	上证综合指数月收益率
		中债综合指数月收益率
		国房景气指数
	外债风险	外债余额增长率
		短期债务率
		外债清偿率
内外差异	汇率	境外一年期 NDF 升贴水率
		实际有效汇率指数
	利率	境内外银行间同业拆借市场利差
		一年期存款利差

值得注意的是，表6-5中的三级指标存在不同属性，需对其进行正向化处理。正向指标无须处理，逆向指标需采用倒数法予以调整为正向指标，适度指标则采用历史平均值作为基准。在此基础上，可以根据设计的风险预警方法展开具体分析。

（二）风险预警方法的设计

表6-5较为系统地展示了对跨境资本流动具有一定参考价值的指标，但仍需要借助相关方法从实证角度检验上述指标的预警功能。基于此，借鉴国内外部分学者的思想，考虑采用格兰杰因果检验方法对三级指标（即参考指标）和跨境资本流动规模进行因果分析和统计筛选。基本思路是：当参考指标是跨境资本流动的单向格兰杰原因时，参考指标为先行指标，可以较好地预测跨境资本流动的方向和潜在规律；当跨境资本流动是参考指标的单向格兰杰原因时，参考指标为滞后指标，体现为放任跨境资本流动可能会带来的影响；当两者互为格兰杰原因时，参考指标为同步指标，表明该指标与跨境资本流动之间存在相互影响；当双向检验结果均不显著时，参考指标的经济意义较小。基于此，可以选择先行指标和同步指标作为跨境资本流动的风险预警指标展开具体分析。

此外，通过格兰杰因果检验方法所筛选出来的表6-5中的风险预警指标可能仍然较多，因而可以考虑对其进行进一步的压缩和优化。为此，可以考虑采用主成分分析法来对较多的风险预警指标进行降维处理，通过提取各指标之间相关系数矩阵所对应的特征值大于 1 或累计贡献率超过 85% 的主成分，计算原始因子载荷矩阵；然后对原始因子载荷矩阵采用最大方差法进行正交旋转，运用旋转后因子载荷矩阵计算各个主成分的函数表达式；最后以方差贡献率为权重来合成综合预警指数，由此将若干三级风险预警指标最终合成一个预警指数展开分析，从而提高预警结果的准确性。

五　界定风险预警标准

理论上来说，经过正向化处理后的表 6 – 5 中的指标都是正向指标，都会存在一个最大值和最小值，最大值体现了该指标所能达到的最优水平，最小值衡量了该指标可能会呈现的最差状态，这也意味着跨境资本流动的风险预警指标存在适度区间。

然而，中国自改革开放以来，尤其是加入世贸组织以来，对外开放交流明显加强，而广东作为中国改革开放的先行地区和前沿阵地，金融开放稳步扩大，金融供给侧结构性改革持续深化，金融资源加速集聚，成功应对亚洲金融危机、美国次贷危机、新冠疫情等内外部冲击，可以说具有应对金融高峰和金融波谷的经验，因而有理由相信粤港澳大湾区跨境资本流动出现极端波动的概率甚微。而且表 6 – 5 中的指标均为相对数指标，没有绝对数指标，预警指标的波动幅度出现极端异常的可能性极小。此外，考虑到香港、澳门和广东存在较大的制度、经济、文化等方面的差异，统一大湾区跨境资本流动的风险预警标准存在较大的难度，本书认为，可以从历史经验出发来寻找跨境资本流动的风险预警标准。具体而言，可以考虑将各地区经过正向化处理的相关指标所对应的历史最高值作为临界标准的最大值，并将其历史最低值作为临界标准的最小值。

六　分析风险预警结果

采用风险预警方法对经过正向化处理的表 6 – 5 中的三级指标进行实证

分析,即可得到跨境资本流动的风险预警综合系数。从不同区域或不同时期该系数值大小的变动趋势来看,综合系数越高,表明跨境资本流动的风险越大,需要采取的监管手段越严格;反之,综合系数越低,表明跨境资本流动的风险越小,区域金融风险处于相对稳定状态,可以维持既有的监管手段,但仍需要不断进行监控,力争及时发现新的风险信号。

值得注意的是,从统计学的角度来看,跨境资本流动风险预警综合系数值本身并没有实际意义,只能依据其大小的排序来分析跨境资本流动风险的相对变化程度,借助其变动的方向来判断风险的趋势。因此,从时空层面来看,风险预警综合系数较高,表明跨境资本流动存在较强的异动信号,需要得到较多关注,但不能说明风险等级提高多少;反之,则说明区域跨境资本流动较为安全,发生金融风险的概率较小。而在不同地区,风险预警综合系数的高低差异也表明一个地区跨境资本流动发生风险的可能比另一个地区更大或更小,需要关注跨境资本流动风险预警综合系数更高的地区。

第四节　防范化解跨境资本异动风险的思路与相关建议

未来一定时期,国内外经济金融形势更趋复杂严峻,不稳定、不确定因素增多,需持续关注跨境资本异动问题,尽快建立健全跨境资本流动风险评估体系和预警系统,加强跨境资本流动监测预警;进一步探索建立粤港澳大湾区金融监管协调沟通机制,强化粤港澳三地跨境监管联动,优化境内外反洗钱合作机制,推动大湾区金融市场持续健康发展,切实防范化解跨境金融风险。

一是加强对国内外经济金融形势的研判及跨境资本流动的监测。一方面,影响中国跨境资本流动的因素日趋复杂,亟须加大对全球经济金融形势的研判力度,重点关注各主要经济体的货币政策调整动向和经济金融发展态势。另一方面,需要建立多部门共同参与的跨境资本流动监测预警协调机制,优化全口径的跨境资本流动风险的监测和预警系统,实时监测跨境资本流动风险，加强对经济系统重要性金融机构跨境资本流动的监测与分析，并形成应对预案。同时，加强对股市、债市、汇市的实时监测，阻断跨市场、跨区域、跨境风险传染，防范化解金融市场异常波动引发的金融风险，并基于跨境资本流动监测分析框架，进一步完善资本流动管理工具，着重对跨境资本流动的规模、方式和频率进行及时评估和差异化管理，提高跨境资本流动宏观审慎管理的效率。

二是提升大湾区跨境金融监管的协同性、前瞻性和有效性。加强粤港澳三地金融政策标准、细则的衔接，构筑常态化协调沟通机制，完善跨部门联合监管机制，消除监管盲区和政策套利空间。推进跨区域支付、托管、清算、统计等相关金融基础设施建设，研究建立跨境金融创新的监管沙盒机制，进一步消除风险盲点，做好交叉点管控。构建湾区金融风险研判机制，健全区域金融业综合统计体系、经济金融调查统计体系和分析监测及风险预警体系，不断完善风险监测、预警、排查、研判和应急演练预案等机制，及时提示金融风险，早识别、早预警、早处置，守好金融安全防线，实现前瞻性、无缝隙、多维度风险监测和防控。同时，强化三地监管人才培养机制，优化跨境资本流动管理和司法仲裁环境。

三是健全与金融开放进程相适应的跨境洗钱风险监测合作机制。结合粤港澳三地洗钱风险防控的新趋势、新特点，适时开展联合风险评估，推进有关试点工作，健全大湾区跨境洗钱风险监测合作机制，进一步提升跨境监管合力。一方面，金融机构要持续全面落实尽职调查要求，加强主观识别非法洗钱活动的能力，建立洗钱风险自我评估框架，并利用大数据、人工智能等科技手段加大对可疑资金来源及流转路径的实时监控。另一方面，监管部门要完善跨境可疑交易的认定标准，加强对可疑资金交易规模、交易频率、来源与去向的跟踪调查，提高对跨境洗钱行为的识别能力，从源头上打击非法跨境洗钱活动，防止非法洗钱资金的频繁跨境流动。同时，反洗钱监管部门还应加强与公安、税务、海关等其他行政执法部门的信息共享与合作，加快构建全方位、多层次的反洗钱监管体系，更快速、准确、有效地打击非法洗钱活动，保障金融体系的安全稳定。

第七章
防范化解互联网平台金融风险

互联网平台金融是中国金融创新的主要形式之一，是当前金融市场的重要组成部分，其兴盛是信息技术进步、宏观经济发展、市场需求旺盛和初期监管包容审慎等因素共同作用的结果。从国内外发展实践来看，目前互联网平台金融的商业模式主要可分为大型互联网平台综合金融模式、传统金融机构的互联网平台化模式和互联网金融信息中介模式。由于互联网平台金融既有传统金融的风险特征，又兼具互联网风险的特质属性，所以蕴含着传染性强且危害性大的系统性金融风险。在此背景下，科学维护中国金融市场的稳定性，防范化解互联网平台金融风险，不仅有利于促进互联网金融平台规范健康发展，还有利于服务实体经济，保护投资者合法权益，意义重大。

第一节　防范化解互联网平台金融风险的
理论逻辑与现实意义

一　"互联网平台"的学术界定

国务院发展研究中心的成果显示，平台（Platform）一词在中外历史中首次出现分别为公元 752 年与 1574 年①，但是平台经济是近年兴起并高速发

---

① 据考证，"平台"首次出现在唐天宝年间，杜甫《重过何氏五首》中的诗句"落日平台上，春风啜茗时"。《牛津英语字典》标明 Platform 首次出现在 1574 年。

展的全新事物（赵昌文等，2019）；特别是2018年3月国务院总理李克强在《政府工作报告》中首次提到"平台经济"，自此"平台经济"迅速成为热门词语。

得益于"互联网＋"和共享经济的迅猛发展，互联网经济向生产和消费领域纵深渗透，基于互联网平台的跨组织、跨时空边界特性开展的社会生产、分配、交换与消费活动促进了社会生产力的新一轮发展（阳镇、陈劲，2021；谢富胜等，2019）。在此背景下，学术界对互联网平台的研究逐渐增多，大致从属性、功能和结构的角度对其进行界定。一是从属性的角度看，互联网平台主要表现为连接性、网络性和开放性（赵昌文等，2019）。平台连接两类以上关联用户并促进其彼此互动，通过连接创造价值（王佳元，2022），产生积极的网络效应，从而吸引更多用户使用平台（胡晓红，2023），由此构造开放的生态系统（陈晓红等，2022）。二是从功能的角度看，互联网平台集成了信息收集、供需匹配、交易促成等职能（鲁彦，2019），还兼具市场基础设施属性（张锚、刘人怀，2021）。平台通过互联网信息技术建立线上虚拟空间，促使参与经济活动的各交易方在该虚拟空间进行交换、分配、消费等（林光彬、徐振江，2022）。三是从结构的角度看，互联网平台是在平台运营者、平台参与者和平台运行规则三大要素构成的基础上，依托新一代信息技术，汇聚要素资源的产物（史健勇，2013），其架构主要包含需求方用户、供给方商户和平台企业，促进了原本处于不同市场和领域的企业开展交易和创新活动（王节祥，2016）。

综上，目前学者从属性、功能和结构，或者兼而有之的角度对互联网平台进行定义，突出了互联网平台的基础设施与公共服务的性质，多边市场的构成以及连接用户、匹配寻求和优化资源配置等一系列功能。在此基础上，本书认为互联网平台经济是一种依托于数字技术的新经济模式，它由数据驱动、平台支撑、网络协同的经济活动单元所构成，通过紧密连接双边或者多边用户，充分发挥信用中介、撮合交易和优化配置等市场功能。

二 防范化解互联网平台金融风险的理论基础

"互联网平台金融"是依托于互联网平台提供的各类虚拟金融服务的统

称，包括传统金融的互联网化以及纯粹产生于互联网的网上金融服务（武长海，2017）。基于现有文献梳理，本书发现防范化解互联网平台金融风险的现有研究主要集中于三个方面，分别是互联网平台经济的垄断形成机理、互联网平台金融风险的归类解析以及资本向平台金融无序扩张的逻辑机理及规范治理，简要概述如下。

（一）互联网平台经济的垄断形成机理

互联网平台经济的发展壮大，一直与"垄断"紧密相关。例如，尹振涛等（2022）通过对甄选的文献进行词频分析发现，"垄断"是平台经济相关文献中出现频率最高的关键词之一。目前，学术界对互联网平台经济的垄断成因已开展较为细致的分析，现有文献认为交叉网络外部性（曲创、王夕琛，2021）、双轮驱动性（陈兵、林思宇，2021）和平台金融化（刘震、蔡之骥，2020）是平台经济垄断形成的关键因素。

一是基于市场特征维度，平台经济具有交叉网络外部性。互联网平台存在两类或者两类以上用户，通过平台交互行为实现定价差异（傅瑜，2013a），具有典型的双边市场特征。Armstrong（2006）提出交叉网络外部性概念，即平台中某一边用户获得的效用水平与另一边用户的数量密切相关。一边用户参与数量越多则越有助于另一边用户的效用水平提高，这将导致另一边用户数量增加，并且会反过来促进初始一边用户效用水平提高，从而形成双边用户规模相互促进的循环。当平台的用户规模影响甚至决定平台的整体体验时，争夺用户就成为平台企业竞争的焦点。若平台无法获得足够多的用户并进一步扩张，那么就无法获得正反馈的网络效应（Evans，2013），进而无法产生盈利，剩余的用户也会在负反馈的网络效应作用下流失。因此，平台竞争的过程也就是用户愈加集中的过程。当用户数量达到一定规模时，平台会在效用最大化的驱使下产生锁定效应（冯然，2017），即提升用户的转换成本和黏性（陈兵、林思宇，2021），进一步强化跨边网络循环，形成赢者通吃的局面。在交叉网络效应驱动下，用户规模成为互联网平台的重要竞争力来源，也构成互联网平台垄断形成的内生动力。

二是基于技术和数据维度，平台经济具有双轮驱动性。平台通过"数据优势"和"技术优势"强化自身在本领域的核心竞争力,同时通过将优势传导到平台前后端市场开展跨界竞争,利用杠杆效应对上下游用户进行有效锁定,由此形成跨市场垄断局面(陈兵、林思宇,2021)。在互联网的技术开放性和资本力量加持下,互联网产品市场的进入壁垒较低。一方面,互联网平台利用管理者的身份参与用户之间的竞争活动,基于双轮驱动的优势进行横向整合,不断强化在本领域的垄断地位,通过开展不正当竞争,为自身在平台的经营谋取垄断利益,导致平台内用户福利受损(曲创、王夕琛,2021)。另一方面,在竞争边界模糊的背景下,以技术和算法为依托的跨界竞争成本不高,一旦成功即可通过网络效应获得较强的正向反馈(方燕,2020)。鉴于互联网平台具有极强的跨界意愿和渗透能力,利用数据和算法的双轮驱动开展纵向跨界竞争,不仅容易形成跨市场的超级垄断平台,也会给监管方对"互联网平台垄断"的界定增加难度(傅瑜,2013b)。

三是基于资本维度,平台具有金融化趋势。目前,学术界对互联网平台金融化的内涵界定分为两种:一种是互联网平台涉足金融领域,深入拓展金融业务,其经营活动日益金融化(傅瑜等,2014);另一种是互联网平台的发展受到金融资本过度追捧,表现为互联网平台企业的融资规模越来越大,资本市场的估值日益成为互联网平台企业的首要经营目标(刘震、蔡之骥,2020)。其中,后者是更为主流的学术观点,即互联网平台的发展与资本结合日益紧密。基于已有的研究分析,平台金融化对平台垄断形成造成了三个方面的影响。其一,大量资本追捧降低了互联网平台的跨界成本。同时,资本助推形成的高估值对企业成长能力提出更高的要求,在原有市场饱和之后,企业必须通过不断开拓新市场来维持高估值和高增长(宋冬林、郭建辉,2020)。其二,随着市场日益成熟,平台企业过度依赖资本反而会降低市场竞争程度,造成消费者福利损失。资本出于套现离场需要,会压制平台头部企业之间的竞争,甚至助推头部平台企业进行合并,比如滴滴和快滴(姜华山,2016)。其三,互联网平台金融化为大型互联网平台进行市场扩张提供了一条更加稳妥和高效的路径。以腾讯和阿里为代表的超级平台,大量投资初创互联网平台企业,再进行流量和资源的倾斜,并对不属于己方阵营的初创平台大肆打压。

（二）互联网平台金融风险的归类解析

综观现有研究，互联网平台金融除具有传统金融服务所包含的风险因素以外，还因互联网平台垄断性强、更新迭代速度快和信息技术密集等特点，潜藏着一些有别于传统金融服务的风险点（周双、刘鹏，2017）。

在普适性方面，传统金融服务中常见的流动性风险、信用风险、操作风险和法律风险同样存在于互联网平台金融中，简要概述如下。

一是流动性风险，主要指互联网平台销售金融产品或者借入资金满足流动性供给时的不确定性，一般集中于现金管理、互联网理财和网络借贷等领域。借助互联网平台，信息传播的速度和交易的数量倍增，导致对资金流动性的要求更高（武长海、涂晟，2016）；但不同于传统的商业银行，由于融资渠道狭窄和前期监管政策真空，互联网平台金融的资本充足率普遍偏低，一些互联网金融机构还存在杠杆率过高和期限错配等问题（程雪军、王刚，2020），为保障较高回报率而偏爱投资期限长的项目（刘志洋、汤珂，2014），因此整体的流动性缺口和流动性压力非常大（潘庄晨等，2015；徐争荣等，2016）。总的来说，随着监管制度逐步完善以及投资者对互联网金融模式的认识加深，互联网平台金融的流动性风险得到有效管控。

二是信用风险，主要源自平台参与者之间的信息不对称，是交易方不愿意或不能履行全部义务所带来资产损失的不确定性。具体来说，互联网平台的信用风险既有可能是平台原因造成的，也有可能是用户自身导致的。平台方面体现为，利用技术、数据和金融优势，多维度获取用户信息，带来逆向选择和信用风险（Stiglitz and Weiss，1981）。这也是平台垄断研究关注的重点，即平台滥用数据，侵犯公民隐私（陈兵、林思宇，2021）。用户方面体现为，金融长尾客户（主要是中小企业和中低收入群体）过多带来的"征信"难题（罗兴等，2018；董春丽，2019），导致未能按期还本付息的信用风险。此外，互联网平台具有打破空间藩篱的特性，使一些区域性金融机构可以快速低成本地面向全国展业，由此加剧了信用风险（王可等，2022）。

三是操作风险，指互联网平台不完善的内部系统和程序、人员或外部攻击带来的不确定性。较之传统的商业银行仅将一部分业务流程放在线上处理，互联网平台金融对信息技术和互联网的依赖性更强，从而导致与网络系统、信息技术相关的操作风险有所提升（许荣等，2014）。随着自动化和智能化的信息工具普及，互联网金融的操作风险主要集中在违规经营和网络安全上（陈耀辉、姜婷，2018）。此外，相较于商业银行较为规范严格的流程管理，互联网金融平台的营运水平参差不齐，滋生了一系列更为复杂的内部风险（张红英、赵丹，2016）。

四是法律风险，指交易过程中出现不符合法律规范的行为或契约文件给交易主体带来的不确定性，具体包括平台开拓的业务不符合法律规范、展业主体在交易中没有遵守相关的规定等。一方面，平台经济本质上具有追求迭代创新的传统（武长海。2017）；另一方面，当前中国在互联网金融方面的立法不完善，导致部分互联网金融创新与现行法律法规存在冲突（高宇等，2022；张成虎、刘杰，2020）。在此背景下，互联网金融创新对中国互联网金融立法提出了新的要求（周小梅、黄婷婷，2020）。

在特殊性方面，基于平台经济的业务特征和发展规律，互联网平台金融风险还涵盖资本无序扩张风险、金融科技衍生风险和金融监管滞后风险，简要概述如下。

一是资本无序扩张风险，具体表现为互联网平台金融模糊了金融行业与传统行业的边界，利用大数据、人工智能、云计算等新一代信息技术形成垄断，使风险加大（胡滨等，2021），主要危害为系统性金融风险的加剧以及垄断行为对金融安全的冲击（高惺惟，2021）。一方面，互联网平台金融风险对传统金融系统产生冲击，增加了银行、证券、保险等金融机构的风险承担（郭品、沈悦，2019；Debreceny et al.，2002；Amini et al.，2016a）。另一方面，互联网平台金融风险也会向金融系统之外的领域扩散（吴很，2021），主要原因分为两个方面：其一，平台基于底层基础设施和数据获取优势，群聚了大量企业，共同构成一个"大而不倒"的生态圈闭环（刘乃梁、吕豪杰，2022），当占据生态圈重要地位的金融部分出现风险时，这种风险极易向外传导；其二，相较于传统金融机构，互联网平台金融的服务对象具有长尾特征，覆盖了众多传统金融机构难以覆盖的中小企业和中低收入人群，以上客户群体本身也会加剧金融风险传导，甚至带来极大的社会影响，形成"太多而不能倒"的局面（程雪军、王刚，2020）。

二是金融科技衍生风险，具体表现为技术风险、道德风险和垄断风险。其一，金融科技的欠成熟和应用不当风险。信息系统的缺陷和技术的错误应用构成了互联网平台金融的潜在风险，严重的金融科技应用不当还会导致风险外溢和风险传染（曹齐芳、孔英，2021）。此外，一些互联网平台金融在早期所应用的技术成熟度不高也会带来软件兼容、数据传输等方面的安全问题（夏诗园、汤柳，2020）。其二，金融科技滥用引发的道德风险。例如，数据安全和隐私保护问题（袁康、邓阳立，2019；程雪军，2022），以及技术应用过程中难以避免地受到研发者和使用者的价值取向影响（袁康，2021）。其三，金融科技产生的垄断风险。基于海量数据、先进算法等技术手段，互联网平台金融形成逃避监管的"技术壁垒"和"行业壁垒"（胡滨等，2021）；金融科技的特殊性也导致具有技术垄断和数据垄断的头部平台形成强者恒强的马太效应（马强等，2020）。

三是金融监管滞后风险。一方面，信息技术加速发展使现有的监管模式和监管方法难以跟上平台演进的步伐（田剑英、王剑潇，2018）。现行条块分割的监管模式不适用于跨行业、跨地区的平台金融监管（刘鑫等，2022）；传统以现场检查为主的监管方法（张永亮，2019），信息获取滞后，无法全面、实时监控互联网金融平台存在的风险，易形成监管真空（高惺惟，2022），产生监管套利等监管失效的情形（陈星宇，2020）。另一方面，传统的"命令－控制"型监管需事先制定行为规则（杨松、张永亮，2017），而金融监管规则的"立改废"总是滞后于互联网平台的金融创新，现行规则在界定平台金融风险时存在适用障碍（周仲飞、李敬伟，2018），保证金融安全与促进金融创新之间的矛盾以及监管方与平台之间的动态博弈导致监管尺度难以把握（高宇等，2022）。

（三）资本向平台金融无序扩张的逻辑机理及规范治理

扩张是资本的本质属性，在平台经济的扩张过程中，以风险资本为代表的金融资本扮演了重要角色，学界称之为"平台经济的金融化"（齐昊、李钟瑾，2021）。就逻辑机理而言，垄断是资本无序扩张的前提条件，而平台经济的金融化则是从一般垄断走向平台垄断，基于平台垄断形成具有金融特征的不同生态体系，具体可分为特定相关市场上的横向垄断平台、纵向一体化和跨行业扩张的大型垄断性平台复合体和以特定基础平台为核心的层级嵌套式平台生态系统（谢富胜、吴越，2021）。通常情况下，互联网平台企业为实现快速发展的目标，会通过市场垄断的"想象空间"，借助规模效应和交叉网络效应获取投资者信任：规模效应表现为规模较大的平台可以凭借其更高的用户黏性实现指数级增长，从而垄断市场的交易佣金；交叉网络效应则是指，平台通过消费者和商户的交互关系进一步锁定更多的消费者和商户，从而导致垄断形成（齐昊、李钟瑾，2021）。在当下流量为王的互联网时代，垄断使投资者对互联网平台金融企业的估值产生乐观预期，因而资本具有向其无序扩张的冲动（杨东、徐信予，2022）。

在资本无序扩张的同时，隐藏的金融风险不断暴露，比如 P2P 行业出现"爆雷潮"，因而有必要进一步规范互联网平台金融领域的资本扩展。在此背景下，有关互联网平台金融治理的研究开始涌现，学者大致从平台反垄断、平台自治理和平台外部监管三个角度展开研究。

一是平台反垄断角度。平台垄断不同于传统垄断，传统监管"一管就死一放就乱"的治乱循环是中国市场监管的痼疾，平台反垄断监管需要避免这一监管悖论（孙晋，2021），通过目标多元平衡、主体多方参与、手段多样整合和效果多层保障的监管改革，确立融合式监管体系，以维护公平的市场竞争秩序（孙晋、王帅，2022）。

二是平台自治理角度。学者们从治理路径与治理主体两个视角展开研究。在治理路径方面，基于平台金融形态，夏蜀（2019）提出"一元规制→多中心协同治理→平台治理"和"机构监管→功能与行为监管→平台治理"两条治理路径，由此形成与复杂系统相匹配的互联网金融监管体系，进而提升公共风险管理水平。在治理主体方面，王兰（2022）提出互联网平台金融的自我规制主体既包括行业协会一类的社团组织，还涵盖平台企业等法人机构，它们相互协作构建和谐的治理框架。

三是平台外部监管角度。学者们从海外借鉴与国内探索两个视角展开研究。在海外借鉴方面，可积极参考欧美国家的先进经验及做法，如采取"沙盒监管"机制有效平衡金融科技创新和风险防范，推动互联网金融平台高效运行，进而提升资本生产要素的效率（王健、赵秉元，2021）。在国内探索方面，对中国的监管体制进行革新，如构建中国特色的个人征信体系（程雪军、王刚，2020），完善互联网消费金融法规体系、监管协调机制和行业准入标准等（尹振涛，2019），从而改变中国互联网金融平台发展的非理性繁荣景象（李安安，2018）。

三　防范化解互联网平台金融风险的现实意义

一是有利于促进互联网金融平台规范健康发展。近年来，中国互联网金融平台蓬勃发展，但非法集资、违规加杠杆、违规套利等风险事件频发，监管部门建立有效的互联网金融平台风险监管及防控机制，有助于消除互联网金融行业乱象、整顿互联网金融市场秩序、遏制恶性竞争行为，进而优化行业生态环境，促进互联网金融行业的规范健康发展。

二是有利于服务实体经济，特别是满足中小企业的融资需求。防范和化解互联网平台金融风险，有助于筛选出行业中的优质企业与平台，从而充分发挥互联网金融的普惠功能，有效缓解中小企业融资过程中的信息不对称问题，通过降低交易成本、去金融中介化等措施缓解中小企业融资难、融资贵问题，更好地发挥金融服务实体经济的作用。

三是有利于保护投资者合法权益不受侵犯。防范和化解互联网平台的金融风险促使监管部门加强对平台的实时监督，规范平台的金融产品设计及销售、提高信息披露和底层资产透明度，防止因平台操纵市场、欺诈行为和非法活动等给广大投资者带来财务损失，从而更好地保护投资者的合法权益。

第二节　市场维度：兴起成因、业务模式与特征概述

一　互联网平台金融的兴起成因解析

纵观中国互联网平台金融的发展历程，其大致经历了萌芽阶段、高速发展阶段、大力整治阶段和规范发展阶段四个阶段，简要概述如表 7 - 1 所示。

表 7 - 1　中国互联网平台金融的发展历程

阶段	时间	内容概述
萌芽阶段	1997 ~ 2005 年	该阶段主要体现为互联网为金融机构提供技术支持，帮助其拓展网上银行、网上证券交易等业务，尚未出现真正意义的互联网金融业态
高速发展阶段	2006 ~ 2016 年	网络借贷开始在中国出现，第三方支付机构逐渐成长，互联网与金融的结合从纯技术领域深入业务领域，互联网企业利用电子商务、社交网络、移动支付等涉足金融业务
大力整治阶段	2017 ~ 2020 年	互联网金融存在的风险和引发的乱象引起社会广泛关注。《网络借贷资金存管业务指引》《关于进一步做好互联网金融风险专项整治清理整顿工作的通知》等一系列监管条例出台，监管部门对存在违规行为的平台采取整顿和清理行动，并加强对互联网金融行业的监管执法。截至2020 年末，P2P 全部清零
规范发展阶段	2021 年至今	第三方支付、消费信贷、股权众筹等互联网金融业态得到有序调整并逐步规范，潜在系统性风险明显降低，互联网平台金融进入一个全新发展阶段

资料来源：根据相关资料自行整理，下表同。

从上述中国互联网平台金融的发展路径来看，其兴起是信息技术进步、宏观经济发展、初期监管包容审慎和市场需求旺盛等因素共同作用的结果。

（一）信息技术的突飞猛进为互联网平台金融奠定技术基础

近 20 年来，全球信息技术发展取得巨大飞跃，信息技术应用带来的便捷性和高效性极大地提高了传统金融服务的质量，扩大了传统金融服务的范围，致使海量长尾客户能够通过互联网的聚合享受到交互亲民且收益中

高的理财服务，为互联网平台金融的高质量发展创造了有利条件。

一是有效降低交易成本。随着以搜索引擎、云计算、大数据等为代表的互联网技术的广泛应用，金融市场快速筛选有利于金融资源有效配置和风险管理的信息，提高资金的流动性，降低投资门槛，满足投资时间相对比较灵活、对资金流动性有较高要求、资金体量较小的中小投资者的要求；同时，个人和企业的信息可以被充分记录，便于查找数据和开展数据分析，从而降低交易成本，提高资金效率。

二是缓解信息不对称问题。对于资金供给方，可以在减少人力投入的情况下细化项目信息并优化交易架构，选择最有利的交易对象，克服逆向选择问题，提高交易效率；同时，通过平台的大数据掌握资金的使用情况，避免资金用途出现偏差。对于资金需求方，互联网平台金融的发展可以最大限度地实现信息的实时共享与传送，随时向潜在客户展示金融产品的详细信息，快速找到适合项目的资方。

三是简化交易流程。随着数字经济的快速发展，各大金融机构纷纷对自身信息系统进行改造升级，由此实现对客户的全面了解，并形成个性化的用户标签。通过搭建集多样化金融产品和服务于一体的互联网金融平台，传统金融机构简化线下业务的烦琐流程，提供便利化的线上操作服务，推出智能投顾、智能客服和智能反欺诈等智能化服务，提供一站式综合金融服务。

（二）宏观经济的高速发展为互联网平台金融扩展市场空间

中国近 20 年的 GDP 增速基本保持在 6% 以上，最高时达 14.2%（见图 7-1）。在宏观经济高速增长的背景下，中国实体产业对于资金的需求量较大，出现一定的资金缺口，为互联网平台金融的发展提供了市场空间。

一方面，中国金融市场有进一步成长的空间。截至 2022 年，中国 GDP 约为 18 万亿美元，美国 GDP 约为 25.47 万亿美元，中国 GDP 约为美国的 71%；而中国金融机构全部资产规模为 419.64 万亿元，美国金融部门的金融资产规模为 127.21 万亿美元，接近于美国的 50%，金融体量有较大增长空间。特别是在资本市场、商业保险和养老金等方面，与美国的规模相去

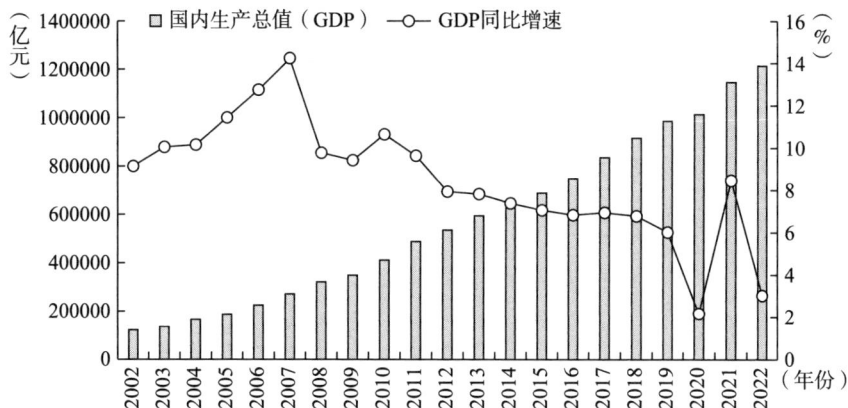

图 7-1 2002~2022 年中国经济增长概述

甚远。例如 2022 年，中国深圳证券交易所、上海证券交易所、香港联交所和台湾证券交易所的股票市值总和约为美国纽交所和纳斯达克证券交易所股票市值的 44%。由此可见，中国金融市场规模较美国仍有一定差距，这为互联网平台金融的发展提供了契机。

另一方面，中国金融市场融资结构有待进一步完善。由于社会制度差异，相比发达国家，中国经济结构中的国有经济占比较大。由于国有企业有国家信用为其背书，故商业银行等金融机构更愿意为国有企业提供融资，而民营企业（特别是中小民营企业）很难从传统金融机构融入资金，导致金融服务出现结构性不足。在此背景下，民营经济领域给互联网平台金融提供了发展空间。

（三）初期包容审慎的监管环境为互联网平台金融创造生存空间

互联网平台金融是一种新的金融业务发展模式，初期在监管部门包容审慎的监管原则下，市场各方共同推动了互联网平台金融产品形态创新、交易技术创新、商业模式创新等，以此丰富了金融产品类型、完善了交易架构并且活跃了金融市场，加快了互联网平台金融的发展进程。同时，由于进入门槛较低，互联网平台金融在短期内迎来了爆炸式增长，且速度远远超过金融监管完善的速度。

以第三方移动支付和互联网支付为例，第三方移动支付市场规模在

2009～2016 年呈指数级增长。2016 年，第三方移动支付市场规模为 58.8 万亿元，是 2009 年的 1508 倍；2016 年，第三方互联网支付市场规模为 19.85 万亿元，约为 2009 年的 39 倍（见图 7 - 2）。

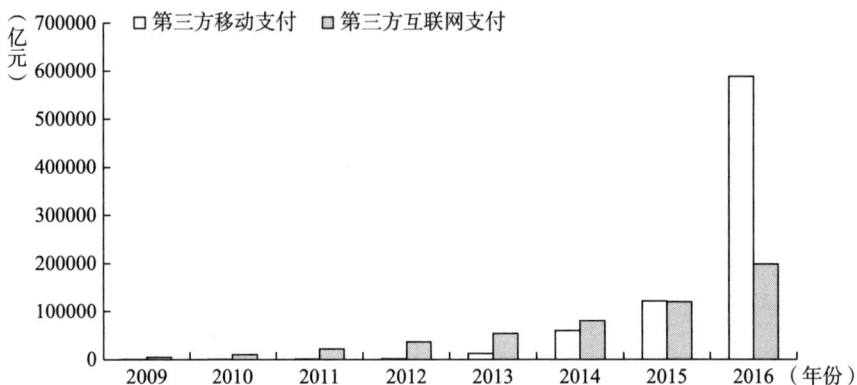

图 7 - 2　2009～2016 年第三方移动支付和互联网支付的市场规模

资料来源：同花顺。

（四）市场多样化的需求为互联网平台金融发展创造契机

为顺应金融市场的发展趋势，满足客户多样化的金融需求，传统金融机构推出多种类型的金融产品和服务。但由于受到战略定位、业务连贯性和服务意识等各种因素的影响，传统金融机构已经无法满足现有客户的金融需求，因此催生了互联网平台金融这种新业务模式。例如，当前企业和个人对于支付清算等服务具有实时化、场景化、碎片化的需求，商业银行却难以满足其要求；而以在线支付机构为代表的互联网平台金融通过为客户提供在线支付服务，积累了丰富的客户数据，包括客户消费习惯、支付能力和支付需求等信息。通过对所获得的数据进行分析利用，互联网平台金融能够为客户提供个性化、一站式的金融服务，解决了传统金融机构不能满足客户需求的问题，有效拓展了客户群体。

究其原因，金融抑制的存在导致名义利率低于自然利率，因此储蓄者更倾向于通过余额宝等互联网平台理财，而不是将资金存到银行；另外，市场上的资金需求大于供给，众多中小微企业因其风险高于大型企业而难以获得传统金融机构的信贷支持，由此只能通过网络借贷、股权众筹等形式筹集资金，进一步促进了互联网平台金融的发展。

二 互联网平台金融的商业模式

从国内外发展实践来看，目前互联网平台金融的商业模式主要有三种，分别为大型互联网平台综合金融模式、传统金融机构的互联网平台化模式以及互联网金融信息中介模式，简要概述如下。

（一）大型互联网平台综合金融模式

大型互联网公司以领先的信息技术、成熟的应用平台、海量的客户基础以及广泛的生活场景为优势，深入涉足并发展金融业务，逐步形成具有鲜明特色的综合金融模式，如腾讯、阿里巴巴、百度和京东等大型互联网平台在第三方支付、消费金融、互联网保险等领域发展势头迅猛（见表7-2）。

表7-2 大型互联网平台综合金融模式的代表性公司

代表性公司	综合金融业务概述
腾讯	腾讯金融科技是腾讯集团旗下的金融科技子公司，通过旗下的支付平台、互联网银行等业务板块，为客户提供全方位的金融服务。秉承合规、精品、风控、开放、有所为有所不为的发展理念，腾讯金融科技以微信和QQ两大平台为基础，致力于连接人与金融，构建金融开放生态，携手合作伙伴为全球用户提供移动支付、财富管理、证券投资、企业金融、民生产品等服务
阿里巴巴	蚂蚁集团起步于2004年诞生的支付宝，致力于数字支付开放平台的建设和发展，研发了快捷支付、条码支付、刷脸支付、二维码支付等创新支付技术，为超10亿用户、8000万商家提供支付服务保障，服务全国超2000家金融机构，为消费者和小微商家提供小微信贷、消费金融、理财、保险等普惠金融服务，并推出蚂蚁保、蚂蚁财富、花呗、借呗等服务
百度	百度整合金融业务形成全新品牌"度小满"，探索人工智能在金融领域的应用，先后布局信贷、财富管理、支付、保险、个人金融科技和供应链金融科技六大业务板块。基于人工智能、金融云、区块链和物联网等底层架构，"度小满"在智能营销、风控、经营、运营等方面展现出领先的技术实力，且能够精准识别小微企业金融风险特征；同时金融科技产品在中国工商银行、中国农业银行和股份制银行得到广泛应用
京东	京东金融是京东数字科技集团旗下个人金融业务品牌，已经成为众多用户选择的个人金融决策平台。京东金融以平台化、智能化、内容化为核心能力，与银行、保险公司、基金公司等近千家金融机构合作，共同为用户提供个人金融服务。京东金融已推出白条、基金、银行理财、小金库、金条、联名小白卡、小金卡等近万只金融产品，涵盖理财、借贷、保险、分期四大业务板块

2011 年以来，中国互联网平台金融的发展经历了飞速增长、综合金融平台形成和规范发展三个阶段。以第三方支付为标志的互联网支付平台的搭建，使中国互联网平台金融飞速发展。2011 年 5 月，中国人民银行批准了 27 家企业的第三方支付牌照，包括财付通、支付宝等，自此第三方支付发展迅速，并在网络购物、社交红包和线下扫码支付的推动下，市场占有率逐年提高。目前，第三方支付行业已形成银联商务、支付宝、腾讯金融三足鼎立的市场格局，三家企业占据支付市场交易份额逾 70%，为大型互联网平台综合金融模式发展奠定了坚实的流量入口基础。

2015 年，在"大众创业、万众创新"的号召下，"互联网＋"战略落地。大型互联网平台抓住机遇，纷纷发展金融业务，创建金融控股平台。平台不仅开展第三方支付业务，还涉及互联网贷款、互联网基金销售、互联网消费金融和互联网保险等金融业务；平台综合收益加速提升，并得到各方资本的力捧。

2017 年开始，以 P2P 为代表的互联网金融业务在全国范围内爆雷现象愈演愈烈，互联网平台金融的系统性风险引起各方关注。在此背景下，为加强对互联网平台金融的监管，防范系统性金融风险，央行、中国银保监会、中国证监会和地方金融局等金融监管机构开展了专项整顿，先后成立网联清算公司、百行征信公司等，将第三方支付数据和互联网个人征信业务等相关业务全面纳入监管体系，并发布《关于规范整顿"现金贷"业务的通知》《关于进一步加强校园贷规范管理工作的通知》等一系列整改文件。根据央行发布的 2022 年第四季度货币政策执行报告，互联网金融风险专项整治工作已圆满完成，关停近 5000 家 P2P 网贷机构；此外严厉打击非法集资行为也取得显著成果，过去 5 年累计立案查处非法集资案件 2.5 万起。自此，互联网平台金融走上了规范健康发展的轨道。

（二）传统金融机构的互联网平台化模式

在数字经济时代，传统金融机构不断追随时代脚步，开始金融业务的互联网平台化改造，借助信息技术搭建互联网金融平台，将线下业务转移到互联网平台进行，为客户提供体验更佳的金融服务。在商业银行方面，银行发挥其存量客户优势，在推进互联网平台化的过程中，重点推出基于自身客户需求的线上交易平台和金融产品。代表性商业银行的互联网平台化见表7-3。

表7-3 代表性商业银行的互联网平台化

银行名称	举措概述
工商银行	工商银行深化数字工行品牌建设，推出面向未来的数字化品牌"数字工行"（D-ICBC），持续升级智慧银行生态系统（ECOS），不断升级手机银行和工银e生活版本，推动科技赋能业务、产品和服务。加快建设科技强行、数字工行，打造D-ICBC数字生态和ECOS技术生态
建设银行	建设银行持续推进数字化经营，聚焦"三大战略"及重点业务领域，推进"CCB建融家园"、"建行惠懂你"、"裕农通"、智慧政务等场景平台运营升级。持续完善以手机银行和建行生活"双子星"为核心的零售领域生态。加快推进数字基础设施建设和全面云化转型，持续打造"建行云"品牌
招商银行	坚持科技兴行、人才强行，以创新驱动发展。围绕线上化、数据化、智能化、平台化、生态化的目标，从客户服务、风险管理、经营管理、内部运营等层面持续推进"数字招行"建设，以金融科技创新项目基金持续支持新能力建设与新模式探索，加快重点业务领域的数字化，推进分行数字化转型，推进金融科技能力对客输出赋能，通过科技和业务融合、科技和产品融合促进交叉创新
平安银行	平安银行坚持"科技引领"战略方针，提升科技对金融服务的赋能水平。科技赋能零售业务，通过打造零售转型新模式，为客户提供全生命旅程的陪伴式服务；科技赋能对公业务，聚焦"两大赛道"，一是打造数字化驱动的新型交易银行，二是构建行业化驱动的现代产业金融；科技赋能资金业务，打造顶尖的"人机结合"交易能力，建立"以客户为中心"的全能型机构销售服务优势，打开多元化价值创造空间

在证券公司方面，各类券商以互联网科技作为核心竞争力，积极进行战略布局，寻找全新的业务突破点，代表性公司的相关情况简要概述如表7-4所示。

表7-4 代表性证券公司的互联网平台化

公司名称	举措概述
国泰君安	以客户为中心推进创新转型步伐，主要举措包括：一是围绕零售客户服务，坚定向"投顾驱动、科技赋能"的财富管理2.0模式转型，提升产品销售和投顾业务竞争力；二是围绕机构客户服务，推动以"专业化、综合化、平台化"为特征的机构客户服务体系全面创新转型，大力发展场外衍生品业务；三是围绕企业客户服务，坚定投行事业部制改革方向，打造产业投行、综合投行和数字投行，为企业客户提供全生命周期服务

续表

公司名称	举措概述
华泰证券	致力将科技打造成为最核心的竞争力，全面推进数字化转型，实现科技与业务共创。在财富管理领域，发布"涨乐财富通8.0"，打造千人千面的财富管理平台；在机构服务领域，自主研发的机构客户服务数字化平台"行知"发布3.0版本；在业务服务领域，加速向业务深度平台化目标迈进，推进科技云平台、FICC大象交易平台、分布式极速交易平台、信用分析管理系统（CAMS系统）、融券通4.0、数智中台3.0、睿思投研平台等建设，强化集团一体化中台支撑能力
广发证券	坚持科技创新引领业务发展，不断加大金融科技投入，积极运用先进理念、技术和工具，不断促进公司金融科技与业务的深度融合，提高数字化水平。在理财业务方面，持续优化以易金为核心的全流程伴侣理财平台。在投资银行业务方面，通过升级新一代投行业务管理系统，为投行业务全品种全生命周期提供在线管理服务
国信证券	强化科技赋能，加速推动数字化转型。积极推进"数字化、智慧化、敏捷化、生态化"的金融科技战略，更快更深地推动数字化转型。公司以建设"数字国信"为总目标，以深入融合业务与技术并加快数字化建设为总抓手，以加速实现公司"十四五"战略目标为指导思想，把握数字化转型方向，持续加大信息技术投入，优化金融科技战略布局，致力于以领先的科技能力驱动业务创新，赋能公司数字化转型，全面建设智慧化国信

在保险公司方面，大型保险公司充分利用自身的客户优势、品牌优势和资金优势，通过将前沿信息技术运用于保险产品开发、定价核保、理赔、营销及分销环节，为客户线上提供场景化、定制化产品和服务，从而降低人工成本，提高核保和理赔效率，进而提升用户体验，其中代表性公司的相关情况简要概述如表7-5所示。

表7-5 代表性保险公司的互联网平台化

公司名称	举措概述
中国人寿	坚持深入实施"科技国寿"发展战略，打造国寿特色的移动互联新布局。构建算力强大的国寿混合云，建成国寿特色的保险数字化平台（EAC），提供线上线下互融互通的服务体验，实现用户、平台、产品、渠道交互协同。同时，充分发挥互联网触达快、覆盖广、效率高的优势，积极推进互联网保险业务发展，发布首款互联网人身险长险产品，建立互联网自营平台"国喜保中国人寿保险商城"，实现中国人寿蚂蚁保营业厅开业
中国平安	深入推进全面数字化转型，运用科技助力金融业务提质增效，实现"科技赋能金融、生态赋能金融、科技促进发展"。面向小微客户，构建科技驱动下的小微企业及供应链服务模式，旨在发挥平安数字化的服务功能，整合集团优质金融科技服务资源，赋能广大小微企业。同时，以"平安银行数字口袋"平台为载体，通过集团内专业公司协同合作向平安银行引流用户，在线上平台中深化经营小微客群

公司名称	举措概述
中国太保	以精准为用，在数据中心投产使用、数据治理机制建设的进程中，加快推进数据集中与共享，提升基于数据驱动的客户洞见力，为业务决策创造数智基础。以赋能为魂，基于大数据基础和技术全面加快经营管理的数字化转型步伐，促进 ChatGPT 等人工智能前沿创新应用落地，真正让科技创新成为促进公司长期发展的不竭动力
新华保险	坚持"科技赋能"战略，不断扩展智能服务领域，迭代升级服务功能，积极探索应用人工智能技术自主设计研发智能客服"智多新"，持续打造轻量级、分布式的"随信通"客户服务云平台，大力推广新一代智慧柜员机，全面升级新华保险掌上新华App，为消费者提供多样化智能服务，服务效率和客户体验不断提升，满足公司用户线上自助办理业务的需求，广受用户好评与信赖

（三） 互联网金融信息中介模式

互联网金融信息中介模式是将互联网思维与技术引入金融业务，利用互联网将众多投资机会与分散的投资者汇聚于同一平台，在金融产品的投资方和供应方之间建立桥梁，实现资金的转移和信息的流动。鉴于互联网金融业务均在线上进行，金融产品供需双方能够方便快捷、透明平等地参与投融资，因而提高了金融服务的运行效率，该模式典型代表公司概述如表 7 - 6 所示。

表 7 - 6　互联网金融信息中介模式代表性公司概述

类型	代表	模式概述
互联网基金平台	私募排排网	以金融科技为核心，打造如下平台：线上销售平台，依托互联网科技，链接和服务潜在高净值客户；资产管理平台，依托私募基金数据库，管理人力资源和研究团队；融智中国评级服务平台，用第三方视角研究私募基金行业；私募基金投研智能云平台"组合大师"，提供资产配置、组合管理、报告工厂、私募指数等工具与服务；"私募定投平台"，首创"私募定投"模式，为客户推出更多更佳的私募理财方式
互联网保险平台	慧择保险网	慧择保险网的平台化主要体现在：一是产品方面，采取线上和线下结合模式，为客户提供全险种保险产品选择，同时推出定制互联网大热保险产品；二是服务方面，坚持 7×24 小时人机协同服务提升客户体验，推出小马理赔智能服务；三是科技层面，构建了以北斗数据引擎和魔方算法引擎为主的两大智能基建平台，推出慧选智数、慧选智擎、慧选智保、慧选智服、慧选云鉴、慧选云书等产品

类型	代表	模式概述
互联网借贷平台	马上消费金融	秉承"科技让生活更轻松"的使命,通过金融科技创新,构建人工智能+智能风控+云平台技术,贯穿从获客到风险再到客户服务的全领域的人工智能体系。在客户层面,不断迭代"金融+零售场景"应用技术,满足客户多层次的消费金融需求。在产品层面,围绕业务、围绕风控和大数据为客户构建了一套信贷业务平台产品体系,为客户提供信贷业务的全生命周期服务

三 互联网平台金融的主要特征

互联网平台金融的核心功能是以互联网为载体,以金融科技为支撑,以平台数据、流量积累为优势,规模化连接金融机构与消费客群,在平台上实现金融服务或交易。因此,基于用户体验、科技赋能和市场竞争三重视角,互联网平台金融具有如下主要特征。

(一) 基于用户体验视角的互联网平台金融特征

相比传统金融,互联网平台金融通过流量优势触及更多长尾客户,高精度匹配客户个性化需求,用心打造服务体验,具有以下三个特征。

一是以创造信任为核心。信任具有很强的社会属性,金融机构与客户之间的交易与服务首先依托于双方相互建立的信任关系。因此,为了使金融机构与在线用户之间产生信任关系,互联网平台金融构建信用透明机制,利用其连接用户的优势,通过用户在线评价、评论等公开的信用评价渠道,建立用户与金融机构之间的信任机制,降低平台用户之间的交互成本和潜在风险。

二是即时精准匹配客户的个性化需求。互联网平台利用物联网、大数据、人工智能等金融科技与先进设备,顺利接入散布于世界各地的零散用户,通过海量且多元的用户数据分析,形成个性化的"客户画像",实现即时精准匹配交易双方需求,从而达到长期服务长尾客户的效果。

三是造就并依赖规模化的产消群体。在金融产品创设端,互联网平台金融为传统金融机构触及规模化的客户群体创造了有利条件,进一步丰富了金融机构的客户体量;在金融产品投资端,互联网平台金融的持续健康发展也需要规模化消费群体的长期支持，如支付宝等第三方支付平台的案例。

（二）　基于科技赋能视角的互联网平台金融特征

互联网平台金融是互联网平台与金融高度融合的创新金融业态，在金融科技的赋能下，吸引多方市场主体参与，形成独有的发展特点。

一是以金融科技为支撑，形成领先的技术优势。金融科技在互联网平台与金融融合的过程中发挥了关键作用。在金融科技的支持下，互联网平台金融可重塑金融机构的业务模式、降低服务成本、提高经营效率、增强客户黏性。若金融科技缺席，仅仅是传统金融机构的互联网化，并不能被称为互联网金融平台化。

二是借助海量数据积累，形成互联网金融垄断。互联网平台通过为金融客户提供多种服务获取了大量的用户数据，并利用这些数据创造了远超用户收益的价值。互联网平台金融依靠以技术创新、商业模式创新及数据积累为基础的"护城河效应"获得市场支配地位甚至垄断地位。

三是连接多方主体，呈现"公私混合"权力特性。从私权角度考虑，互联网平台兼具"规则制定者""行为判定者""规则执行者"的身份，在具体的监管过程中呈现强制性和被动性，互联网平台金融以自身盈利为导向，对用户进行了单向管制；从公权角度考虑，互联网平台权力的行使具有"公共属性"，基于保护广大消费者权益的目标，在国家和自治组织规范的基础上，制定规则规范平台的正常运行。

（三）　基于市场竞争视角的互联网平台金融特征

从市场竞争的角度来看，互联网平台金融的迅速发展得益于市场参与主体新增、同质业务竞争激烈以及数据流动的方向性，具体特点阐述如下。

一是市场结构发生变化，参与主体高度竞争。互联网平台金融扩大了传统金融机构的客户群体，新增带来巨大利润的长尾客户，并吸引中小企业纷纷加入互联网平台金融生态系统分割市场利润。同时，由于技术水平不断提高，金融业务模式持续创新，金融机构的运营成本降低，互联网平台金融呈现参与主体高度竞争的发展态势。

二是业务类型相似度高，导致用户归属性低。在高度竞争的市场结构下，互联网平台金融业务具有高度重合性，例如在支付服务方面，腾讯提供的微信支付与阿里巴巴提供的支付宝之间同质性较高、替代性较强。在线用户完全可以选择使用不同的互联网金融平台，在一定程度上造成了资源冗余。

三是信息大量聚集，数据流动具有方向性。互联网平台金融的长期发展得益于对搜集信息的归类整理、分析挖掘和扩散匹配，数据流动具有方向性，任何一个环节受到影响都会造成数据或者信息流动的停滞，不利于建立完整的征信数据库，带来交易成本上涨、交易效率降低等消极影响。

第三节　监管维度：制度变迁、监管模式与监管难点

一　制度变迁：互联网平台金融领域监管发展脉络

互联网平台金融的监管体系在平台金融业务发展过程中不断调整及完善，以适应当时的金融发展形势，防范化解潜在系统性金融风险。根据前文梳理，互联网平台金融发展至今先后经历了萌芽、高速发展、大力整治和规范发展四个阶段。监管机构为使互联网平台金融健康有序发展，根据每个阶段的发展特点实施不同的监管政策，表现为随着金融风险的演化，监管从审慎包容变为从严治理，具体的金融监管政策梳理如表7-7所示。

表7-7　互联网平台金融监管政策梳理

阶段	发文部门	发文日期	文件名称	政策关注要点
萌芽阶段	中国人民银行	1999年2月23日	《关于开展个人消费信贷的指导意见》	鼓励各行要加强电子信息网络的建设
	全国人大常委会	2004年8月28日	《中华人民共和国电子签名法》	对电子签名的法律效力、认证机构、管理要求等进行了规定
	中国人民银行	2005年10月26日	《电子支付指引（第一号）》	明确将电子支付业务纳入监管范畴

阶段	发文部门	发文日期	文件名称	政策关注要点
	中国银监会	2006 年 1 月 26 日	《电子银行业务管理办法》	规定了电子银行业务的申请与变更、风险管理和监督管理等要求
	中国人民银行	2010 年 6 月 14 日	《非金融机构支付服务管理办法》	规定非金融机构提供支付服务，应当取得《支付业务许可证》
	中国银监会	2011 年 8 月 23 日	《关于人人贷有关风险提示的通知》	警示银行业金融机构要与 P2P 网络借贷平台之间建立防火墙
	中国保监会	2011 年 9 月 20 日	《保险代理、经纪公司互联网保险业务监管办法（试行）》	对互联网销售保险的准入门槛、经营规则和信息披露做出规定
	中国保监会	2012 年 5 月 16 日	《关于提示互联网保险业务风险的公告》	提示公众购买互联网保险产品前仔细甄别
高速发展阶段	中国证监会	2013 年 3 月 15 日	《证券投资基金销售机构通过第三方电子商务平台开展业务管理暂行规定》	明确了第三方电子商务平台开展基金销售业务监管要求
	中国保监会	2014 年 4 月 15 日	《关于规范人身保险公司经营互联网保险有关问题的通知（征求意见稿）》	正式就人身险公司经营互联网保险的条件、风险监管等问题向业内征求意见
	中国人民银行等十部委	2015 年 7 月 18 日	《关于促进互联网金融健康发展的指导意见》	鼓励创新、明确业务范围
	中国人民银行	2015 年 12 月 18 日	《非银行支付机构网络支付业务管理办法》	规范网络支付
	中国银监会	2016 年 4 月 13 日	《P2P 网络借贷风险专项整治工作实施方案》	排查风险的业务范围
	中国银监会、工业和信息化部、公安部、国家互联网信息办公室	2016 年 8 月 17 日	《网络借贷信息中介机构业务活动管理暂行办法》	提出平台运营的禁止行为
	中国银监会、工业和信息化部、工商总局	2016 年 10 月 28 日	《网络借贷信息中介机构备案登记管理指引》	备案登记

续表

阶段	发文部门	发文日期	文件名称	政策关注要点
大力整治阶段	中国银监会	2017年2月23日	《网络借贷资金存管业务指引》	规范资金存管
	中国银监会	2017年8月23日	《网络借贷信息中介机构业务活动信息披露指引》	规范平台信息披露
	P2P网络借贷风险专项整治工作领导小组办公室	2018年8月13日	《关于开展P2P网络借贷机构合规检查工作的通知》	启动合规工作检查
	互联网金融风险专项整治工作领导小组办公室、P2P网络借贷风险专项整治工作领导小组办公室	2018年12月19日	《关于做好网贷机构分类处置和风险防范工作的意见》	规范互联网网贷机构
	中国人民银行	2019年8月23日	《金融科技（FinTech）发展规划（2019—2021年）》	金融科技审慎监管体系
	互联网金融风险专项整治工作领导小组办公室、P2P网络借贷风险专项整治工作领导小组办公室	2019年11月15日	《关于网络借贷信息中介机构转型为小额贷款公司试点的指导意见》	网络借贷机构转型
	中国银保监会	2020年7月12日	《商业银行互联网贷款管理暂行办法》	商业银行互联网贷款业务制度框架
	国务院	2020年9月13日	《关于实施金融控股公司准入管理的决定》	金融控制公司纳入监管范围
规范发展阶段	中国人民银行	2021年2月5日	《大型互联网平台消费者金融信息保护问题研究》	金融消费者保护机制
	国家市场监督管理总局	2021年8月17日	《禁止网络不正当竞争行为规定（公开征求意见稿）》	禁止网络不正当竞争行为
	国家市场监督管理总局	2021年10月29日	《互联网平台落实主体责任指南（征求意见稿）》	互联网平台经营者遵守规定

阶段	发文部门	发文日期	文件名称	政策关注要点
规范发展阶段	国家发改委等九部委	2021年12月24日	《关于推动平台经济规范健康持续发展的若干意见》	规范平台经济
	全国人大常委会	2022年6月24日	《反垄断法》	鼓励创新，加强平台监管

第一阶段：监管机构对互联网平台金融的监管处于"缺位"的状态。这一时期互联网支付兴起，互联网金融的概念还比较模糊，各类平台的业务模式和范围也较为单一，互联网金融在中国尚处于萌芽阶段。监管机构对其认识有限，主张"先发展后规范"，对互联网金融的发展采取包容性监管，基本未对互联网金融设置准入门槛。

第二阶段：监管部门将互联网金融作为金融创新业务纳入监管范围，初步以监管法规规范互联网平台金融业务。随着互联网金融行业的迅猛发展，监管部门逐渐意识到其潜在风险和影响力，开始引入一系列规范措施和政策，加强对互联网金融平台的准入和业务范围的监管。这一时期，对互联网金融的监管初步确定了"一行三会"分业监管的监管模式和框架性的监管原则。

第三阶段：开展"专项整治"控制互联网金融违约风险。在一些互联网金融平台出现问题和风险事件后，监管机构在之前确定的互联网金融监管体系的基础上，先后出台有针对性的监管法律政策对互联网金融进行专项监管，加强对互联网平台金融的风险防控和合规管理要求，对互联网平台金融业务进行专项风险排查和整顿。

第四阶段：逐步构建以"审慎"监管为导向的互联网金融监管长效机制。此阶段互联网金融监管更加严格，金融监管部门制定了更加具体和详细的监管规则和标准，加强了对互联网金融机构的监督检查和风险防控。此外，监管部门还注重跨部门协调和合作，形成多方参与的治理机制，以推动互联网金融行业规范健康发展。

二 监管模式

互联网平台金融是一种新的金融业务发展模式，对其进行风险防范不应止步于风险发生之后的"补漏洞式"监管行为，更多应从监管理念层面出发，形成全流程的监管模式，采取非阶段性的监管行为。因此，互联网平台金融的监管模式并非只有"唯一最优解"，不同视角下有不同的监管模式。

（一）基于发展历程看互联网平台金融监管模式

一是包容性监管。为支持中国深入实施创新发展战略，监管部门将"金融包容"理念融入监管体系，对互联网金融实行低门槛的准入政策，降低互联网平台进入金融市场的难度，如对第三方支付发放支付许可证、网络互助保险业务实行金融牌照管理（彭冰，2018），甚至在互联网平台金融发展初期，对部分业务实行完全包容式监管，无须备案、注册以及获取金融牌照。

二是原则性监管。互联网平台金融在包容性监管方式下迅速发展，同时其业务风险逐步凸显。基于此，为保护消费者的合法权益，促进互联网平台金融的健康发展，监管部门陆续出台互联网平台金融规范发展的指导文件，如《关于促进互联网金融健康发展的指导意见》，确定原则性金融监管的框架。监管部门采用原则性监管模式，通过制定适度宽松的监管政策，在保障金融风险可控的前提下，为互联网平台金融发展提供良好的制度环境，实现鼓励创新和加强监管相互支撑，促进互联网平台金融健康发展。

三是专项整治监管。在原则性监管方式下，互联网平台金融业务具有较高的灵活性，大量互联网平台可以趁机"钻空子"，造成互联网平台金融领域频繁发生风险事件。为此，监管机构及时开展针对互联网平台金融的专项整治行动，出台《互联网金融风险专项整治工作实施方案》，并且针对P2P网络借贷、股权众筹等出台对应的管理办法，对互联网平台金融实施严格监管。比如，禁止以股权形式通过网络直接向公众筹集小额资金的股权众筹。违规业务被大量清退，互联网平台金融逐渐步入规范发展的道路。

（二） 基于监管流程看互联网平台金融监管模式

一是穿透式监管模式。此监管模式的核心原则是"实质重于形式"。国家对互联网平台金融风险进行专项整治，提出对互联网平台金融风险采取"穿透式"监管办法，特别是针对通过互联网平台跨界从事金融业务的机构，明确采取"穿透式"监管办法。该办法认定业务的本质属性、执行对产品的严格监管，从业务和产品的本质入手，打通资金流、业务流、中介环节，有效识别金融产品的风险源头，严厉打击监管套利行为，降低金融风险传播的可能性，通过提高监管有效性实现金融创新与金融安全之间的平衡。

二是回应性监管模式。在创新金融产品的同时，需要多方主体协同合作，以防出现监管漏洞。基于此，回应性监管模式发挥了积极作用，这种监管模式是政府与非政府合作，被监管对象和行业协会等社会组织均可以作为监管主体，主动承担金融监管的责任。同时，回应性监管模式反对实施"一刀切"的金融监管政策，提倡金融风险等级与适合的监管办法相对应，注重监管措施的多元化，对不良主体重点监管，设立激励机制以鼓励表现良好的主体继续保持它们的积极性。

三是信息服务型监管模式。在互联网时代，信息成为公共服务的重要内容。互联网金融监管部门应调整其定位，从风险管控部门转变为信息服务者，实行信息服务型监管模式。在此模式下，监管部门以"服务"为出发点，以"信息"为着力点，通过提供市场信息服务来矫正市场信息资源偏差，优化市场资源配置，以信息服务者的身份缓解市场信息不对称，从而完善金融市场的信息流通机制。

（三） 基于科技赋能看互联网平台金融监管模式

一是数据自动化监管模式。在监管层面，运用互联网科技可以动态获取金融机构的运营数据，有效整合并统计金融数据信息，实时与监管规则进行比较，对金融机构潜在的金融风险进行实时监控，形成流量式和统计式的监管模式。

二是人机交互型监管模式。鉴于互联网科技并不能实现计算机语言逻辑与人类语言逻辑的完美衔接，有效完成金融监管工作，需要互联网科技与传统人工监管相互融合，在利用互联网搜集金融数据的基础上，由监管机构对搜集的信息进行进一步辨识，对风险进行评估和处理，由此实现对互联网金融风险的精准防控。

三是公私协同型监管模式。金融机构有被监管的义务，金融监管部门履行监管职责。金融机构加大自身的互联网科技研发投入力度，并加强其在公司合规管理中的运用，以满足监管需求。同时，金融机构实现从被动监管转变为自律管理，积极配合监管单位开展合规工作。

三　监管难点

（一）监管政策设计存在的难点

一是监管政策在设计时缺乏理论支撑。目前，关于平台经济的产业组织理论研究尚处于起步阶段，并未形成系统的理论体系，导致监管政策缺乏强大的理论支撑。在平台金融实践发展和理论体系构建尚未匹配的前提下，执法部门难以采取合适的金融监管理论模型进行社会福利再分配，因此需要从学术层面丰富互联网平台金融监管理论，从而科学地完善相关的监管政策。

二是监管政策在设计时存在时间滞后。互联网平台金融发展迅猛，但相关的法律和监管框架滞后于行业发展的步伐。传统金融监管体系难以适应互联网平台金融的创新性和复杂性，对互联网平台金融的监管存在制度模糊不清的问题。这种制度模糊主要体现在互联网平台金融法律规范在一定程度上缺失、互联网平台金融的市场准入以及强制信息披露制度有待进一步完善。

三是监管政策在设计时难以把握尺度。互联网平台金融的跨区域性和普惠性意味着可能会产生重大风险并迅速传播。过于严格的监管制度虽然可以有效防范金融体系的风险，但会抑制平台金融的发展；相反，如果放任互联网平台金融野蛮发展，则会破坏金融市场秩序。故在进行监管政策的设计时，把握"安全"与"效率"之间的尺度具有一定难度。

（二） 监管政策执行存在的难点

一方面，中央与地方监管的协同性有待提高。中国金融监管体系一直以中央为主、地方为辅，在互联网平台金融的实际治理过程中，地方政府虽然负责主要的监管任务，但并未得到相应的监管权力和资源支持。互联网平台金融具有明显的跨区域性特征，金融风险跨越了地方政府的治理边界，然而国家层面的协同治理机制有待进一步加强。

另一方面，监管机构在技术上落后于被监管者。互联网平台采用了许多新兴的技术和业务模式，在技术应用方面具有先发优势。而互联网平台金融的监管涉及复杂的技术和业务领域，监管机构的组织结构和决策机制可能相对僵化，难以迅速适应技术变革的需求，监管部门需要花费更多时间来理解和适应这些新技术和新业务模式。

（三） 互联网平台金融特有的监管难点

一是互联网平台金融的市场垄断导致监管失效。在基于双边或多边市场的平台经济中，由于存在网络效应，大型互联网平台具有先发优势，会在一定程度上破坏市场竞争条件，从而导致互联网平台金融监管失效。诸如，互联网金融产品捆绑销售、排他性定价、合谋等传统的"反竞争行为"增加了监管难度。

二是互联网平台金融资本的无序扩张弱化监管有效性。一些大型互联网平台凭借自身规模优势和技术优势，采取多轮股权融资方式不断做大自身体系并提高市场估值，形成异化的垄断资本。这类资本扩张大多以规避监管或者监管套利为目的，导致其中的复杂性被隐匿、风险性被低估，监管的有效性由此被减弱甚至失效。

三是互联网平台金融与宏观经济之间的联动性增强，给金融监管工作带来挑战。互联网平台金融能够有效实现金融业内部以及金融业与其他行业之间的交叉渗透，因此与宏观经济体系的联系日益紧密。互联网平台金融产品和服务涉及多个领域和市场，这些领域和市场相互之间具有高度关联性和复杂的交互关系，监管机构难以全面了解和评估它们的风险，导致系统性风险不断积聚，给监管工作带来挑战。

第四节　防范化解互联网平台金融风险的
思路与重点领域

互联网平台金融是中国金融创新的主要形式之一，是当前金融市场的重要组成部分。由于互联网平台金融既有传统金融的风险特征，又兼具互联网风险的特质属性，因而蕴含着传染性强危害性大的系统性金融风险。根据习近平总书记的指示，"我国平台经济发展正处在关键时期，要着眼长远、兼顾当前，补齐短板、强化弱项，营造创新环境，解决突出矛盾和问题，推动平台经济规范健康持续发展"①，为维护我国金融市场稳定高效合规运行，本书提出如下防控思路：以监管科技为抓手，以防范化解系统性金融风险为底线，中央与地方金融监管机构协调分工开展工作。近期目标是，尽快摸清互联网平台金融的发展现状和存在的问题，详尽评估互联网平台金融风险状况，整顿违规展业机构，规范平台金融活动，确保风险全面排查、问题全面整治和监管全面覆盖。长期目标是，建立健全适应互联网平台金融发展特征的长效监管机制，增强投资者风险防范意识，构建规范与发展并举、创新与防范风险并重的互联网平台金融发展格局，促进互联网平台金融规范健康可持续发展。

基于上述思路，建议从加强和完善监管、引导行业健康发展以及全面提升跨界合作广度和深度三个维度，做好互联网平台金融风险的防范化解工作。

一是加强和完善互联网平台金融监管。在鼓励互联网平台金融创新的同时，建议从以下三个方面加强和完善金融监管。其一，遵循以"风险为本"的审慎监管原则，将互联网平台金融业务的监管常态化。把防控金融风险放在重要的战略位置，严格把关互联网平台金融机构的市场准入和退出，优化监管技术、方法及流程，以此实现风险的早识别、早预警、早发

---

① 《习近平主持召开中央财经委员会第九次会议》，中国政府网，2021 年 3 月 15 日，https://www.gov.cn/xinwen/2021 – 03/15/content_5593154.htm。

现、早处置，并抑制互联网平台金融机构的资本扩张和盲目竞争。其二，从互联网平台金融交易的前、中、后三个阶段，进一步完善消费者权益保护机制。在交易前，监管部门通过对互联网消费者进行金融知识普及教育，纠正大众对互联网金融产品的认知偏差，引导消费者树立正确的投资理念和风险防范意识。在交易中，监管部门应以防范金融风险为底线，进一步加强对互联网金融产品的销售管理，充分开展信息披露和风险提示，大力整治误导销售行为。在交易后，健全互联网平台金融业务纠纷多元化解机制，搭建官方在线纠纷解决渠道，维护消费者合法权益。其三，构建监管协调机制，对互联网平台金融业务实行协同化穿透式监管。在目前中国分业经营、分业监管的环境下，建议各监管部门形成互联互动的监管网络，构建系统化的监管体系，利用大数据完善监管部门之间的信息共享机制，以此提高互联网金融的监管效率。

二是引导互联网平台金融行业健康发展。建议从以下三个方面入手，构建和谐共生的互联网金融生态体系。其一，发挥行业协会的自律监管职能。一方面，扶持行业自律组织发展壮大，切实从互联网平台金融中介的角度为整个行业发展提供公约准则；另一方面，从法律层面进一步明确行业地位，在保护互联网平台金融发展利益的同时，进一步规范行业协会的组织框架和职能范围，做好行业保护、协调和监管的工作。其二，增强互联网平台金融的自律意识。在监管部门和自律组织的指导下，互联网平台金融机构应主动在业务开展和运营管理上严格要求自己，与客户群体开展适时便捷的沟通交流，树立服务社会的良好公众形象。其三，进一步宣传行业中规范经营的典型案例。规范经营是互联网平台金融行业健康发展的保障，而树立正面典型开展宣传则是行之有效的方法。一方面，通过传播互联网平台金融行业中的合规展业经验，在全行业营造向先进学习的浓厚氛围，从而进一步引导行业规范经营；另一方面，通过增强宣传的辐射力，加强对互联网平台金融客户群体的教育普及，实现金融产品提供方、互联网平台与在线客群之间的良性互动。

三是全面提升互联网平台金融跨界合作的广度和深度。互联网平台金融的跨界合作是促进行业交流和健康发展的重要途径；在互联网平台金融行业规范发展的同时，应加强不同领域的交流与合作。其一，进一步加强与高校和科研院所的合作，共同探索金融科技解决方案。互联网平台与高校和科研院所合作，共享专利资源和专业团队，共同开展技术研发，由此形成互利共赢的合作模式，推动中国金融科技的深入发展和广泛应用。其二，加强与制造业合作，为实体经济提供全方位的金融支持和服务。坚持金融服务实体经济的宗旨，引导互联网平台金融为制造类企业（特别是中小微制造类企业）提供多元化金融服务，助力实体经济发展。同时，提倡互联网平台借助实体企业的资源和市场影响力，进一步扩大客户群体，推广自身品牌。其三，深化与传统金融机构的合作，提高互联网平台金融服务品质。为实现不同类型金融机构之间的协同分工、有序发展，建议互联网平台金融机构在与传统金融机构合作过程中，积极借鉴传统金融机构的合规经验和风控体系，提高自身服务品质和风险防范能力。

第八章
跨境金融监管制度构建与路径选择

　　跨境金融监管作为统筹协调跨境金融安全与效率的重要手段，是防范化解金融风险的重要保障。当前，全球经济金融趋势和格局变幻莫测，受中美贸易摩擦、新冠疫情、俄乌冲突等影响，全球经济不确定性及国际金融市场震荡进一步加剧，金融机构跨境监管套利、跨境金融风险交叉传染、跨境资金异常流动等风险呈积聚势头，防范化解跨境金融风险挑战巨大。相较其他国际湾区，世界上唯一拥有两大金融中心、两种制度、三种货币的粤港澳大湾区，由于粤港澳三地在市场化程度、金融监管制度和金融法律法规等方面存在较大差异，面临更为复杂的金融监管格局，跨境监管难度较大。近年来，随着"跨境理财通""深港通""债券通"等各种"金融通"渠道的逐步打开，粤港澳大湾区金融创新不断涌现，对跨境金融监管制度融合和合作需求日益迫切，传统的金融监管合作模式已无法适应粤港澳大湾区国际金融枢纽建设的新需求，跨境监管模式亟待创新与完善。基于此，本章在借鉴欧盟"单一通行证"、《北美自由贸易协定》、新加坡和香港离岸金融监管以及上海跨境金融监管改革创新实践的基础上，提出符合粤港澳三地发展实际与诉求的跨境金融监管合作思路与路径设计。

第一节　跨境金融监管合作的理论逻辑与现实意义

　　全球化背景下资本要素高速流动，因各国监管制度存在差异，作为金融监管的最大软肋，跨境金融监管成为促进金融稳定发展与防范化解风险的重要制度安排（刘佳宁、黎超，2023），将跨境金融监管合作机制化和常态化是当前新形势新格局下的重要任务（吴燕妮，2020）。本节从跨境金融监管合作的理论逻辑和现实意义两个主要方面展开论述。

一　理论逻辑

国际金融协会指出，传统监管模式下世界金融监管体系碎片化，资本流动性风险受困于当地市场，影响地区间的公平竞争与可比性，增强整个监管框架的风险敏感性。作为金融监管者应当具备前瞻性意识，促进跨境金融监管合作，创新金融监管模式，使之能够及时识别金融创新活动可能带来的潜在风险。

（一）跨境金融监管

跨境监管的本质是通过建立制度化的跨境监管合作关系，使各国监管机构充分沟通，共同防范金融风险，促进银行业稳健发展（陈锋、田娟，2010）。跨境金融监管根据内容有狭义与广义之分。狭义的跨境金融监管指的是对跨境金融机构的监管；广义的跨境金融监管指的是，在双边、多边和区域层面对特定金融事项进行监督和管理，是国际金融监管的同义词（廖凡，2018）。

各国实行不同的金融监管制度，在处理跨境事务时，往往无所适从，造成跨境监管问题协调不当，导致监管重叠或监管真空；地区监管松紧不一，也容易导致监管套利甚至国内资本大量外流。跨境资本的大量流入造成股票等资产价格的非理性上涨，产生资产泡沫；当国内经济遭受冲击时，跨境资本逆转抽逃会使资产泡沫破裂，对国内金融稳定产生重大不利影响（Schimtz，2011）。

（二）跨境监管合作

跨境违法行为的产生，一方面是因为跨境监管难度较高，不同地区监管制度、监管手段、监管程度存在差异；另一方面也是因为某些金融机构为了逃避强监管而向监管相对宽松的地区转移。跨境监管的顺利开展离不开国家（地区）之间的配合，国家（地区）之间的监管合作有利于共同打击违法犯罪活动，解决监管空白问题。总体来看，跨境金融监管合作包括双边和多边两种途径。双边途径主要有谅解备忘录、监管对话和技术援助项目等。多边途径主要有政府间国际组织、非正式国家集团和跨政府网络（廖凡，2018），除此之外还有监管联席会议和并表监管等新型监管方式（见表 8 − 1）。

表 8 − 1　跨境监管合作模式

跨境监管合作模式	举例	简介
谅解备忘录	国际证监会发布的《磋商、合作与信息交换多边谅解备忘录》和《磋商、合作与信息交换加强版多边谅解备忘录》	增强签署方执法权力、指明跨境执法联络点。签署方之间可以请求提供相关当事人在银行或者经纪商的资金财产状况、交易时间和价格、相关经济主体等信息，以进行跨境调查和执法协助
监管对话	美国国际事务办公室（OIA）与关键对手方定期举行双边会议	确认和讨论监管问题，调和标准，协调促进跨境证券执法信息交换方面的合作
技术援助项目	"证券市场发展国际学院"项目、"证券执法与市场监管学院"项目	讲解监管应用的技术手段和监督方法；对新兴市场开展区域性和微型培训，派遣专业人员前往相关国家帮助其改进证券监管体系，使其符合国际监管标准
政府间国际组织	国际货币基金组织（IMF）、世界银行、世界贸易组织	设立国际条约、"金融部门评估计划"（FSAP）、《关于遵守标准和守则的报告》（ROSC）、《服务贸易总协定》、设定跨境金融服务市场准入规则
非正式国家集团	七国集团（G7）、十国集团（G10）、二十国集团（G20）	G10 成立巴塞尔银行监管委员会促进成员国银行监管机构之间的信息交换，并发布危机处置指南；G7 成立了金融稳定论坛（FSF）；G20 将 FSF 升级为金融稳定委员会（FSB），在更强有力的制度基础上促进金融稳定
跨政府网络	金融稳定委员会（FSB）、巴塞尔银行监管委员会、国际证监会组织、国际保险监督官协会	制定并协调金融监管标准
监管联席会议	中国的网络市场管理部联席会议	持续加强跨境金融集团监管合作与协调的常设机制

跨境监管合作模式	举例	简介
并表监管	巴塞尔银行监管委员会的并表监管	与注册地无关，银行面临的全球风险皆由母国监管当局在合并资产负债表基础上进行监督控制

资料来源：根据廖凡（2011）相关文献整理。

此外，李仁真和周忆（2012）针对跨境银行监管制度创新，提出有效的监管联席会议制度应具有如下特征：并表监管与单一监管良性互动、日常监管与危机管理统筹兼顾、微观审慎与宏观审慎有机结合。李铭（2018）研究了原油期货市场的跨境监管合作，指出其面临监管冲突、信息获取、跨境操纵和国家安全问题。陈秧秧和张语涵（2019）分析了内地和香港的审计监管架构与合作现状，在法律层面建议审慎检视内地证券法制与会计法制之交叉规制领域，优化各自市场内部审计监管架构和两地区间会计档案传输和交流机制，提升跨境审计监管合作效率，拓展合作空间。具体在跨境证券监管方面，学者们主要针对国际组织跨境监管合作（李仁真、杨凌，2021；刘凤元、邱铌，2019）、中美跨境证券监管合作（韩洪灵等，2020；张彩萍，2018）、内地和香港跨境证券监管合作（黄辉，2017）等展开研究。

二　现实意义

党的二十大报告强调，要"深化金融体制改革，建设现代中央银行制度，加强和完善现代金融监管，强化金融稳定保障体系，依法将各类金融活动全部纳入监管，守住不发生系统性风险底线"。这不仅是对党的十九大报告中金融工作要求的深化和补充，也为新征程下防范化解金融风险、实现金融高质量发展提供了根本遵循和行动指南。粤港澳大湾区作为中国"一国两制"和金融科技发展的前沿阵地，有跨境金融监管的强烈需求，更是跨境金融监管创新的重要试验田，成功经验可在未来尝试应用于国际跨境金融监管。在建设粤港澳大湾区国际金融枢纽的大背景下，探索创新跨境金融监管是必要一环。

（一） 防范化解系统性金融风险的重要保障

随着世界经济格局的变化，世界经济重心正在加快东移，东亚环太平洋区域是金融活动最密集的区域。金融活动和金融市场的全球关联性加强，导致系统性金融风险加剧。自 2008 年全球金融危机以来，各国重新审视金融风险和监管机制，"太大而不能倒"的传统观念正向"太关联而不能倒"的新理念转变。从近期美欧发生的硅谷银行破产、签名银行破产、瑞信银行被收购和金融市场动荡等一系列风险事件来看，除了美欧周期性宏观经济政策失调的原因之外，对金融机构和金融运行监管的放松也是重要的诱发因素。当前世界经济金融形势更趋复杂严峻，金融风险的转变使其不再受制于传统金融监管模式，中国也亟须进行金融监管制度的创新，在新型风险暴露下提供法律保障。粤港澳三地金融主体多元、改革试点多样、跨境交易活跃、风险因素相对复杂，既是防范系统性金融风险的主战场，也是金融监管制度和金融产品创新的最佳试验田，在大湾区内部可以率先实施跨境金融监管合作并积累经验，为内地防范金融风险提供借鉴。

当前，湾区内的金融基础设施呈三地分割状态，在协调统一、互联互通方面潜力巨大。跨境监管体制和机制的不完善增加了监管压力，大湾区金融风险防控挑战重重。为此，《粤港澳大湾区发展规划纲要》明确提出，大湾区应当"做好防范化解重大风险工作，重点防控金融风险。强化属地金融风险管理责任，做好重点领域风险防范和处置，坚决打击违法违规金融活动，加强薄弱环节监管制度建设，守住不发生系统性金融风险的底线"。2020 年 4 月，中国人民银行等四部门联合印发《关于金融支持粤港澳大湾区建设的意见》，提出"推动完善创新领域金融监管规则，研究建立跨境金融创新的监管沙盒"。这些均为大湾区防范化解金融风险、促进跨境金融监管合作提供了战略指向和发展依据。

（二） 推动大湾区金融融合发展的迫切需要

粤港澳大湾区金融融合是顺应大湾区发展的必然结果，是推动大湾区一体化的重要条件（唐朔，2022）。金融业的融合发展，需要实现金融机构协同、金融市场对接、金融产品互认、金融基建互通、金融人才交流和金融监管合作等。目前大湾区金融融合发展已具备良好基础,粤港澳三地间的金融机构已形成较为成熟的网络,各种"金融通"渠道逐步打开,跨境资本流动的基础设施基本具备,前海、南沙、横琴三大平台在跨境人民币业务、投融资便利化、与服务贸易自由化相配套的金融创新、金融风险防控体系等多方面积极先行先试。然而,跨境金融要素快速流动与跨境监管协作失调成为大湾区当前面临的突出矛盾,监管合作相对滞后于要素流动。"一国两制"下,大湾区在一国领土内因为不同法域形成的跨境金融监管,与世界其他地区的跨境金融监管存在本质不同。推动粤港澳三地金融监管合作是一个全新的课题,面临重大挑战,需结合粤港澳实际,在保证三地金融监管独立的基础上,探索三地金融监管的共识点且最大限度地促进三地金融融合发展,不断推进大湾区金融监管规则衔接、机制对接,以金融监管合作为切入点,逐步完善跨境金融监管的新体制,从而进一步推进大湾区金融融合发展。

(三) 适应金融业扩大开放的内在要求

金融开放主要包括资本账户开放、金融机构和市场开放、资本跨境自由流动、人民币国际化等(陈雨露、罗煜,2007)。粤港澳大湾区作为中国市场化程度与开放水平最高的区域之一,有条件有义务承担金融开放探索与制度创新试点使命,而跨境金融监管合作制度创新是其中的重要组成部分。随着金融活动日益全球化、金融市场快速开放化,金融风险在全球范围内传播,其所带来的影响和破坏前所未有。在这种情况下,金融监管亟须突破地域、民族、国家的藩篱,对跨境资本流动进行双边与多边监管,尤其需要流入国与流出国之间的政策协调,特别是宏观经济政策与金融监管制度之间的配合。粤港澳三地的利率、汇率差异容易引发资金的跨境流动,三地经济发展差距、经济周期不同步导致货币政策、财政政策不协调,甚至造成金融系统的长期不稳定。因此,应立足于完善粤港澳大湾区金融制度目标,促进多种要素在国内国际两个市场上合理配置,深化对外开放,同时必须加强跨境金融监管,通过制度改革加强三地监管合作,防范化解金融风险，全面提高金融开放水平，为中国构建开放型经济金融体制、提高国际竞争力添砖加瓦。

第二节 粤港澳大湾区跨境金融监管合作现状

一 粤港澳三地跨境金融监管合作实践

事实上，随着金融开放进程不断加快，为有效推进金融市场的互联互通，港澳不断加强与内地的金融监管合作，签订了一系列金融监管及规则对接方面的合作协议，不断拓展跨境金融监管合作的深度与广度。而且，随着"跨境理财通""深港通""债券通"等联通粤港澳三地金融市场的各种"金融通"渠道的逐步打开，三地金融监管部门的监管协调合作不断深入。

（一）广东自贸区跨境金融监管合作相关政策

自贸试验区充分发挥制度改革"试验田"作用，在大力推动投资便利化的同时，切实防范跨境资金流动风险，积极构建"宏观审慎与微观监管"双管齐下的跨境资本流动监管格局。自2012年起，广东自贸区出台了多份文件（见表8-2），在跨境人民币贷款管理、反洗钱反逃税反恐怖融资、银行业监管、银行业务特色监测报表制度、支付服务与征信服务、保护金融消费者权益、外资投资设立金融机构（市场准入限制）和外资准入后业务管理（国民待遇限制）、金融风险预警、防范和化解体系等诸多方面做出规定和限制，在制度层面为粤港澳三地跨境金融监管合作提供指引和保障（饶玉亮，2020；周达峰，2015；程钰舒、徐世长，2020；徐玖玖，2018；张末冬，2020）。

表8-2 自贸区涉及跨境金融监管的相关政策内容

文件名	主要内容
2012年《前海跨境人民币贷款管理暂行办法》；2015年《广东南沙、横琴新区跨境人民币贷款业务试点管理暂行办法》	对符合条件的境内企业（在前海注册成立并在前海实际经营或投资）从香港经营人民币业务的银行借入人民币资金的业务实施监管。深圳人行依据本办法对前海跨境人民币贷款业务实施非现场监管和现场检查

续表

文件名	主要内容
2015 年《深圳银监局关于试行中国（广东）自由贸易试验区深圳前海蛇口片区银行业监管相关制度的通知》；2015 年《广东银监局关于试行中国（广东）自由贸易试验区南沙片区和横琴片区银行业务特色监测报表制度的通知》	1. 针对自贸区业务，强调并表风险管理要求，加强日常现场检查和非现场监管，对信用风险、法律合规风险、操作风险进行重点防范；保护金融消费者，强化行为监管 2. 针对自贸区业务建立相对独立的统计和监测制度，定期从业务和机构两个维度收集数据和监管信息，并纳入监管部门非现场监管报表体系。监管部门将根据自贸区政策变化和业务发展，适时完善区域特色报表
2015 年《人民银行关于金融支持中国（广东）自由贸易试验区建设的指导意见》；2020 年《中国人民银行 中国银行保险监督管理委员会 中国证券监督管理委员会 国家外汇管理局关于金融支持粤港澳大湾区建设的意见》	1. 扩大自贸试验区支付服务领域、征信服务业对港澳地区开放。推动自贸试验区社会信用体系建设。探索在跨境融资中引入信用评级机制 2. 完善区域金融监管协调机制，加强金融信息共享，建立和完善系统性风险预警、防范和化解体系 3. 加强跨境资金流动风险防控，加强反洗钱、反恐融资管理。完善粤港澳反洗钱、反恐融资监管合作和信息共享机制。加强金融消费权益保护 4. 加强粤港澳金融监管合作。研究建立跨境金融创新的监管"沙盒"。推动粤港澳三地金融人才培养与交流合作
2016 年《中国人民银行关于扩大全口径跨境融资宏观审慎管理试点的通知》	1. 建立宏观审慎规则下基于微观主体资本或净资产的跨境融资约束机制，试点企业和试点金融机构均可按规定自主开展本外币跨境融资 2. 建立跨境融资宏观风险监测指标体系，在跨境融资宏观风险指标触及预警值时，采取逆周期调控措施 3. 非现场核查和现场检查

资料来源：根据广东省自贸区网站资料整理。

（二） 粤港澳大湾区跨境金融监管合作实践

粤港澳大湾区在证券市场中的合作实践主要是"跨境理财通"和"深港通"。保障"跨境理财通"和"深港通"监管的一个重要手段是签署谅解备忘录和合作备忘录。2016 年，中国证监会与香港证监会签订"深港通"及"沪港通"的谅解备忘录。"深港通"开通后，深港两地交易所在签署合作备忘录（例如《内地与香港股票市场交易互联互通机制若干规定》）的基础上，确定了跨境监管机制，两地在证据交互、联合调查、信息使用上都做出较为翔实的约定（缪斯斯、郑宇佳，2018）。2017 年，深港签署合作备忘录，确定两地金融监管部门定期沟通机制和季度金融监管例会，初步达成了粤港澳大湾区金融监管数据共享（吴燕妮，2020）。2019 年 7 月，在多边谅解备忘录（MMoU）基础上，内地与香港签署了合作备忘录，促进了证券执法合作和审计工作底稿信息交换（刘凤元、邱铌，2019）。2021 年 2 月 5 日，内地和港澳金融监管机构正式签署《关于在粤港澳大湾区开展"跨境理财通"业务试点的谅解备忘录》（简称《谅解备忘录》）。《谅解备忘录》提出"跨境理财通"项下的资金和理财产品不得用于质押、担保，进一步突出"专款专用、闭环管理"的监管原则。

同时，为加快推进粤港澳大湾区银行保险市场联通、积极探索"保险通"，香港保监局与中国保险监督管理委员会签订了有关保险监管的合作协议；粤港澳三地签订三边反保险欺诈监管合作协议；粤港澳深四地召开保险监管联席会议监管跨国保险集团。此外，内地还与香港就四个方面展开反洗钱合作：一是相互提供法律协助；二是司法部门之间合作，内地和香港的判决可以在双方区域强制执行；三是交换财富情报和其他资料；四是金融监管机构合作。

二 粤港澳大湾区跨境金融监管存在的问题

（一） 跨境金融监管法律规则协同合作需纵深推进

跨境金融监管法律规则协同是跨境金融合作的基本保障。粤港澳三地法域不同、涉及立法主体多、权限不同，跨境协同立法尚未确立。香港和澳门分别继受自英式普通法系和大陆法系，司法制度独立并享有高度的自治权和立法权。广东省地方性法规与国家法律法规秉持下位法和上位法关系。香港作为重要的国际金融中心，金融监管法治较为健全和完善，金融监管法律国际化程度高。相较而言，内地金融法律起步较晚，现有金融监管法律法规尚未与国际接轨。中国《宪法》和《地方组织法》并未明确规定地方政府缔结跨行政区域合作协定的权限和程序等内容，港澳特区《基本法》也尚未对特别行政区与内地其他地区政府签订协议与联合立法做出规定，这导致粤港澳三地长期以来的金融合作以行政协议及谅解备忘录为主导，开展"软约束关系"基础上的监管合作，容易导致金融制度创新受阻、合同条款协调困难等问题，亟待通过协同立法消弭法律冲突阻碍，支撑推动区域跨境金融合作。

（二） 金融监管制度协同亟待突破

统一的监管标准是大湾区金融业可持续发展的重要前提。鉴于在金融发展程度、市场成熟度和制度完备性等方面的差距，粤港澳三地在金融机构准入、业务及人才等方面的监管标准有所不同。一是监管体制差异明显。内地遵循规则性金融监管，实行以中央为主、地方为辅的双层金融监管体制；而港澳金融监管部门对于本地区金融活动的监管规则具有最终决定权。香港采取由政府监管和行业自律监管形成的二级监管体制。其中，政府部门在金融监管中扮演"协调者"和"服务者"的角色，行业自律机构则重点关注内部风险的控制和审查。澳门采取原则性金融监管模式，即将监管从依赖于详细、具体的规则转向更多地依赖于一种更高层级、更加宽泛的规则或原则。二是监管规则差异明显。内地和港澳关于机构准入、业务监管及高管监管等标准的规定有所不同。如针对外资金融机构的市场准入，内地的注册资本要求明显高于港澳，港澳为本地银行和外资银行的准入条件做明确区分；且三地在跨境资本流动、银行贷款期限用途、跨境资产转让等方面的规定差别较大。三是金融监管协调机制有待完善。粤港澳三地尚未建立常态化的、紧密的金融监管协调机制，相互沟通和协调的成本高，效率有待提升。此外三地金融争议机制有待细化，如目前只是在机构安排中指出双方共同成立的联合指导委员会拥有解决 CEPA（内地与港澳关于建立更紧密经贸关系的安排）执行过程中可能产生的争议的权利，尚未给出具体争端解决过程中的规则及程序，完善的冲突解决机制和体系有待建立。

（三） 跨境金融合作支撑不足

粤港澳大湾区是金融机构跨境展业的重要枢纽。大湾区在互谅互通的重大金融基础设施、金融要素交易平台搭建方面拥有巨大的潜力空间。一方面，互联互通渠道载体有待丰富拓展。目前，"深港通""基金通""ETF通"等已初见成效，截至 2022 年 9 月底，参与"跨境理财通"的个人投资者持有投资市值余额为 5.22 亿元人民币,但可投资的产品种类不够丰富,主要集中在风险等级较低且相对简单的资金类产品上,而资本类产品基本没有涉及。虽已初步建立包括 QFLP 和 QDLP 在内的跨境双向投资制度,但还需要放宽准入门槛、放松外汇和业务管制以及拓展投资范围。另一方面,一体化金融基础设施有待完善。粤港澳三地征信技术标准尚未统一,征信数据也未实现开放共享,对于跨境金融科技创新的监管标准和容忍度也不尽相同,"信息孤岛"问题导致跨境联合执法行动缺乏有效支撑,一定程度上抑制了金融合作效率的提升。

第三节 国内外跨境金融监管合作实践经验与启示

一 经验借鉴

(一) 欧盟"单一通行证"

全球金融危机过后,欧盟委员会通过构建职责独立、协作机制清晰的欧洲金融监管体系实现宏观审慎管理和微观审慎监管的有机结合。由欧洲监管机构负责在欧盟内制定统一的监管标准,协调成员国间的监管规则,并促进和深化跨境监管合作(尹哲、张晓艳,2014)。为加速推进欧洲经济一体化,欧盟实行"单一通行证"制度,即基于单一注册地批准,允许金融机构在母国监管下,在欧盟其他成员国自由展业,其他成员国原则上不能施加额外监管要求。"单一通行证"制度在运行过程中须遵循设立自由、服务自由、最低限度协调、相互承认和母国控制五大基本原则,大幅推动了欧盟国家金融服务的一体化,有利于改善跨境风险管理的分割状态并降低监管成本(李文浩,2013),具体有以下几个主要特点。

一是监管法律超越主权。为保障"单一通行证"的高效推行,欧盟建立了超越主权的金融法律法规体系,要求在金融监管上遵循母国控制原则,即各成员国金融机构跨境展业相应的监管责任主要由母国监管部门承担,东道国监管机构只起补充作用。2001 年,欧盟以立法形式确立了"莱姆法路西框架",实行从欧盟层面立法机构到成员国金融监管机构纵向四个层级的金融监管体制。

二是市场准入自由化管理。欧盟在金融机构跨境设立机构、提供跨境服务方面坚持设立自由与服务自由原则。设立自由主要体现在，取消成员国金融机构在其他成员国境内设立代表机构、分支机构和附属机构的限制；同时取消对企业总部机构派往分支机构从事管理或者监督工作的相关人员的准入限制。服务自由主要体现在，成员国对其他成员国提供服务不设限，给予来自成员国的跨境金融服务提供者无差别待遇。

三是监管遵循最低限度协调和相互承认原则。欧盟"单一通行证"对金融机构的准入、审慎监管、重组措施和清算程序以及消费者补偿责任等进行了最低限度协调，并遵循相互承认原则。在最低限度协调过程中，部分情况完全遵循母国控制原则，如在信贷机构、保险公司的重组方面，一概适用母国监管法规并由母国实施排他性监管；而不完全遵循母国控制原则的情况，则包括相关规则中列明的不适用母国控制的监管事项以及通过援引"共同利益规则"的方式规定不适用母国控制原则。

欧盟监管体系架构见图8-1。

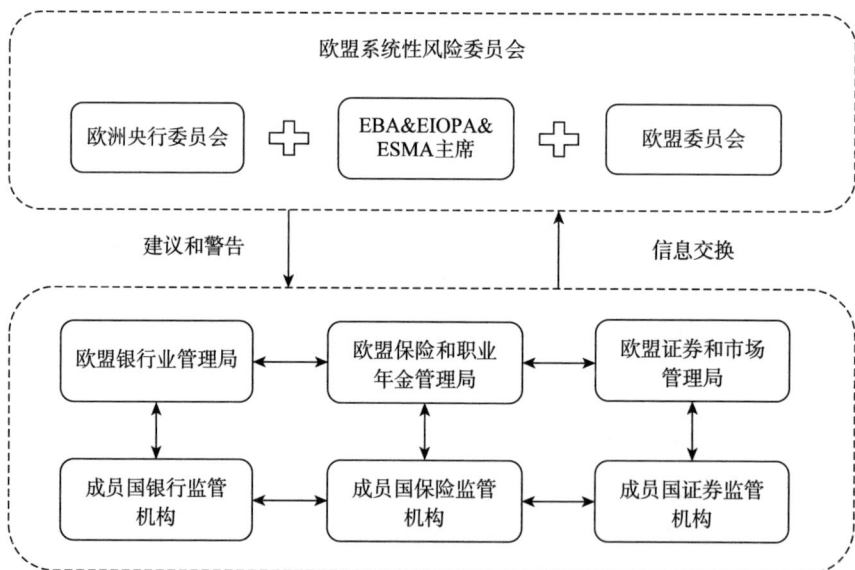

图 8-1 欧盟监管体系架构

（二）《北美自由贸易协定》下的金融融合发展

与自由贸易试验区在小范围单个关税区的法律立法不同，自由贸易协定是独立关税主体之间以自愿结合方式，就贸易自由化及其相关问题达成的协定。1992 年 8 月 12 日，美国、加拿大、墨西哥三国签署了《北美自由贸易协定》（以下简称《协定》），旨在围绕"国民待遇、最惠国待遇和透明度"三大原则，逐步消除贸易壁垒，创造公平竞争机会，实现商品和劳务的自由流通，最终促进三边地区经贸合作。

1. 具体模式

《协定》下的北美金融服务规则，历经《北美自由贸易协定》（NAF-TA）和《美加墨协定》（USMCA）两代。作为美国金融规则重要的"试验区"，无论是 NAFTA 还是 USMCA，在金融数据转移、金融人员管理、市场准入、跨境金融服务贸易等方面，都体现了美国"一国主导下的金融服务自由化"的价值取向（钱芳，2020）。美国在北美自由贸易区占据主导和支配地位，也是金融规则的制定者。加拿大和墨西哥对于美国金融市场的依赖程度很高，需要与美国的政策选择保持一定的联系，以便减少因为市场和相关政策而产生的摩擦。在此模式下，NAFTA 金融服务规则框架围绕"自律组织、设立金融机构、跨境贸易、国民待遇、最惠国待遇、新的金融服务和数据处理、例外、透明度、金融服务委员会、协商、争端解决"等条款，以及市场准入审查、磋商、负责金融服务的当局、部分权力保留和除外条款等附录，针对金融服务自由贸易进行了细致的规定。而 USMCA 金融服务规则则在数据转移、跨境金融服务贸易、审慎监管标准、透明度和措施管理等方面发展了 NAFTA 金融服务规则，成为北美最新的金融服务标准。《北美自由贸易协定》的金融规则框架梗概见表 8 - 3。

表 8 - 3　《北美自由贸易协定》的金融规则框架梗概

序号	金融主题	核心内容
1	金融准入	某一成员国的金融服务提供者可在另一缔约国执业，从事银行、保险、证券交易和提供其他金融服务。各国应允许本国居民在另一国境内获取金融服务，不对任何金融部门的跨境交易规定限制条件，也不对已有限制增加补充规定

序号	金融主题	核心内容
2	金融合作	各国对金融服务合作做出具体承诺。放宽了对墨西哥金融服务的限制，规定"渐进自由化"的步骤，即逐步允许美国、加拿大的银行（主要是银行业）、证券公司、投资公司和保险公司自由进入墨西哥执业。美国与墨西哥联合建立北美开发银行
3	非歧视待遇	各国应给在其境内的金融服务提供者以国民待遇，不得将其他国家金融服务提供者置于不利地位
4	透明度原则	明确规定金融市场开业的条件、有关人员要求、申请程序、磋商程序等
5	除外条款	针对第三国尤其是拉美国家银行业进入北美市场，规定了一些"除外条款"
6	部分权力保留	各国当局仍可以保留合理调整的权利；特殊情况下，可采取旨在保护收支平衡的措施

资料来源：根据相关资料梳理汇总。

2. 主要特点

一是柔性约束性。与欧盟完整的系统化安排、"单一通行证"的立法模式不同，北美自由贸易区金融框架具有鲜明的"自由贸易法"特征，通过柔性的约束机制规范金融主体行为，保证金融行业的有序运转并防控金融风险。美加墨三国以自由贸易协定为立法模式，以类似条约的"软法机制"为支撑，围绕一揽子双边和多边合作协议和制度框架，管理国与国之间的贸易和投资关系。三国金融主体主要通过平等、协商、合作的方式交换信息、交叉管理，所有权利义务规定及纷争调节，都是经过平等磋商达成一致的。

二是监管功能有限性。由加拿大金融部、美国财政部和商业部以及墨西哥金融和公共信贷部的代表组成的金融服务委员会，主要负责监督《协定》中金融服务协议的遵守状况。但由于《协定》没有赋予金融服务委员会决策权力，因此委员会的作用较为有限，只有监督、提醒和协调功能，没有实际开展跨境监管的权限。在北美自贸区内金融监管执法权仍排他性地属于各国国内监管机构，较少涉及三国监管法律的协同，如在北美自贸区，美国依旧坚持"离岸金融市场与在岸金融市场严格分离"（简称严格内外分离）的监管模式，以美国国际银行设施（International Banking Facilities，IBFs）为例，通过对在岸与离岸两个市场业务实行分账管理，各设一套账簿，实现在岸交易与离岸交易隔离，严禁资金在离岸账户与在岸账户间流动，以此适当分隔离岸金融市场和国内金融市场，以阻挡国际金融市场投机活动对国内金融市场的冲击，保持货币政策的独立性和有效性，避免金融机构轻而易举地逃避监管。①

三是东道国主导性。东道国和母国管理权力的划分是北美自贸区金融服务贸易规则的重点内容。USMCA 金融服务规则给予东道国更大的管理权限，主要包括通过"要求跨境金融服务提供者和金融工具进行登记或取得许可"等举措，保障东道国的监管权力；设置缔约方金融主管机构共同做出决定的前置程序，确保东道国法院解决争端的管辖权；禁止数据本地化，并明确数据转移的"约束纪律"，以保障东道国监管的有效实施。

四是市场准入自由性。金融市场准入监管是金融事前监管的重要环节。北美自贸区金融市场准入享有高度自由化。金融机构的准入享受设立法定形式自由、设立地域自由、合并设立自由。在金融人才准入管理方面，协定范围内不得限制另一成员国金融机构雇用的高级管理人才或其他重要人员的国籍，并需相互承认专业资格。在跨境投资准入管理方面，主要通过国民待遇、最惠国待遇原则，保证为成员国投资者提供平等竞争机会。

五是争端解决专业性。在事中、事后监管方面，主要利用专业的争端解决机制和投资者权益保护机制来解决分歧和矛盾，予以权责约束。在争端解决机制方面，北美金融规则中的争端解决机制既参考了 WTO 争端解决机制框架，又具有自身的专业性特征。各国争端解决方式主要依据《协定》规定，由金融服务委员会负责组织处理，委员会主要按照"磋商—专家组处理—发布报告—仲裁庭处理—中止福利"的争端解决程序解决分歧和矛盾，予以权责约束。在金融投资者权益保护机制方面，主要利用"透明度原则"和"审慎例外规定"实现规范。《协定》对于监管机构提出诸多规范

---

① IBFs 可以接受外国居民、外国银行和公司、美国境外公司的存款，也可以向这些外国居民和其他国际银行设施提供贷款；但不得接受美国居民存款或向美国居民贷款，不得向居民发行可转让的定期存款单，也不得做银行承兑业务或其他可转让票据业务。

要求，并规定了相关行政管理纪律。同时，出于系统性金融稳定的考虑，为维护东道国的基本金融管理权，USMCA 金融服务规则通过明确列举的方式，规定若发生一些"例外"，缔约方可因审慎原因不兑现承诺或义务并采取合理措施。此举在一定程度确保了北美自贸区金融体系的稳定运转。

（三）新加坡和中国香港的离岸金融监管

根据市场管理模式的不同，世界离岸金融市场主要分为内外一体型、内外分离型、渗透型和避税港型。香港作为全球第一大离岸人民币结算中心，其离岸金融市场是典型的"内外一体型"，即允许非居民经营在岸业务和国内业务，只在离岸市场准入、金融业务监管等方面进行实质性把关。作为典型的离岸、在岸业务"一体化"的国际金融中心，新加坡则主要实行"内外适度渗透型"跨境金融监管制度，即随着金融管制的逐步放松，金融监管部门开始实施内外业务相互渗透的市场监管。同时，通过设置离岸市场业务和主体限制隔离风险，在严格防范风险的基础上促进了离岸金融及本国经济的发展。

新加坡为防范国际金融风险跨境传染，维护离岸市场秩序的稳定，采取了一系列有针对性的举措。一是在推行离岸制度及进行业务创新的同时，不断完善与之相适应的事中事后监管制度，如限制离岸交易对象、管控离岸账户的资金流向、规范离岸账户资金用途等。二是允许特定的金融机构通过分离管控本币与外币账户，分割离岸和在岸业务，防止国际投机资本流动借由离岸金融市场冲击国内金融市场。三是通过在税收、外汇管制、汇率管理方面推出的优惠措施，大力吸引境外金融机构和国际资本，在加速推进离岸金融市场发展的同时，切实维护国内经济金融秩序（李猛，2018）。新加坡现行金融监管框架见图 8-2。

香港为维持离岸金融市场的繁荣稳定，实行严格的市场准入制度。一是根据申请人的展业诉求、资信状况和业务规模等要素的差异，分别颁布权限不同的牌照，针对不同持牌离岸银行的具体业务实施有区别的监管。二是为最大限度地降低离岸银行倒闭对当地金融市场的冲击，规定所有离岸银行均须以分行的形式建立。三是对于意向展业的外资银行，香港监管

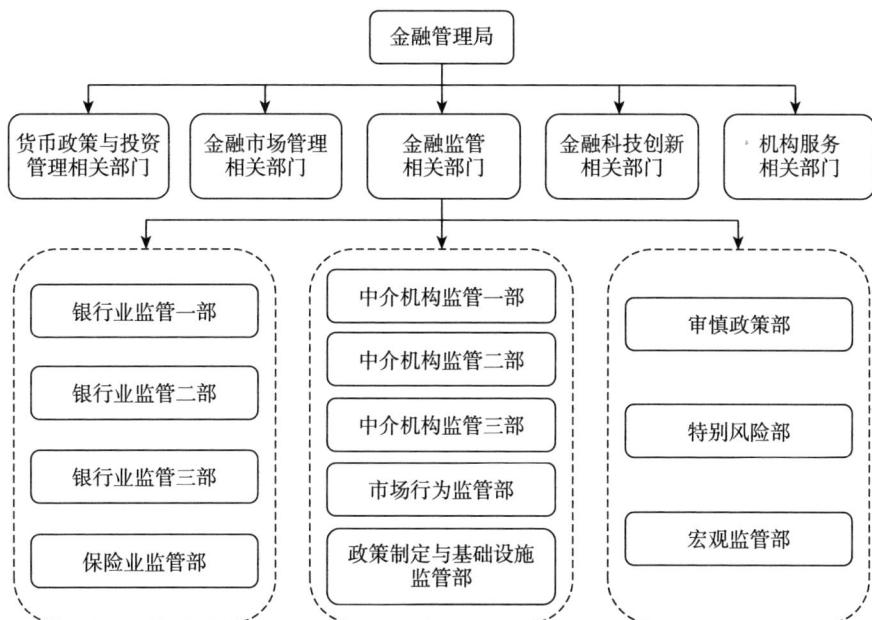

图 8 - 2　新加坡现行金融监管框架

部门主要以其总行的资本、信誉、风险控制等是否满足其作为最后偿债人的要求作为准入标准。在离岸金融业务监管方面，香港金融监管机构主要根据巴塞尔新资本协议的要求实施监管，尤其重视金融机构的资本充足率和资本流动性。在实际运作中，外资离岸分行的清偿能力监管责任分属其母国监管当局，合资离岸金融机构则分属合资方的监管当局；并通过量化考核离岸金融机构的风险资产管理和资产负债管理能力来完善其内部风险控制制度。此外，为加强离岸金融机构的国际监管合作，香港金融管理局与众多境外监管机构签订了一系列谅解备忘录等合作协议。

（四）上海自贸区跨境金融监管创新

不同于香港、新加坡等国际离岸金融中心，上海自贸区是以服务自贸区为目标的本地离岸金融中心，致力于为区内企业走出去提供高效的离岸金融服务。多重利好政策加持下，上海自贸区在国内率先提出"离岸＋自贸＋海外分行"的金融服务模式，形成离岸账户、境外分行账户和自由贸易账户"三位一体"的跨境金融服务体系，实现本外币一体化管理和跨境资金流动、汇兑业务开展，在金融组织准入、跨境资金流通和金融监管制度改革等方面先行先试并取得显著成效。一是金融组织准入制度积极创新。一方面，自贸区大幅降低金融组织的准入门槛，简化金融机构准入程序，将部分业务由事前审批改为事后报备，并取消证券、期货及人身险等领域的外资股比例限制。另一方面，自贸区对负面清单进行大幅精简，2021 年版外商投资准入负面清单由 30 条减至 27 条；同时，为最大限度地吸引外资，上海发布全国首个按照国际惯例编制的金融服务业对外开放负面清单指引。二是跨境资金流通渠道不断拓宽。通过设立自由贸易账户（FT 账户），打通与境外市场的资金流通渠道，实现跨境人民币的自由结算。同时，通过研究探索 FT 账户支持资本市场开放，进一步创新 FT 账户的金融服务功能，率先实现区内资本项目可兑换。三是跨境金融市场监督制度逐步健全。在监管理念方面，自贸区由传统的事前审批转为注重事中、事后监管，加强事中、事后分析评估和事后备案管理。在跨境风险防范方面，宏观审慎管理制度贯穿始终，如通过建立"三反"监测管理体系，实现对本外币一体化的统计和监测；针对 FT 账户建立"长臂"管理系统，以监测相关境外投融资活动等（韩钰等，2020）。

二 总结与启示

欧盟、北美、新加坡，以及中国香港和上海等地的跨境金融监管实践为粤港澳大湾区金融监管合作提供了一套方法论和管理经验，具有一定的启发意义和借鉴价值。从国内外经验来看，通过顶层设计，明确金融监管合作路径，固化各方权利、义务，对于推动跨区域金融合作至关重要。

（一）建立高效协同的金融合作制度是跨境金融监管的前提条件

高效协同的金融合作制度，有利于打造透明、可预期的金融法律环境，提高金融运转效率，增强国际投资者信心，是大湾区金融融合发展的基本保障。一是法律法规协同。从国际经验来看，欧盟的金融法律法规体系具有超越主权的特征，监管上遵循母国控制原则，这是欧盟经济高度协同的需要，也是欧盟"单一通行证"高效推行的保障。北美自由贸易区以《协定》"软法"为立法模式，执行成本低、沟通效率高、不涉及法律制度调整且具备高度的灵活性，保障了区域金融合作的顺利开展。二是政策机制协同。实现金融市场的互联互通、深度融合，规则趋同是必要条件。国际上成熟的多边金融合作框架，都有统筹全局、运行顺畅的多边政策协调和合作机制为其保驾护航。例如，欧盟通过顶层设计成立欧洲监管机构和欧洲系统性风险委员会，北美自由贸易区成立了自由贸易委员会，构建了纠纷国际仲裁体系等。良好的多边政策协调和合作机制，能够确保参与各方之间关系的透明及可信。

（二）创新完善监管体系是跨境金融合作的关键抓手

根据国际金融融合发展经验，推进跨境金融监管合作机制化、数字化、常态化是必经之路，探索构建高效协同的监管制度是推进大湾区金融合作深度发展的根本保障，需进一步解决粤港澳三地在金融监管体制、协调机制及信息共享方面的主要问题。一是在监管理念方面，借鉴新加坡金融"由实施合规性监管向注重风险监管和间接监管转变"的监管理念，从"规制导向"转向"从旁监管"，提倡监管与被监管之间的"磋商式"监管方式。二是在监管技术方面，围绕香港、新加坡等高度重视金融科技在金融监管中的应用经验，探索建设全面的风险防控制度体系及数字监管体系，推进跨区域金融基础设施及信息共享平台建设。三是在监管机制方面，建立完善跨区域的金融监管协调机制，探索建立大湾区金融风险监测及预警体系，不断完善风险监测、预警、排查、研判和应急演练预案等机制，及时提示金融风险，早识别、早预警、早处置，实现前瞻性、穿透式、无缝隙、多维度风险监测和防控。

（三）探索内外分离、有限渗透的离岸金融服务模式是重要方向

香港是著名的国际金融中心和离岸人民币中心，澳门作为全球知名的自贸港，离岸中心是其最主要的经济特色。广东横琴、前海、南沙自贸区创新开展离岸金融业务，均为粤港澳大湾区建设离岸金融枢纽提供有利的经济基础和制度环境。一方面，借鉴中国香港、上海自贸区和新加坡等地的发展经验，探索在大湾区建立内外分离、有限渗透的金融服务模式，既

有利于引入外资促进区内经济发展，又避免了境外金融风险无限制地传导至区内市场，在严格防范风险的基础上极大促进离岸金融的发展。为打破离岸和在岸两种模式的界限，通过畅通"金融通"渠道、扩大居民非居民主体范围、出台优惠政策、完善风险监管制度等途径实现离岸和在岸联动发展。例如，采取"管道式"渗透方法，通过开设"深港通"、"沪港通"、QFII、QDII、QFLP 和 QDLP 打通境内外金融市场。另一方面，在中国资本项目尚未实现完全开放的背景下，通过在大湾区建设在岸与离岸深度融合、高效渗透的金融市场，既为离岸人民币提供丰富多元的投资渠道，建立更加便捷的人民币回流渠道；又提升离岸人民币的吸引力，为国家资本项目开放和人民币国际化探索可行路径并积累经验。不断完善大湾区金融监管体系，将资本项目开放和人民币国际化过程中可能产生的风险控制在离岸金融市场，能有效隔离和缓释国际资本对境内金融市场的冲击。如为形成与上海国际金融中心相匹配的离岸金融体系，上海率先提出发展人民币离岸交易、构建"人民币在岸—离岸循环机制"。

（四）构建具有比较优势的市场环境是重要保障

金融市场环境是一个国家或地区经济软实力和竞争力的重要体现，优化金融市场环境是各国吸引金融机构集聚、助推经济发展的重要因素。一是在金融机构准入层面，参考欧盟"单一通行证"的设立自由与服务自由原则，授予符合一定条件的粤港澳三地金融机构"单一通行证"，获得"单一通行证"的合格银行、保险公司等金融机构可自由地在大湾区内开展业务，由此进一步提升三地金融机构"引进来"和"走出去"的便利程度，提升跨境金融服务便利化水平。二是在金融基础设施层面，借鉴中国香港、新加坡的成功经验，以金融科技创新为核心，不断完善金融基础设施的数字化建设。对内寻求与大型科技公司合作，研发相关应用产品，增强金融数据安全保障，提升金融基础设施的互联互通程度；对外加强国际交流，与各国自由贸易区签订战略合作协议，进一步扩大全球联系及协调网络。三是在税收政策层面，新加坡与包括中国在内的 50 多个国家签订了豁免双重征税协定，境外资本在新加坡投资能够避免双重征税，对内外企业实行统一的企业所得税率。借鉴其经验，大湾区须不断优化区内金融从业人员办税流程，协助金融机构享受税收政策红利，优化税收营商环境，避免双重征税，实行统一企业所得税率，促进三地金融税收环境的统一。四是在集聚人才层面，建议港澳居民中有关银行保险机构高管，经备案后即可在内地相应机构任职；港澳从业经历应当视同境内从业经历，允许具有港澳职业资格的专业人才经备案后在大湾区提供服务，并且在人员的进出流动上要实现更大程度的便利。以此力求最大限度地破除粤港澳三地在金融人才流动上的壁垒，便利港澳同胞在大湾区的工作生活和进出，进而在金融业领域实现更高水平的一体化。

第四节　粤港澳大湾区跨境金融监管合作的思路与路径设计

粤港澳大湾区基于"一个国家、两种制度、三个法域、三种货币"的特殊环境，要以充分保护粤港澳三地金融消费者权益、严防跨境金融风险外溢为底线，参照世界高水平的开放形态和国际通行规则，在坚持"一国两制"方针不变、行政区划不变、司法体系不变的前提下，先易后难，求同存异，围绕法律法规和政策机制协同、监管合作、信息交流、离岸金融风险防范等主题，创建"缩小版"的真实市场和"宽松版"的监管环境，以金融监管政策创新推动三地金融政策标准、细则的衔接与协同及体制机制的贯通、变通和融通，加快推进粤港澳大湾区国际金融枢纽建设。

一　主要思路

（一）建立跨境金融监管协调机制

粤港澳大湾区作为一个主体网络，拥有众多节点城市，形成了内接内地、外联国际的国际性金融枢纽，是金融监管创新的最佳试验田。粤港澳三地法律体系存在较大的差异，且大湾区内各城市的法治水平参差不齐，因此创新金融监管方式，加强粤港澳三地金融监管的协调是首要举措。国际上功能性金融监管是大势所趋，欧盟和美国有着相对成熟的功能性金融监管经验。现阶段大湾区可采取协调监管模式，以粤港澳大湾区金融事务委员会为中心，创设协调监管机构，建立紧密的金融监管常态化协调机制，统筹指挥各监管机构的工作。同时，要加强本外币监管的协调沟通，建设本外币监测监管联动机制，做到服务联合、监管协同、监测联动、信息互联、政策互通。构建本外币协同监管法规体系，在原有法律法规基础之上消除监管盲区，完善跨境资金本外币监管的相关政策法规。

（二） 促进金融监管数据互通共享

完善跨境金融风险监测和预警机制，是筑牢粤港澳大湾区国际金融枢纽风险防范网络的重要一环，亟须对风险识别和评价标准进行动态更新，不断完善风险管理系统，从而进行风险预警和防范。大湾区应当打造金融监管数据信息互通平台，各地金融监管机构上传各自区域内获取的监管信息，促进各地金融监管机构深入了解跨境金融市场动态，助力打破信息壁垒。同时注意信息披露与保密之间的界限、过期数据的销毁（李莉莎、陈丽仪，2020）。

（三） 提升金融监管科技水平

面对世界经济格局的转变，中国不应仅着眼于金融、谋金融发展，更应注意到科技才是促进变革的根本动力，需大力发展监管科技，加强监管科技立法，保护鼓励监管科技公司发展，在监管端和合规端让监管科技发光发热。为此，《广东省金融改革发展"十四五"规划》提出，"提高金融监管的科技水平。支持国家金融管理、监管部门在广东设立金融科技基础设施、研究院（所）。引导金融机构积极配合实施穿透式监管，通过系统接口准确报送经营数据，合理应用信息技术加强合规风险监测，提升智能化、自动化合规能力和水平，持续有效满足金融监管要求。加强监管科技应用，完善监管数据采集机制，保证监管信息的真实性和时效性。充分发挥数据、技术等的重要作用，采用自然语言处理、知识图谱、深度学习等人工智能手段实现监管规则模式化、数字化和程序化，拓展金融监管科技的渗透深度和应用广度"。

此外，监管科技中比较有代表性的是监管沙盒，其以监管合作共识为最大公约数，有效平衡跨境金融创新与风险防范之间的矛盾（刘作珍、任志宏，2022）。目前，香港拥有较为丰富的监管沙盒建设经验，大湾区可以借鉴香港经验引入监管沙盒，应用于跨境金融服务，加强跨境金融监管，构建大湾区监管沙盒与香港地区监管沙盒的互认互通机制。同时，借鉴英国公布的关于数字监管沙盒的指导意见，为粤港澳大湾区建立数字监管沙盒做准备（马楠，2020；李莉莎、陈丽仪，2020）。

二　突破路径

（一）加强大湾区金融监管法律政策体系协同

粤港澳三地金融监管法律法规的有效衔接是大湾区健全资金融通机制与金融风险管控机制的重要保障。在法律协同层面，一方面可建立健全法律协调对接机制，以立法推动金融监管协同共进。可适度借鉴欧盟的"莱姆法路西框架"，从框架原则、立法程序、监管标准和执行细则四个层面分别推动更加灵活、快速的金融立法程序设立，并根据粤港澳三地金融融合发展的实际情况适时进行动态调整，以满足监管要求。同时充分借鉴港澳金融法律方面的先进成果，通过三地协同立法的方式，实现金融立法协调和法律衔接。另一方面可探索建立跨境金融监管"软标准"。鉴于短期内三地无法实现法律统一，可充分利用"软法"的金融监管协调优势，在确保港澳金融独立地位的前提下，推出大湾区金融监管"软标准"，发挥地方政府与社会中介组织的非正式监督作用，规范金融运行秩序。在政策协同层面，可在坚持"全国一盘棋"和金融中央事权原则的前提下，积极向中央争取政策权限，以提高三地金融之间的协同度，争取在跨境业务创新方面实现更多突破。在争端解决创新方面，科学构建符合"一国两制"原则的争端解决机制，以前海为试点研究解决大湾区和"一带一路"倡议在贸易、投资、金融等领域的跨境及国际商事争议，探索与国际接轨的商事调解新机制，建立大湾区金融纠纷调解机构和金融投资者权益保护机制。

（二） 拓宽大湾区监管科技应用领域

围绕中国香港、新加坡等地高度重视金融科技在金融监管中的应用经验，从监管沙盒、跨境风险识别和预警机制及信息共享平台的探索入手，搭建多层次、系统化、与金融创新发展相配套的数字监管体系，运用监管科技建立透明化的信息分享机制，进一步消除风险盲点、灰点，做好交叉点管控，共同维护粤港澳大湾区金融稳定。一是试行跨境监管沙盒制度。在充分保证金融系统稳定运行的基础上，制定三地共同的金融监管沙盒规则，规范金融主体行为，实现跨境金融监管制度创新。二是完善跨境金融风险监测和预警机制，包括探索建立大湾区金融风险研判及预案体系，注重区域内反洗钱风险管理的体系化、制度化、信息化，将防控洗钱风险提升至区域战略层面；建立健全金融业综合统计体系，探索建设具有自动化智能化风险捕捉能力的风险防控体系，推进跨区域支付、托管、清算、统计等金融基础设施建设，形成大湾区风险数据监管仓库。三是建立大湾区金融监管数据信息交流平台。监管沙盒制度和跨境风险监测和预警机制的有效运行，依赖三地跨部门、跨行业、跨市场金融监管数据的互联互通。需进一步加强粤港澳三地的金融监管合作，打造金融监管数据信息互通平台，破除"数据孤岛"和"信息壁垒"，加强三地金融业务监管协作与信息共享，不断完善事前、事中、事后监管体系，增强金融监管合力和效能。

（三） 探索内外分离、有限渗透的离岸金融服务模式

可积极探索在粤港澳大湾区建立内外分离、有限渗透的离岸金融服务模式，协调解决三地金融机构在大湾区开展离岸业务及实现在岸和离岸金融服务对接等问题。一是推动大湾区实现在岸和离岸金融服务对接。借鉴欧盟经验，在大湾区推动开展单向的金融"单一通行证"试点，允许认可的金融机构经过简易备案，直接在大湾区开展金融业务，从而逐步形成与港澳高度融合的离岸金融单一市场。进一步降低 QFLP 的准入门槛、减少投资人限制、扩大投资范围等，为大湾区引进众多高质量产业项目。同步探索建立新的外债管理体制，鼓励内地企业在港澳发行债券，推进企业发行外债备案登记制管理改革，提升外债资金汇兑便利化水平。二是便利港澳

金融机构在大湾区开展离岸业务。借鉴欧盟"单一通行证"中的母国控制原则，探索推进港澳金融机构的金融服务分阶段拓展至大湾区非居民。鼓励港澳金融机构进一步提供跨境金融服务，加强跨境联络交流、中后台服务，加大产品技术的研发力度，积极推动建设离岸金融要素交易平台、探索跨境金融服务数字化、纵深推进 FT 和 OSA 账户体系建设及强化离岸金融市场智能联动，不断拓展电子围网系统在离岸金融市场的应用场域。三是鼓励内地金融机构在大湾区开展离岸业务。可进一步扩大 FT 账户试点银行的范围，支持内地金融机构在大湾区开立同业账户（FTU），促进离岸与在岸金融机构联动；并通过在大湾区范围内提供跨境贸易、融资担保等数字化金融服务，推动跨境人民币结算业务发展。

参考文献

巴曙松、巴晴，2020，《跨境资本流动宏观审慎管理的国际经验》，《现代商业银行》第 3 期。

巴曙松，2020，《欧盟监管科技的发展现状研究》，《国外社会科学》第 5 期。

白鹤祥、刘社芳、罗小伟、刘蕾蕾等，2020，《基于房地产市场的我国系统性金融风险测度与预警研究》，《金融研究》第 8 期。

白鹤祥，2022，《推动广东金融改革开放与高质量发展》，《中国金融》第 21 期。

白钦先，2001，《金融可持续发展研究导论》，中国金融出版社。

柏慧，2019，《短期跨境资本流动管理的国际经验与启示》，《金融经济》第 14 期。

蔡祥玉、齐美杰、杜明，2020，《当前美联储货币政策与 2008 年金融危机时期比较》，《银行家》第 5 期。

曹齐芳、孔英，2021，《基于复杂网络视角的金融科技风险传染研究》，《金融监管研究》第 2 期。

曹小衡、孔海涛，2021，《人民币国际化背景下两岸金融合作路径研究》，《台湾研究》第 1 期。

曹远征，2018，《大国大金融——中国金融体制改革 40 年》，广东经济出版社。

〔美〕查尔斯·P. 金德尔伯格（Charles P. Kindleberger），〔美〕罗伯特·Z. 阿利伯（Robert Z. Aliber），2014，《疯狂、惊恐和崩溃》，朱隽、叶翔、李伟杰译著，中国金融出版社。

陈兵、林思宇，2021，《互联网平台垄断治理机制——基于平台双轮垄断发生机理的考察》，《中国流通经济》第 6 期。

陈道富，2022a，《对进一步推进我国金融开放的思考》，《国际金融》第 11 期。

陈道富，2022b，《渐进平衡的金融开放进程及理论思考》，微信公众号"IMI 财经观察"，8 月 2 日，https://mp. weixin. qq. com/s? __biz = MjM5MDM wMjUyNA = = &mid = 2652294488&idx = 1&sn = 78b35963f8af2188c4bb8f185 529ec6f&chksm = bda4850b8ad30c1df1848e2d6709c68d2b29761c04cb7034237 716c4a0 0e3f54d6a59c0d8286&scene = 27。

陈锋、田娟，2010，《银行跨境监管合作探讨》，《中国金融》第 10 期。

陈建奇，2020，《习近平关于防范化解金融风险重要论述的核心要义》，《理论视野》第 10 期。

陈昆亭、周炎，2020，《防范化解系统性金融风险——西方金融经济周期理论货币政策规则分析》，《中国社会科学》第 11 期。

陈晓红、李杨扬、宋丽洁等，2022，《数字经济理论体系与研究展望》，《管理世界》第 2 期。

陈星宇，2020，《构建智能环路监管机制——基于数字金融监管的新挑战》，《法学杂志》第 2 期。

陈秩秩、张语涵，2019，《内地与香港跨境审计监管合作探究》，《财务与会计》第 14 期。

陈耀辉、姜婷，2018，《基于极值理论的互联网金融操作风险测算》，《长江大学学报》（自科版）第 17 期。

陈勇，2009，《美国次贷危机的演变趋势及其启示》，《财经理论与实践》第 3 期。

陈雨露，2021，《工业革命、金融革命与系统性风险治理》，《金融研究》第

1 期。

陈雨露、罗煜，2007，《金融开放与经济增长：一个述评》，《管理世界》第
4 期。

陈云贤，2013，《美国金融危机处置与监管演变：耶鲁大学考察报告》，中
国金融出版社。

陈志忠、何刘春，2017，《中国地方政府融资：刺激性贷款减弱与影子银行
的困扰》，NBER 工作文件。

成十，2008，《美国次贷危机与日本金融泡沫危机的比较分析》，《学术界》
第 5 期。

成思危，2009，《全球金融危机与中国的对策》，《马克思主义与现实》第
5 期。

程雪军、王刚，2020，《互联网消费金融的风险分析与监管建构》，《电子政
务》第 5 期。

程雪军，2022，《我国场景消费金融的反思与改进：从长租公寓平台"租金
贷"风险案例切入》，《新疆大学学报》（哲学社会科学版）第 4 期。

程钰舒、徐世长，2020，《"软法"视角下的粤港澳大湾区跨境金融监管》，
《学术论坛》第 6 期。

崔立莉、罗克全，2022，《马克思主义视域下的金融风险防范研究》，《河北
企业》第 10 期。

崔志楠、邢悦，2011，《从"G7 时代"到"G20 时代"——国际金融治理
机制的变迁》，《世界经济与政治》第 1 期。

戴相龙，2018，《对金融秩序八年整顿的回忆》，《中国金融》第 14 期。

邓小平，1989，《财政工作的六条方针（一九五四年一月十三日)》，《财
政》第 6 期。

《邓小平文选》第 3 卷，1993，人民出版社。

《邓小平文选》第 1 卷，1994，人民出版社。

董春丽，2019，《互联网金融背景下中小企业融资风险与路径探析》，《湖南
社会科学》第 2 期。

段鹏，2019，《粤港澳大湾区金融圈建设中的反洗钱问题》，《人民法治》第 6 期。

方晋等，2010，《美国金融危机的六个问题》，中国发展出版社。

方垦，2011，《日美金融危机和经济衰退的根源与规律探讨——基于产业革命周期理论》，《金融研究》第 8 期。

方燕，2020，《互联网竞争逻辑与反垄断政策：纷争与出路》，社会科学文献出版社。

飞岭、齐慧君、郝海燕、胡玉丹，2016，《跨境资金流动本外币协同监管问题研究》，《华北金融》第 10 期。

冯然，2017，《竞争约束、运行范式与网络平台寡头垄断治理》，《改革》第 5 期。

福斯特，2008，《帝国主义世界体系与资本主义发展模式》，《国外理论动态》第 3 期。

傅瑜，2013a，《网络规模、多元化与双边市场战略——网络效应下平台竞争策略研究综述》，《科技管理研究》第 6 期。

傅瑜，2013b，《中国互联网平台企业竞争策略与市场结构研究》，博士学位论文，暨南大学。

傅瑜、隋广军、赵子乐，2014，《单寡头竞争性垄断：新型市场结构理论构建——基于互联网平台企业的考察》，《中国工业经济》第 1 期。

高培勇、李扬、蔡昉、何德旭、张晓晶、胡滨，2022，《深化经济与金融改革 推进中国式现代化——学习贯彻党的二十大精神专家笔谈》，《金融评论》第 6 期。

高晓燕，2019，《金融风险管理》，清华大学出版社。

高惺惟，2022，《传统金融风险与互联网金融风险的共振机理及应对》，《现代经济探讨》第 4 期。

高惺惟，2021，《平台垄断与金融风险问题研究》，《现代经济探讨》第 7 期。

高一铭、徐映梅、季传凤、钟宇平，2020，《我国金融业高质量发展水平测度及时空分布特征研究》，《数量经济技术经济研究》第 10 期。

高宇、孙雁南、姚鑫，2022，《互联网金融创新监管的多阶段博弈规律研究——基于平台异质性的市场反应分析》，《当代经济科学》第 3 期。

高子祺，2020，《日本经济危机对我国的启示——基于货币政策与金融体系视角》，《时代金融》第 23 期。

宫小琳、卞江，2010，《中国宏观金融中的国民经济部门间传染机制》，《经济研究》第 7 期。

辜朝明、Koo、喻海翔，2008，《大衰退：如何在金融危机中幸存和发展》，东方出版社。

顾海峰、卞雨晨，2021，《跨境资本流动、贷款集中与银行系统性风险：如何理解宏观审慎政策和国际金融环境的作用?》，《世界经济研究》第 10 期。

关筱谨、任碧云、李坤青，2021，《短期跨境资本流动对系统性金融风险的影响研究》，《经济体制改革》第 3 期。

管涛，2022，《影响银行结售汇的几个主要因素》，《中国金融》第 4 期。

郭金龙、周小燕，2018，《马克思主义关于金融风险的思想及其最新发展》，《金融评论》第 1 期。

郭品、沈悦，2019，《互联网金融、存款竞争与银行风险承担》，《金融研究》第 8 期。

郭云喜，2022，《以外汇领域高水平开放支持粤港澳大湾区建设》，《中国外汇》第 23 期。

国家外汇管理局国际收支司，2022，《国际收支分析》，《中国外汇》第 5 期。

韩保江，2022，《加快构建新发展格局，着力推动高质量发展》，《科学社会主义》第 6 期。

韩洪灵、陈帅弟等，2020，《瑞幸事件与中美跨境证券监管合作：回顾与展望》，《会计之友》第 9 期。

韩洁、姚均芳、罗沙，2007，《亚洲金融危机十年 反思教训 我国加快金融

改革》，中国政府网，7 月 2 日，http://www.gov.cn/govweb/jrzg/2007 -
    07/02/content_669526.htm。

韩心灵，2018，《习近平新时代金融思想述论》，《上海经济研究》第 9 期。

韩钰、苏庆义、白洁，2020，《上海自贸区金融改革与开放的规则研究——
    阶段性评估与政策建议》，《国际金融研究》第 8 期。

何芬兰，2019，《大湾区发展规划为私募股权投资带来机遇》，《国际商报》
    第 5 期。

何冠文、刘婧等，2020，《粤港澳大湾区金融创新的税法规制研究》，《税收
    经济研究》第 2 期。

何晓军，2020，《央地协同防控金融风险的广东实践》，《中国金融》第
    18 期。

何泽荣，2012，《美国次贷危机研究》，西南财经大学出版社。

贺立龙、刘雪晴、汤博，2022，《平台垄断的政治经济学分析：数字资本的
    视角》，《管理学刊》第 2 期。

胡滨，2020，《从强化监管到放松管制的十年轮回——美国金融监管改革及
    其对中国的影响与启示》，《国际经济评论》第 5 期。

胡滨、杨涛、程炼、郑联盛、尹振涛，2021，《大型互联网平台的特征与监
    管》，《金融评论》第 3 期。

胡关夫，2022，《穿透式监管：理论探源和专项债券监管实践》，《预算管理
    与会计》第 5 期。

胡晓红，2023，《反垄断法视域下我国平台经济领域"守门人"义务之构
    造》，《学海》第 2 期。

花秋玲、邱泽鹏、景玉洁，2021，《经济开放度、短期资本流动与跨市场极
    端风险溢出》，《财经科学》第 12 期。

黄辉，2017，《"一国两制"背景下的香港与内地证券监管合作体制：历史
    演变与前景展望》，《比较法研究》第 5 期。

霍再强、王少波，2020，《区域金融风险 FEPI 指数方法与应用》，首都经济
    贸易大学出版社。

姬旭辉，2019，《防范化解金融风险的政治经济学研究》，《经济学家》第
2 期。

贾蕾蕾，2022，《习近平总书记关于金融发展的重要论述研究》，《新经济》
第 8 期。

简舒宇，2019，《中国内地与香港反洗钱跨境合作问题研究》，硕士学位论
文，江西财经大学。

《江泽民文选》第 3 卷，2006，人民出版社。

《江泽民文选》第 1 卷，2006，人民出版社。

姜华山，2016，《滴滴快的、美团点评：斗也资本，合也资本》，《企业观察
家》第 8 期。

姜英华，2020，《习近平关于实体经济与虚拟经济互益发展的重要论述研
究——基于资本逻辑视角的政治经济学分析》，《广西社会科学》第
2 期。

蒋超良，2008，《金融开放条件下的金融安全》，《中国党政干部论坛》第
9 期。

雷良海、魏遥，2009，《美国次贷危机的传导机制》，《世界经济研究》第
1 期。

雷鸣，2008，《美国"次贷危机"与日本"泡沫危机"的比较分析》，《现
代日本经济》第 1 期。

李安安，2018，《互联网金融平台的信息规制：工具、模式与法律变革》，
《社会科学》第 10 期。

李超、莫东翠，2022，《"三道红线"与房企债务风险化解：趋势与建议》，
《银行家》第 12 期。

李成威、詹卉，2022，《金融资本无序扩张与金融自循环：一个文献述评》，
《现代经济探讨》第 10 期。

李丹丹，2020，《粤港澳大湾区喜迎"26 条"金融政策支持礼包》，《上海
证券报》5 月 15 日。

李济广、李枫，2019，《当代金融理论的马克思主义评析》，吉林大学出

版社。

李莉莎、陈丽仪，2020，《粤港澳大湾区金融监管合作的法律思考》，《区域
　　金融研究》第 3 期。

李黎力，2017，《明斯基经济思想研究》，商务印书馆。

李礼、刘佳宁，2021，《改革开放以来金融风险的本质特征及防控启示——
　　兼论中国共产党领导下的防控金融风险探索与实践》，《南方经济》第
　　7 期。

李猛，2018，《建设中国自由贸易港的思路——以发展离岸贸易、离岸金融
　　业务为主要方向》，《国际贸易》第 4 期。

李铭，2018，《原油期货市场跨境监管合作》，《中国金融》第 6 期。

李平，2016，《提升全要素生产率的路径及影响因素——增长核算与前沿面
　　分解视角的梳理分析》，《管理世界》第 9 期。

李仁真、杨凌，2021，《监管尊从：跨境证券监管合作新机制》，《证券市场
　　导报》第 7 期。

李仁真、周忆，2012，《监管联席会议：跨境银行集团监管的一项制度创
　　新》，《河南财经政法大学学报》第 4 期。

李文浩，2013，《国际金融危机背景下的欧盟金融监管改革及启示》，《金融
　　与经济》第 1 期。

李文红，2020，《虚拟资产的国际监管思路及其对建立防范互联网金融风险
　　长效机制的启示》，《金融监管研究》第 8 期。

李文乐，2020，《当前跨境资本流动新特征的成因解析与市场监测》，《西部
　　金融》第 8 期。

李霞、刘佳宁，2022，《粤港澳大湾区金融高质量发展：历史沿革、理论逻
　　辑和实践路径》，《南方金融》第 5 期。

李秀辉、韦森，2021，《重温马克思的货币、信用与经济周期理论》，《山东
　　大学学报》（哲学社会科学版）第 5 期。

李衍良、陆文希、吴章芝，2020，《人民币国际化背景下跨境资金流动本外
　　币协同监管框架研究》，《区域金融研究》第 S1 期。

李艳丽、曹文龙、魏心欣、孙冰菁，2022，《人民币汇率、汇率预期与短期跨境资本流动：基于 MS - VAR 模型的实证分析》，《世界经济研究》第 1 期。

李振威、张煜超、张笑斐、梁森，2015，《浅析我国金融体制改革的发展》，《商》第 12 期。

廖凡，2011，《国际金融监管的新发展：以 G20 和 FSB 为视角》，《"2020 年的国际法"暨中国青年国际法学者论坛会议论文集》。

廖凡，2018，《跨境金融监管合作：现状、问题和法制出路》，《政治与法律》第 12 期。

林光彬、徐振江，2022，《互联网平台"虚拟空间"地租理论研究》，《中国高校社会科学》第 1 期。

林楠，2019，《马克思主义政治经济学国际短期资本流动分析——兼论我国跨境资金流动与外部风险考量》，《金融评论》第 5 期.

林平、何伟刚、肖建国，2007，《跨境资金流动分析：以广东为视角》，《中国外汇》第 6 期。

林文生，2012，《美国是如何应对次贷危机的——美联储适应性货币政策的背景、特点和未来局势》，《理论视野》第 3 期。

林毅夫、孙希芳、姜烨，2009，《经济发展中的最优金融结构理论初探》，《经济研究》第 8 期。

林玉婷、陈创练、刘悦吟，2021，《基于国际资本多重动机的全球系统性风险传染路径识别》，《统计研究》第 12 期。

刘柏、张艾莲、胡思遥，2019，《跨境资本流动、度量方法筛选与金融风险防范》，《南开经济研究》第 5 期。

刘凤义，2011，《新自由主义，金融危机与资本主义模式的调整——美国模式、日本模式和瑞典模式的比较》，《经济学家》第 4 期。

刘凤元、邱铌，2019，《证券市场跨境监管研究——以 EMMoU 为视角》，《金融监管研究》第 12 期。

刘海二、苗文龙，2014，《区域性、系统性风险的生成与演化》，《西南金融》第 7 期。

刘海瑞、成春林，2018，《金融发展质量的内涵——基于动力、过程、结果维度的研究》，《南方金融》第 7 期。

刘鹤，2021，《必须实现高质量发展》，《人民日报》11 月 24 日。

刘鸿儒，2008，《突破——中国资本市场发展之路》，中国金融出版社。

刘红，2009，《日美金融危机治理对策的比较》，《日本研究》第 1 期。

刘佳宁、黎超，2023，《粤港澳大湾区跨境金融监管合作的经验借鉴与实践路径思考》，《新金融》第 4 期。

刘佳宁，2016，《新常态下制造业转型升级的金融支撑》，《广东社会科学》第 1 期。

刘莉亚，2008，《境外"热钱"是否推动了股市、房市的上涨？——来自中国市场的证据》，《金融研究》第 10 期。

刘梅，2019，《互联网金融风险防范的难点及解决思路》，《西南民族大学学报》（人文社科版）第 9 期。

刘乃梁、吕豪杰，2022，《金融科技数据垄断：源流、风险与治理》，《财经科学》第 3 期。

刘瑞，2010，《金融危机下的日本金融政策》，世界知识出版社。

刘尚希，2018，《公共风险论》，人民出版社。

刘锡良、董青马，2017，《防范系统性和区域性金融风险研究》，中国金融出版社。

刘新刚，2019，《新时代我国金融高质量发展问题探讨——基于金融关系及其治理的视角》，《理论探索》第 3 期。

刘鑫、张成虎、武佳琪，2022，《互联网金融平台违规治理策略：基于双层监管体系的演化博弈分析》，《人文杂志》第 8 期。

刘勇、白小滢，2016，《中国宏观金融稳定的演变研究——从金融网络传染乘数的视角》，《云南社会科学》第 3 期。

刘震、蔡之骥，2020，《政治经济学视角下互联网平台经济的金融化》，《政治经济学评论》第 4 期。

刘志洋、汤珂，2014，《互联网金融的风险本质与风险管理》，《探索与争鸣》第 11 期。

刘作珍、任志宏，2022，《粤港澳大湾区借鉴欧盟金融单一通行证制度：意义、障碍及路径选择》，《南方金融》第 12 期。

娄飞鹏，2018，《去杠杆研究》，中国金融出版社。

鲁瑞云，2018，《互联网金融风险专项整治思路》，《中国农业会计》第 9 期。

鲁彦，2019，《用户规模、用户类别与互联网平台竞争》，博士学位论文，山东大学。

陆岷峰，2021，《金融需求侧管理内涵、存在问题及管理对策——基于构建经济发展新格局的视角》，《金融理论探索》第 2 期。

逯新红，2017，《关于粤港澳大湾区金融监管合作的几点思考》，《特区经济》第 5 期。

吕随启，2019，《资本市场双向开放与跨境监管》，《中国金融》第 11 期。

罗明玥，2019，《粤港澳大湾区金融监管法律问题研究》，《现代商业》第 21 期。

罗兴、吴本健、马九杰，2018，《农村互联网信贷："互联网＋"的技术逻辑还是"社会网＋"的社会逻辑?》，《中国农村经济》第 8 期。

骆克龙、朱德政、贾殿春，2008，《美国金融危机救助经验及启示》，《价格理论与实践》第 8 期。

马超、张兰兰，2018，《我国跨境资金流动影响因素实证研究》，《河北金融》第 5 期。

《马克思恩格斯全集》第 23 卷，1972，人民出版社。

《马克思恩格斯全集》第 3 卷，1960，人民出版社。

《马克思恩格斯全集》第 16 卷，2007，人民出版社。

《马克思恩格斯文集》第 6 卷，2009，人民出版社。

《马克思恩格斯文集》第 7 卷，2009，人民出版社。

《马克思恩格斯文集》第 5 卷，2009，人民出版社。

马克思，2004，《资本论》第 3 卷，人民出版社。

马克思，2004，《资本论》第 2 卷，人民出版社。

马克思，2004，《资本论》第 1 卷，人民出版社。

马理、姜楠、李甲翔，2021，《非法洗钱与资本外逃对中国金融安全的影响研究》，《世界经济研究》第 3 期。

马梅若、王春英，2022，《我国外汇市场运行总体平稳 境内外汇供求延续基本平衡》，《金融时报》8 月 16 日。

马楠，2020，《粤港澳大湾区监管沙盒建设的相关问题与构建思路》，《南方金融》第 7 期。

马强、秦琳贵、代金辉，2020，《中国金融科技：面临障碍与发展路径》，《经济体制改革》第 1 期。

毛艳华，2018，《粤港澳大湾区协调发展的体制机制创新研究》，《南方经济》第 12 期。

缪建民，2018，《日美贸易摩擦的历史经验和教训》，《新金融评论》第 3 期。

缪斯斯、郑宇佳，2018，《境外证券交易所国际化战略与路径研究——基于境外主要交易所的案例分析》，《金融监管研究》第 10 期。

莫纯政，2011，《对当前国际金融危机根源的马克思主义解读》，博士学位论文，西南财经大学。

聂涛，2020，《我国反洗钱与反逃税融合机制探讨》，《武汉金融》第 8 期。

〔美〕欧文·费雪，2014，《繁荣与萧条》，李彬译，商务印书馆。

欧阳彬，2018，《"把维护金融安全作为治国理政的一件大事"——学习习近平关于金融安全的论述》，《党的文献》第 5 期。

潘功胜，2017，《中国外汇市场的政策框架及管理取向》，《当代金融家》第 5 期。

潘捷、张守哲，2014，《改革开放以来粤港澳金融合作方式：回顾与展望》，《国际经贸探索》第 9 期。

潘庄晨、邢博、范小云，2015，《互联网理财产品的压力测试建模与流动性风险管理——以余额宝为例》，《现代管理科学》第 8 期。

庞晓波、李丹，2016，《突发事件对我国政府债务风险的影响评估：证据与展望》，《数量经济研究》第 2 期。

裴长洪，2022，《习近平金融工作重要论述对马克思主义政治经济学的创新发展》，《经济纵横》第 6 期。

裴光，2022，《敢闯敢试 激发银行业改革发展新动能》，《中国农村金融》第 20 期。

裴光，2021，《智慧监管提升金融监管质效》，《中国金融》第 8 期。

彭冰，2018，《反思互联网金融监管的三种模式》，《探索与争鸣》第 10 期。

彭兴韵、吴洁，2009，《从次贷危机到全球金融危机的演变与扩散》，《经济学动态》第 2 期。

皮六一、薛中文，2019，《加密资产交易监管安排及国际实践》，《证券市场导报》第 7 期。

平晓冬、赵文兴、彭英，2016，《宏观审慎的跨境资金流动调节工具选择和设计》，《金融发展研究》第 4 期。

齐昊、李钟瑾，2021，《平台经济金融化的政治经济学分析》，《经济学家》第 10 期。

齐萌，2020，《香港虚拟资产监管经验及其启示》，《亚太经济》第 4 期。

钱芳，2020，《金融服务贸易的区域规则研究》，博士学位论文，华东政法大学。

钱晓霞，2018，《金融开放进程下短期跨境资本流动对我国金融稳定的影响》，博士学位论文，浙江大学。

乔业琼、秦华，2015，《跟习近平等七常委学习底线思维》，新华网，8 月 14 日，http://www.xinhuanet.com/politics/2015-08/14/c_128129714.htm。

秦文岩，2021，《互联网信息科技在金融监管创新中的应用》，《南方金融》第 7 期。

秦玉芳、易妍君、陈嘉玲、刘飘、陈晶晶，2019，《粤港澳大湾区发展规划：金融经营中心版图全解读》，《中国经营报》第 8 期。

邱兆祥，2018，《以改革推动金融高质量发展》，《金融时报》9 月 10 日。

曲创、王夕琛，2021，《互联网平台垄断行为的特征、成因与监管策略》，《改革》第 5 期。

饶玉亮，2020，《粤港澳大湾区银行业互联互通研究》，广东省社会科学院。

《人民银行关于金融支持中国（福建）自由贸易试验区建设的指导意见》，2016，《中华人民共和国国务院公报》第 9 期。

《人民银行关于金融支持中国（广东）自由贸易试验区建设的指导意见》，2016，《中华人民共和国国务院公报》第 9 期。

《人民银行银保监会 证监会 外汇局关于金融支持粤港澳大湾区建设的意见》，2020，《中国对外经济贸易文告》第 46 期。

《人民银行 银保监会 证监会 外汇局关于金融支持粤港澳大湾区建设的意见》，2020，《中华人民共和国国务院公报》第 20 期。

人民银行、银保监会、证监会、外汇局，2020，《中国人民银行 中国银行保险监督管理委员会 中国证券监督管理委员会 国家外汇管理局关于金融支持粤港澳大湾区建设的意见》，4 月。

任保平、钞小静、魏婕，2015，《中国经济增长质量发展报告（2015）：中国产业与行业发展质量评价》，中国经济出版社。

任超，2021，《我国金融广告监管制度的优化——基于行为金融学和欧盟经验的考察》，《上海财经大学学报》第 2 期。

任春杨，2020，《推动自贸试验区持续释放跨境监管改革红利》，《金融市场研究》第 5 期。

任思儒、李郇、陈婷婷，2017，《改革开放以来粤港澳经济关系的回顾与展望》，《国际城市规划》第 3 期。

日美金融危机比较研究课题组，2012，《日美金融危机比较研究》，中国社会科学出版社。

阮永平、李艳、陆政，2009，《美国次贷危机的应对：税收政策及其效应评价》，《税务研究》第 2 期。

《陕西省人民政府关于进一步做好利用外资工作的实施意见》，2020，《陕西省人民政府公报》第 23 期。

邵学峰、赵志琦、姜莉莉，2020，《数字经济时代粤港澳大湾区金融监管创新研究》，经济科学出版社。

石建勋、王盼盼，2018，《以习近平新时代中国特色社会主义经济思想指导金融发展》，《经济纵横》第 10 期。

时辰宙，2008，《国际金融监管理念的最新演进——基于原则监管方法的分析和思考》，《金融发展研究》第 12 期。

时辰宙，2009，《国际金融中心的金融监管——伦敦、纽约的经验教训与上海的作为》，《上海经济研究》第 3 期。

史健勇，2013，《优化产业结构的新经济形态——平台经济的微观运营机制研究》，《上海经济研究》第 8 期。

史燕平、王海军，2021，《金融供给侧结构性改革与我国融资租赁业监管模式重构》，《天津大学学报》（社会科学版）第 2 期。

四川省银行业协会，2018，《我国的外资金融机构持股比例限制是怎么来的？》，微信公众号"四川省银行业协会"，5 月 2 日，https://mp.weixin.qq.com/s/qY80d2cO4Kpto7Uo2lrk0Q。

宋冬林、郭建辉，2020，《我国大型互联网企业金融化外部效应研究——一个马克思主义政治经济学的分析框架》，《当代经济研究》第 3 期。

宋寒亮，2022，《风险化解目标下互联网金融监管机制创新研究》，《大连理工大学学报》（社会科学版）第 2 期。

宋文兵，1999，《中国的资本外逃问题研究：1987—1997》，《经济研究》第 5 期。

孙飞、赵文锴，2008，《金融风暴启示录》，新世界出版社。

孙建国、高岩，2018，《习近平新时代金融安全与系统风险防范思想研究》，《上海经济研究》第 7 期。

孙晋，2021，《数字平台的反垄断监管》，《中国社会科学》第 5 期。

孙晋、王帅，2022，《数字市场"防止资本无序扩张"的竞争要义与监管改革》，《探索与争鸣》第 7 期。

孙璐璐，2020，《支持粤港澳大湾区建设 26 条金融举措出炉》，《证券时报》
　　5 月 15 日。

孙天琦、王笑笑、李萌，2021，《外汇市场微观监管与跨境资本流动管理》，
　　中国金融出版社。

孙智君、陆诚，2020，《习近平新时代金融业高质量发展观研究》，《金融经
　　济学研究》第 6 期。

覃振杰，2019，《关于构建地方金融监管新体系的实践和建议——以广东省
　　地方金融风险监测防控中心为例》，《科技与金融》第 6 期。

谭小芬、金玥，2017，《人民币汇率贬值与跨境资本流动》，《国际贸易》第
　　7 期。

谭小芬、梁雅慧，2019，《我国跨境资本流动：演变历程、潜在风险及管理
　　建议》，《国际贸易》第 7 期。

谭小芬、张怡宁，2022，《新发展阶段外部金融冲击与金融风险防范》，《新
　　视野》第 2 期。

唐朔，2022，《新发展格局下粤港澳大湾区金融融合发展研究》，《新金融》
　　第 6 期。

唐旭、雍晨，2021，《互联网金融平台权力行使的困境观照与治理路径》，
　　《重庆社会科学》第 7 期。

陶玲、朱迎，2016，《系统性金融风险的监测和度量——基于中国金融体系
　　的研究》，《金融研究》第 6 期。

田剑英、王剑潇，2018，《互联网金融、平台金融和大数据金融与实体经济
　　发展》，中国财政经济出版社。

童展鹏，2008，《美国次贷危机爆发以来的救助措施及评论》，《武汉金融》
　　第 12 期。

万瑶华，2011，《信用评级机构及监管缺失对美国次贷危机的影响及启示》，
　　《云南社会科学》第 3 期。

王朝阳、王文汇，2018，《中国系统性金融风险表现与防范：一个文献综述
　　的视角》，《金融评论》第 5 期。

王春英，2016，《跨境资金监测分析体系的作用》，《中国金融》第 2 期。

王桂虎，2021，《中国跨境资本流动的规模测算与金融风险演化研究》，上海社会科学院出版社。

王国刚，2017，《防控系统性金融风险：新内涵、新机制和新对策》，《金融评论》第 3 期。

王佳元，2022，《数字经济赋能产业深度融合发展：作用机制、问题挑战及政策建议》，《宏观经济研究》第 5 期。

王健、赵秉元，2021，《互联网金融创新的沙盒监管：挑战与应对》，《兰州学刊》第 10 期。

王节祥，2016，《互联网平台企业的边界选择与开放度治理研究：平台二重性视角》，博士学位论文，浙江大学。

王金安、陈蕾，2021，《金融风险管理》，中国人民大学出版社。

王婧茹，2020，《粤港澳大湾区金融合作发展的现状、问题与对策》，《特区经济》第 10 期。

王俊秀、杨宜音等，2011，《中国社会心态研究报告》，中国社会科学出版社。

王可、周亚拿、罗璇，2022，《银行互联网化、区域经营跨度与商业银行的发展——基于城商行设立直销银行的证据》，《广东财经大学学报》第 3 期。

王兰，2022，《论互联网金融的公私协同共治》，《厦门大学学报》（哲学社会科学版）第 4 期。

王娜，2019，《习近平金融工作重要论述与马克思主义金融理论的发展创新》，《财经科学》第 10 期。

王帅，2022，《马克思虚拟资本理论及其对我国防范化解金融风险的当代价值研究》，博士学位论文，吉林大学。

王维安、钱晓霞，2017，《金融开放、短期跨境资本流动与资本市场稳定——基于宏观审慎监管视角》，《浙江大学学报》（人文社会科学版）第 47 期。

王向明，2014，《全球金融危机背景下马克思主义时代化问题》，当代中国出版社。

王远志，2020，《我国银行金融数据跨境流动的法律规制》，《金融监管研究》第1期。

王增福，2022，《习近平防范化解风险挑战重要论述的三重意蕴》，《北华大学学报》（社会科学版）第6期。

王兆星，2020，《防范化解系统性金融风险的实践与反思》，《金融监管研究》第6期。

魏礼军，2019，《新兴经济体跨境资本流动研究》，博士学位论文，中共中央党校。

魏遥，2009，《次贷危机传导的基础与路径》，《江西社会科学》第2期。

巫云仙，2018，《中国金融史（1978~2018）》，社会科学文献出版社。

吴冬香，1997，《日产生命保险公司破产》，《金融信息参考》第6期。

吴楠，2020，《中国金融体制改革四十年借鉴与反思——论中国金融改革开放下半场》，《商业经济》第9期。

吴婷婷、项如意，2020，《系统性金融风险防控：国别经验与政策启示》，《金融理论与实践》第11期。

吴晓求，2018，《中国金融监管改革：现实动因与理论逻辑》，中国金融出版社。

吴燕妮，2020，《跨境金融监管的创新机制研究——以粤港澳大湾区建设为视角》，《深圳社会科学》第6期。

吴垠，2021，《平台经济反垄断与保障国家经济安全》，《马克思主义研究》第12期。

武长海，2017，《论互联网背景下金融风险的衍变、特征与金融危机》，《中国政法大学学报》第6期。

武长海、涂晟，2016，《互联网金融监管基础理论研究》，中国政法大学出版社。

习近平，2017，《决胜全面建成小康社会夺取新时代中国特色社会主义伟大胜利——在中国共产党第十九次全国代表大会上的报告》，人民出版社。

《习近平谈治国理政》（第2卷），2017，外文出版社。

《习近平在中共中央政治局第十三次集体学习时的重要讲话》，2019，《人民日报》2月24日。

夏诗园、汤柳，2020，《金融科技潜在风险、监管挑战与国际经验》，《征信》第9期。

夏蜀，2019，《平台金融：自组织与治理逻辑转换》，《财政研究》第5期。

咸怡帆，2020，《习近平关于金融发展的辩证分析和系统阐释》，《广西社会科学》第8期。

向静林，2021，《互联网金融风险与政府治理机制转型》，《社会科学研究》第1期。

项慧玲，2019，《大数据在国际资本流动监测管理中的应用探讨》，《信息系统工程》第6期。

项卫星、杨丽莹，2010，《日美金融危机的比较分析》，《现代日本经济》第3期。

肖潇，2022，《正确认识"防止资本无序扩张"》，《马克思主义理论学科研究》第4期。

肖宇，2018，《构建互联网金融的回应型监管模式》，《探索与争鸣》第10期。

谢端纯、苗启虎，2021，《数字货币对跨境资金流动管理的影响与对策》，《海南金融》第2期。

谢富胜、吴越，2021，《平台竞争、三重垄断与金融融合》，《经济学动态》第10期。

谢富胜、吴越、王生升，2019，《平台经济全球化的政治经济学分析》，《中国社会科学》第12期。

谢洁华、姜珊、李成青、刘瑨杰、徐聪，2020，《商业银行有效支持粤港澳大湾区发展研究——从经济特区到粤港澳大湾区》，《国际金融》第

8 期。

邢炜，2022，《学习贯彻党的二十大精神 构建中银协"两个服务"新格局》，《中国银行业》第 11 期。

熊琛、金昊，2018，《地方政府债务风险与金融部门风险的"双螺旋"结构——基于非线性 DSGE 模型的分析》，《中国工业经济》第 12 期。

徐晶卉，2020，《8 个方面 80 条举措 推动服务贸易改革向纵深发展》，《文汇报》11 月 18 日。

徐玖玖，2018，《协调与合作：我国金融监管模式选择的重估》，《现代经济探讨》第 11 期。

徐诺金，2008，《美国次贷危机处置中中央银行最后贷款人的作用》，《中国金融》第 11 期。

徐伟，1995，《国债期货市场呼唤法制——"327 事件"透析》，《特区企业文化》第 2 期。

徐亚平、张瑞，2009，《证券化、流动性与货币政策——基于美国金融危机的反思》，《财经科学》第 7 期。

徐争荣、林清泉、卜静，2016，《互联网金融流动性风险分析——基于银行挤兑模型与大数定律视角》，《现代管理科学》第 2 期。

徐忠，2018，《新时代背景下中国金融体系与国家治理体系现代化》，《经济研究》第 7 期。

许恋天，2019，《互联网金融"穿透式"监管研究》，《金融监管研究》第 3 期。

许恋天，2021，《互联网金融"信息服务型"监管模式构建研究》，《江西财经大学学报》第 3 期。

许荣、刘洋、文武健、徐昭，2014，《互联网金融的潜在风险研究》，《金融监管研究》第 3 期。

薛凤旋、杨春，1997，《发展中国家城市化的新动力：珠江三角洲个案研究》，《地理学报》第 3 期。

阳镇、陈劲，2021，《平台情境下的可持续性商业模式：逻辑与实现》，《科学学与科学技术管理》第 2 期。

杨楚昕，2019，《浅析我国互联网金融监管历程》，《开封教育学院学报》第 3 期。

杨东、徐信予，2022，《资本无序扩张的深层逻辑与规制路径》，《教学与研究》第 5 期。

杨帆、宋立义，2019，《地方政府债务融资的国际经验与启示》，《宏观经济管理》第 10 期。

杨海珍、李苏骁、史芳芳，2019，《国际资本流动——风险分析与监测预警》，中国金融出版社。

杨宏玲，2010，《中印自由贸易区的可行性及推进战略研究》，博士学位论文，河北大学。

杨松、张永亮，2017，《金融科技监管的路径转换与中国选择》，《法学》第 8 期。

杨子晖、王姝黛，2021，《国家金融风险防范》，中山大学出版社。

姚辰，2019，《"监管沙盒"的国际探索与中国选择——以上海自贸区为试点探索建立中国式"监管沙盒"》，《浙江金融》第 1 期。

姚进，2022，《跨境资金流动均衡有序》，《经济日报》4 月 26 日。

尹保轩，2022，《稳增长 防风险 促改革 推动银行业保险业高质量发展》，《中国农村金融》第 15 期。

尹哲、张晓艳，2014，《次贷危机后美国、英国和欧盟金融监管体制改革研究》，《南方金融》第 6 期。

尹振涛、陈媛先、徐建军，2022，《平台经济的典型特征、垄断分析与反垄断监管》，《南开管理评论》第 3 期。

尹振涛，2019，《互联网金融监管的法治化思考：必要性、路径及实施》，《社会科学家》第 10 期。

余佳奇，2020，《中美会计跨境监管合作有关问题研究》，《会计研究》第 4 期。

余致远、吴洪、胡春，2016，《信息空间、互联网金融与监管》，《北京邮电大学学报》（社会科学版）第 4 期。

袁康、邓阳立，2019，《道德风险视域下的金融科技应用及其规制——以证券市场为例》，《证券市场导报》第 7 期。

袁康，2021，《金融科技的技术风险及其法律治理》，《法学评论》第 1 期。

曾智海、张剑虹，2008，《进一步加强内地与香港证券跨境监管的思考》，《南方金融》第 1 期。

张邦辉、曾荣灿，2022，《新时代防止资本无序扩张论析》，《新疆社会科学》第 6 期。

张彩萍，2018，《中美跨境证券监管机制比较研究》，博士学位论文，外交学院。

张成虎、刘杰，2020，《互联网金融创新与金融监管的动态演化博弈》，《贵州社会科学》第 1 期。

张方波，2015，《本币国际化条件下的跨境资本流动监管——基于美国、德国和日本的国际借鉴》，《金融与经济》第 9 期。

张衡，2022，《一季度我国跨境资金小幅净流入》，《中国财经报》4 月 23 日。

张红英、赵丹，2016，《基于 PDCA 循环的互联网金融企业内控体系构建》，《财务与会计》第 16 期。

张明、徐以升，2008，《全口径测算中国当前的热钱规模》，《当代亚太》第 4 期。

张明，2019，《中国的跨境资本流动：规模测算、驱动因素与管理策略》，中国金融出版社。

张明，2015，《中国面临的短期资本外流：现状、原因、风险与对策》，《金融评论》第 3 期。

张末冬，2020，《粤港澳大湾区金融支持政策全面升级》，《金融时报》第 1 期。

张文棋、罗恩平，1998，《我国金融体制改革 20 年回顾与展望》，《福建农业大学学报》（社会科学版）第 1 期。

张璇、张梅青、唐云锋，2022，《地方政府债务风险与金融风险的动态交互影响研究——基于系统动力学模型的政策情景仿真》，《经济与管理研究》第 7 期。

张镒、刘人怀，2021，《商业生态系统中互联网平台企业领导特征——基于扎根理论的探索性研究》，《当代经济管理》第 6 期。

张永亮，2019，《金融监管科技之法制化路径》，《法商研究》第 3 期。

张渝敏，2006，《美、日金融自由化进程比较及其启示》，《当代经济》第 5 期。

赵昌文等，2019，《平台经济的发展与规制研究》，中国发展出版社。

赵大平，2011，《国际经济学》，立信会计出版社。

赵方华，2019，《中国资本项目开放下的跨境资本流动风险防范研究》，博士学位论文，新疆大学。

赵福浩，2014，《政治经济学视角下的美国金融危机分析》，人民出版社。

赵先立，2019，《国际资本流动：趋势研判及对中国的启示》，《新疆财经》第 6 期。

郑健雄，2018，《马克思的危机理论与中国系统性金融风险的防范——基于价值否定的辩证范式》，《学术研究》第 8 期。

郑秀君，2012，《日本泡沫经济与美国次贷危机的比较：基于金融体系视角的分析》，复旦大学出版社。

中共中央、国务院，2019，《粤港澳大湾区发展规划纲要》，《中华人民共和国国务院公报》第 7 期。

中国人民银行广州分行货币政策分析小组，2022，《广东省金融运行报告（2022）》，7 月。

中国人民银行上海总部跨境人民币业务部课题组、施瑓娅，2016，《开放环境下跨境资金流动宏观审慎管理政策框架研究——基于上海自贸区的实践思考》，《上海金融》第 6 期。

中国人民银行天津分行和南开大学联合课题组，2018，《跨境资金流动及本外币协同监管体系构建研究》，中国金融出版社。

中国人民银行西宁中心支行国际收支处课题组、冯可心，2016，《跨境资金流动对宏观经济影响的实证研究》，《青海金融》第 5 期。

中国人民银行，2013，《中国共产党领导下的金融发展简史》，中国金融出版社。

中国银行间市场交易商协会教材编写组，2019，《金融市场风险管理：理论与实务》，北京大学出版社。

周达峰，2015，《上海自贸区商业银行监管制度研究》，硕士学位论文，云南大学。

周双、刘鹏，2017，《我国互联网金融风险化解与监管体系创新研究》，《新金融》第 3 期。

周小川，2017，《守住不发生系统性金融风险的底线》，载《党的十九大报告辅导读本》，人民出版社。

周小梅、黄婷婷，2020，《金融创新背景下互联网金融监管体系变革》，《价格理论与实践》第 9 期。

周永峰，2016，《跨境资金流动对我国经济金融影响的压力测试》，《浙江金融》第 2 期。

周仲飞、李敬伟，2018，《金融科技背景下金融监管范式的转变》，《法学研究》第 5 期。

朱炳元、陈冶风，2019，《〈资本论〉中的虚拟资本理论研究》，《马克思主义与现实》第 1 期。

朱琳，2021，《跨境资本流动影响因素及宏观审慎管理——以新兴经济体为例》，中国金融出版社。

朱孟楠、郭春松，2006，《欧盟金融监管合作的经验与借鉴》，《发展研究》第 7 期。

朱炜、陆媛媛，2020，《把握政策机遇，实现粤港澳大湾区建设的金融赋能》，《上海国资》第 2 期。

Abel, A. B., and B. D. Bernheim. 1991. "Fiscal Policy with Impure Intergenerational Altruism." *Econometricia* 59 (6).

Acharya, V. V. , L. H. Pedersen, et al. 2017. "Measuring Systemic Risk." *Review of Financial Studies* 30 (1): 2 – 47.

Adrian, T. , and M. K. Brunnermeier. 2016. "CoVaR." *American Economic Review* 106 (7): 1705 – 1741.

Allen, F. , and D. Gale. 1999. "The Asian Crisis and the Process of Financial Contagion." *Journal of Financial Regulation and Compliance* 7 (3): 243 – 249.

Amini, H. , H. Minca, et al. 2016a. "Inhomogeneous Financial Networks and Contagious Links." *Operations Research: The Journal of the Operations Research Society of America* 64 (5): 1109 – 1120.

Amini, H. , R. Cont, and A. Minca. 2016b. "Resilience to Contagion in Financial Networks." *Mathematical Finance* 26 (2): 329 – 365.

Armstrong, M. 2006. "Competition in Two-sided Markets." *The RAND Journal of Economics* 37 (3): 668 – 691.

Arnold, B. , C. Borio, L. Ellis, et al. 2012. "Systemic Risk, Macroprudential Policy Frameworks, Monitoring Financial Systems and the Evolution of Capital Adequacy." *Journal of Banking and Finance* 36 (12): 3125 – 3132.

Bernanke, B. , G. Mark, and G. Simon. 1996. "The Financial Accelerator and the Flight to Quality." The Review of Economics and Statistics 78: 1 – 15.

Brownless, C. , and R. F. Engle. 2017. "SRISK: A Conditional Capital Shortfall Measure of Systemic Risk." *Journal of Financial Economics* 8 (2): 535 – 559.

Calvo, G. A. , and E. G. Mendoza. 2005. "Rational Contagion and the Globalization of Securities Markets." *Journal of International Economics* 51 (1): 79 – 113.

Chen, Z. , Z. He, and C. Liu. 2017. "The Financing of Local Government in China: Stimulus Loan Wanes and Shadow Banking Waxes." No 23598, NBER Working Papers, National Bureau of Economic Research, Inc.

Christensen, I. , and A. Dib. 2007. "The Financial Accelerator in an Estimated

New Keynesian Model. " *Review of Economic Dynamics* (1).

Chuhan, P. , G. Perez-Quiros, and H. Popper. 1996. "International Capital Flows: Do Short-term Investment and Direct Investment Differ?" *Policy Research Working Paper* 80 (2): 157 – 175.

Cuddington, J. T. "Capital Flight: Estimates, Issues, and Explanations. " Country Policy Department Discussion Paper, No. CPD 1985 – 51 Washington, D. C. : World Bank Group.

Davis, E. P. 1990. "International Financial Centers—An Industrial Analysis. " *Bank of England Discussion Paper* (51): 1 – 23.

Debreceny, R. et al. 2002. "The Determinants of Internet Financial Reporting. " *Journal of Accounting & Public Policy* 21 (4 – 5): 371 – 394.

Domar, E. 1994. "The Burden of the Debt and the National Income. " *American Economic Review* 34 (4).

Dooley, M. 1986. "Country Specific Risk Premiums, Capital Flight and Net Investment Income Payments in Selected Developing Countries. " IMF Department Memorandum.

Edwards, S. , and M. S. Khan. 1985. "Interest Rate Determination in Developing Countries: A Conceptual Framework. " *IMF Staff Papers* 32 (3): 377 – 403.

Eichengree, D. P. , and K. Shin. 2011. "When Fast Growing Economies Slow Down: International Evidence and Implications for China. " *Asian Economic Papers* 11 (1): 42 – 87.

Evans, D. S. 2013. "Economics of Vertical Restrain for Multi-Sided Platform. " University of Chicago Institute for Law & Economics Olin Research Paper.

Feldstein, M. , and C. Horioka. 1980. "Domestic Saving and International Capital Flow. " *Economic Journal* 90 (358): 314 – 329.

Feldstein, M. 1976. "Perceived Wealth in Bonds and Social Security: A Comment. " *Journal of Political Economy* 84 (7).

Fisher, I. 1933. "The Debt-Deflation Theory of Great Depressions. " *Economet-*

rica（4）.

Forbes, K. J. , and F. E. Warnock. 2011. "Capital Flow Waves: Surges, Stops, Flight and Retrenchment." *Journal of International Economics* 88（2）: 235 – 251.

FSB. 2018. "Crypto-asset Markets: Potential Channels for Future Financial Stability Implications."

Gorea, D. , and D. Radev. 2014. "The Euro Area Sovereign Debt Crisis: Can Contagion Spread from the Periphery to the Core?" *International Review of Economics and Finance* 30（3）: 78 – 100.

Greenwood, J. , and B. D. Smith. 1997. "Financial Markets in Development, and the Development of Financial Markets." *Journal of Economic Dynamics and Control* 21（1）.

Greenwood, J. , and B. Jovanovic. 1990. "Financial Development, Growth, and the Distribution of Income." *Journal of Political Economy* 98（5）.

G7 Working Group on Stablecoins. 2019. Investigating the Impact of Global Stablecoins.

Haque, N. U. , and P. Montiel. 1991. "Capital Mobility in Developing Countries: Some Empirical Tests." *World Development* 19（10）: 1391 – 98.

Huang, X. , H. Zhou, and H. Zhu. 2009. "A Framework for Assessing the Systemic Risk of Major Financial Institutions." *Journal of Banking & Finance* 33（11）: 2036 – 2049.

Illing, M. , and Y. Liu. 2006. "Measuring Financial Stress in a Developed Country: An Application to Canada." *Journal of Financial Stability* 2（3）: 243 – 265.

IMF. 2012. "Surges." IMF Policy Paper.

International Monetary Fund. 2011. "Public Sector Debt Statistics: Guide for Compilers and Users." Washington, DC.

Kaminsky, G. L. , and C. M. Reinhart. 2000. "On Crises, Contagion, and Confusion. " *Journal of International Economics* 51 (1).

Kaminsky, G. L. , and C. M. Reinhart. 1999. "The Twin Crises: The Causes of Banking and Balance-of-Payments Problems. " *American Economic Review* 89 (3): 473 – 500.

Kant, C. 1996. "Foreign Direct Investment and Capital Flight. " *Princeton Studies in International Economics* (1): 202 – 205.

Keister, T. 2016. "Bailouts and Financial Fragility. " Review of Economic Studies 83: 704 – 736.

Kenourgios, D. , and D. Dimitriou. 2015. "Contagion of the Global Financial Crisis and the Real Economy: A Regional Analysis. " *Economic Modelling* 44: 283 – 293.

Korinek, A. , and D. Sandri. 2016. "Capital Controls or Macroprudential Regulation. " *Journal of International Economics* 99 (218): 27 – 42.

Levine, R. 1997. "Financial Development and Economic Growth: Views and Agenda. " *Journal of Economic Literature* 35 (2).

Lucas, Jr R. E. 1988. "On the Mechanics of Economic Development. " *Journal of Monetary Economics* 22 (1).

Lucas, R. 1990. "Why Doesn't Capital Flow from Rich to Poor Countries. " *American Economic Review* 80: 92 – 96.

Masson, P. 1999. "Contagion: Macroeconomic Models with Multiple Equilibria. " *Journal of International Money and Finance* 18 (4): 587 – 602.

Mishkin, F. S. 2001. "Financial Policies and the Prevention of Financial Crises in Emerging Market Economies. " NBER Working Paper Series.

Patrick, H. T. 1966. "Financial Development and Economic Growth in Undeveloped Countries. " *Economic Development and Cultural Change* 34 (4).

Peter, G. , et al. 2017. "Digital Finance and Fintech: Current Research and Future Research Directions. " *Journal of Business Economics* 87 (5): 537 – 580.

Polackova, H. 1998. "Contingent Government Liabilities: A Hidden Risk for Fiscal Stability." No 1989, Policy Research Working Paper Series, The World Bank.

Poon, J. P. H. 2003. "Hierarchical Tendencies of Capital Markets Among International Financial Centers." *Growth and Change Spring* 34 (2): 135 – 156.

Rapih, S. 2021. "Shadow Banking and Cross-border Capital Inflows: Does the Development Level of Financial Institutions Matter?" *International Review of Economics* 68 (3): 331 – 355, September.

Schmitz, M. 2011. "Financial Reforms and Capital Flows to Emerging Europe." *Empirica* 38 (4): 579 – 605.

Schneider, B. 2003. "Measuring Capital Flight: Estimates and Interpretations." Overseas Development Institute Working Paper, No. 194.

Seno-Alday, S. 2015. "Regionalization and Risk." *The Multinational Business Review* 23 (4): 355 – 373.

Sgherri, M. S., and M. A. Galesi. 2009. "Regional Financial Spillovers Across Europe: A Global VAR Analysis." International Monetary Fund.

Slaughter A. M., and D. Zaring. 2006. "Networking Goes International: An Update." *Annual Review of Law and Social Science* (2): 211 – 299.

Stiglitz, J. E., and A. Weiss. 1981. "Credit Rationing in Markets with Imperfect Information." *The American Economic Review* 71 (3): 393 – 410.

World Bank. 1985. "World Development Report." Washington D. C.

后 记

金融风险是一个内容宏大的课题，防范化解金融风险既有攻坚战的特点，又有持久战的历史性特征；既有涉及某一具体机构、影响范围较小的微观情形，又有对整个领域、整个区域全面性和系统性影响的宏观场景。本书作为广东省社会科学院 2022 年重点课题项目的重要研究成果，以防范化解系统性及广东区域性金融风险为主线，以新时期促进金融高质量发展为核心，全面梳理金融风险的理论体系，深度提炼全球各国代表性防范化解金融风险的先进经验，系统总结党的十八大以来广东防范化解金融风险的实践经验，在此基础上开创性地提出未来广东防范化解金融风险的总体思路与重点领域。同时，本书针对跨境资本流动风险识别与预警监控、互联网平台金融风险监管、地方政府债务风险防范与应对等重点金融风险防控领域展开详细研究，具有极其重要的现实意义。

本书研究过程汇集各种智慧和力量，既有充分的国内外研究成果借鉴，也有到北京、上海等地实地调研的经验参考，还有省内相关金融机构、研究单位的智力支持，当然更离不开全所同事扎实投入的研究写作。全书共有八章，由刘佳宁研究员负责全书的总纂和统稿，主要的执笔者为广东省社会科学院财政金融研究所的研究人员。第一章由李礼副研究员执笔；第二章由王茜助理研究员执笔；第三章由李霞副研究员和梁德思助理研究员执笔；第四章由郭跃文研究员和刘佳宁研究员执笔；第五章由刘佳宁研究员和广东财经大学财税学院朱翠华老师执笔；第六章由刘佳宁研究员和黎超助理研究员执笔；第七章由李礼副研究员执笔；第八章由刘佳宁研究员和黎超助理研究员执笔。

本书付梓之际，感谢广东省社会科学院党组书记郭跃文、党组副书记和院长王廷惠、党组副书记和副院长李宜航、副院长向晓梅等领导的鼓励和支持，感谢其认真审读书稿并提出宝贵意见。科研处负责具体组织和联系出版社等工作，社会科学文献出版社的编辑们从框架思路到文字内容都给予了悉心指导，确保了本书出版的学术质量。此外，感谢梁德思助理研究员负责编写工作的日常组织协调，广东省社科院研究生部的硕士研究生居方圆、李晓晖等参与了前期资料收集及后期排版校对工作。在此谨致谢忱。

理论研究永无止境，防范化解系统性及区域性金融风险是一个与时俱进的理论和实践课题。我们将以此书为起点，以习近平总书记关于金融工作特别是防范化解重大金融风险的重要论述为指导，在理论上不断探索，在实践中继续拓展深化。当然，由于水平有限，书中难免存在一些纰漏或不当之处，敬请批评指正。

刘佳宁

2023 年 11 月 30 日

于广东社会科学中心

图书在版编目（CIP）数据

防范化解金融风险的广东实践研究 / 刘佳宁等著
. -- 北京：社会科学文献出版社，2023.12
ISBN 978 - 7 - 5228 - 2808 - 4

Ⅰ.①防… Ⅱ.①刘… Ⅲ.①地方金融 - 金融风险 -
风险管理 - 研究 - 广东 Ⅳ.①F832.765

中国国家版本馆 CIP 数据核字（2023）第 219942 号

防范化解金融风险的广东实践研究

著　　者 / 刘佳宁　郭跃文 等

出 版 人 / 冀祥德
组稿编辑 / 宋月华
责任编辑 / 韩莹莹
文稿编辑 / 赵亚汝
责任印制 / 王京美

出　　版 / 社会科学文献出版社·人文分社（010）59367215
　　　　　　地址：北京市北三环中路甲 29 号院华龙大厦　邮编：100029
　　　　　　网址：www.ssap.com.cn
发　　行 / 社会科学文献出版社（010）59367028
印　　装 / 北京联兴盛业印刷股份有限公司

规　　格 / 开　本：787mm × 1092mm　1/16
　　　　　　印　张：18　字　数：273 千字
版　　次 / 2023 年 12 月第 1 版　2023 年 12 月第 1 次印刷
书　　号 / ISBN 978 - 7 - 5228 - 2808 - 4
定　　价 / 168.00 元

读者服务电话：4008918866